民法でみる法律学習法

知識を整理するためのロジカルシンキング

金井高志＝著

第3版

日本評論社

[第3版]
はしがき

本書の初版刊行の2011年から12年が経過した。本書の刊行後、本書は多数の読者に恵まれ、また、筆者は、慶應義塾大学法科大学院の「現代契約実務」の講義、また、武蔵野大学法学部法律学科の２年生の「プレゼミ」や３年生・４年生の「ゼミナール」で、本書を教科書として使用してきた。また、刊行後、2017年に民法（債権法）の改正が行われ、2019年４月１日から施行されたことから、民法の改正により本書の中で引用している民法の条文の削除、修正等がなされ、契約の有効要件に変更が生じたり、また、瑕疵担保責任の性質論などの論点が消滅したりして、修正の必要な箇所がいくつも発生した。そこで、2021年に第２版を刊行した。

今回、改正民法の施行から５年が経過する中で、改正民法に基づき多く教科書が改訂され刊行されたことから、第２版では十分に反映をさせることができていなかった民法の改正内容を反映させるべく、また、古くなっている引用文献をアップデートするべく、今回第３版を刊行することとした。

今回の第３版における改訂方針や改訂事項は次のような内容である。

まず、第３版の改訂の際の基本方針としては、読みやすさと理解のしやすさを高めるために初版から第２版への改訂の際に行った章立ての変更はそのまま維持することとし、また、本書の特徴的な章である第９章（ロジカルシンキングに基づく答案作成）も維持することとしている。この第９章は、事例問題について図式化するための手法を説明し、また、その図式化に基づく答案構成、そして、具体的な答案の書き方についても、説明を行うものであり、他の法学入門的な書籍では解説のない事項を扱っているものである。

そのうえで、今回の第３版の重要な改訂事項は、対象読者につき、第２版と同様に、法学部の学生や法科大学院の学生だけではなく、行政書士試験や宅地建物取引士試験などの法律科目がある国家試験の受験者も広く対象読者とすることにしている一方で、同時に、司法試験受験直前の法科大学院生や予備試験合格者などの高度の民法の知識を持っておくことがよい読者のために**プラスα**としてより詳しい内容を追加したことである。この**プラスα**の内容には改正民法で条文化された重要な制度や拙著『民法でみる商法・会社法』の中で説明をした商法・会社法に関係する民法の重要事項である。

以上が今回の改訂方針と改訂内容であるが、本書の初版は、ロジカルシンキングに基づく民法や法律の学習方法を説明する書籍として執筆され、第2版では、ロジカルシンキングの発展形であるロジカルプレゼンテーションである事案の図式化と具体的な答案作成方法に触れた。今回は、初版と第2版の内容に加えて、改正民法の事項や商法・会社法に関係する民法の重要事項も プラスα という形で追加したことで本書の内容をより充実させている。

今回もまた、日本評論社第一編集部の室橋真利子氏には、引用文献の確認、引用文献の整理など、大変お世話になった。本書の第3版を刊行できたのは、室橋氏の協力のおかげである。この場を借りて厚く謝意を表したい。

2024年8月

フランテック法律事務所　代表弁護士　　東京都江戸川区議会議員
元 武蔵野大学大学院法学研究科（ビジネス法務専攻）教授
元 武蔵野大学法学部法律学科教授
元 慶應義塾大学法学部・大学院法務研究科講師
金井　高志

[初版]
はしがき

1　本書が対象とする読者

本書は、筆者が講義を担当する慶應義塾大学法学部における「民法演習」(「民法の基礎理論とその応用」)の中における民法を題材にして法律学の学習法や法律学における答案の書き方などの説明をしている「ロジカルシンキング」、「ロジカルプレゼンテーション」および「法律条文の解釈方法」の講義の内容を基礎として、民法の基礎理論や法律の基礎理論の学習に興味を持つ学生を対象にして執筆したものである。

筆者は、大学法学部や法科大学院において民法の講義をしているが、法律学の基礎理論の学習が十分でないために、民法の理解に支障をきたしている学生を多くみかける。大学法学部の学生であれば、1学年のときに、「法学」の講義を受けているもので、その講義で、憲法などの公法や民法などの私法に関する基礎理論や法律の解釈に関する基礎理論を学習しているはずであるが、学年が進むに従って、それらを忘れている学生が極めて多い。また、法科大学院においては、法学部の出身ではない法科大学院生が多くいるが、法学部出身ではないために、法律学の基礎理論を学習することなく法律を勉強してしまい、法律の理解に困難をきたしている法科大学院生もみかける。

そこで、本書は、法律の学習を始めたばかりの学生、および、民法を含めた法律の学習がある程度進んでいる学生を対象として、民法を題材に法律学の基礎理論を学習してもらい、現在、勉強している法律学の学習に活かしてもらうために執筆したものである。

2　本書のコンセプト

本書は、論理的に物事を整理し、発表する技法であるロジカルシンキングを基にして、民法を中心とする法律の学習法を解説するものである。法学部や法科大学院の学生にとって、この「ロジカルシンキング」は、なじみのない言葉であろう。ロジカルシンキングは、アメリカにおいては、100年程度の歴史を持つといわれるが、日本においてこの言葉がビジネスの分野で一般に使用され始めたのは、25年程前である。筆者は、約20年間、いわゆる渉外法律業務を含めた企業法務の分野に従事しているところ、15年程前に、経営コンサルタントの大前研一先生が開設した「アタッカーズ・ビジネススクール」において、その第1期生として、ベンチャー企業の経営に関するコースを受講した。その際に、コンサルティング会社がコンサルティングを行う際に用いる思考方法であるロジカルシンキングの講義を受ける機会を得た。

筆者は、法学部の学生時代から、民法などの法律を学習する際に図表を作成することを常に心がけていたが、当時は、図表の作成方法につき体系的に説明がなされている書籍はほとんどなかったために、様々な書籍に記載されている図表を参考に自分なりの方法で図表を作成していた。しかし、アタッカーズ・ビジネススクールでロジカルシンキングの講義を受けることで、自分が行っていた図表の作成方法を体系的に整理することができたのである。その後、ロジカルシンキングに興味を持ち、様々な書籍を読み、法律学の分野でどのようにロジカルシンキングを用いることができるかを考え始めた。そして、筆者の講義において、企業経営やビジネスのために執筆されたロジカルシンキングの書籍の内容を基に、法律学における題材を使用しながら、この約10年間、ロジカルシンキングを学生に解説してきた。ロジカルシンキングの基礎理論を意識しながら法律を学習すれば、様々な論点を正確に整理し理解することができることから、筆者の講義では、常に学生に対してロジカルシンキングを意識させるようにしている。このような講義の内容をまとめたものが本書である。

ロジカルシンキングに関する従前の書籍は、経営・ビジネス分野における題材をテーマとし、ビジネスパーソンを読者対象としていたため、本書は、ロジカルシンキングの手法を用いて法律を説明する最初の書籍であると考えられる。そして、本書は、2008年４月に刊行した『民法でみる知的財産法』の姉妹編でもある。

本書は、ロジカルシンキングの基礎理論に基づき民法の学習のために必要な体系的かつ総論的な基礎理論を説明しているものであるが、前著は、民法の基礎理論を基にして、特許法と著作権法の基礎を解説するというコンセプトでまとめられ、特許法と著作権法の基礎を説明するために必要な範囲で物権法、担保物権法、契約法および不法行為法に関する民法の基礎理論の説明をしているものである。そこで、本書においてロジカルシンキングに基づく民法の体系的かつ総論的な基礎理論を学んだ後に、前著『民法でみる知的財産法』における物権法、担保物権法、契約法、そして不法行為法に関する基礎理論の該当箇所を読んでもらえば、民法全体に関する基礎理論が明確に理解できると思われる。本書を読み終わった後に、『民法でみる知的財産法』の民法に関する説明箇所を読んでいただければ幸いである。

そして、本書でロジカルシンキングを学ぶことにより、私法の基本法である民法を基にして法律学の学び方を身に付け、また、その特別法である商法、会社法、知的財産法（著作権法、特許法など）、労働法などの法律についての学び方を身に付けることができ、ひいては、公法を含む法律学全体の学び方を習得することができると考えられる。本書では、重要なポイントにつきゴシックの強調を入れている。それらに注意しながら本書を理解し、本書を法律学全体の学習に役立ててもらえればと思う。

3　おわりに

本書の執筆にあたっては、多くの書籍・論文を参考にさせていただいている。本書のコンセプトに基づいて本書をまとめるにあたり、教えられることが多かったものを参考文献として掲げている。参考にさせていただいた書籍・論文の著者の方々には厚く感謝したい。ただ、参考文献は、同時に、その部分に関してより詳しく勉強をしようとする読者のためでもあるので、より深い内容に興味を持った場合には参照してほしい。

筆者の民法の研究・講義に関しては、大学法学部および大学院法学研究科における筆者の指導教授であった慶應義塾大学法学部名誉教授新田敏先生、そして最高裁判所判事（元 慶応義塾大学大学院法務研究科教授）岡部喜代子先生以下諸先生方にお世話になることが多くあり、また、法律学の学習方法に関しては、司法試験の受験勉強中に慶應義塾大学司法研究室における諸先輩方に多く教わることがあった。この場を借りて、感謝の意を表したい。

筆者の講義のかつての受講生であり、『民法でみる知的財産法』に引き続き、講義内容をまとめて出版することを勧めてくれ、本書の生みの親となった日本評論社編集部の室橋真利子氏による出版の企画から約３年の期間における協力なしには、本書の出版はなかったものである。また、筆者の法律事務所のリーガルスタッフである山岸弘幸氏には、文献の収集、原稿の校正など様々な協力を受けた。本書を刊行することができたのは、室橋氏と山岸氏の協力によるものである。この場を借りて、お二人に厚く謝意を表する。

本書の出版後、民法の債権法分野の改正がなされる可能性があるが、改正がなされれば、それによる修正をし、また、本書をより良いものとするため、読者の意見を聞きながら、本書を改訂していきたい。

なお、筆者のホームページ（フランテック法律事務所 http://www.frantech.jp/ もしくは http://www.frantech.biz/）または筆者のブログ（So-net ブログ）において本書に関する情報を提供する予定であるので、本書の内容につき質問などがある場合には、連絡をいただければ幸いである。

2011年7月

フランテック法律事務所　弁護士
慶應義塾大学法学部・大学院法務研究科講師
金井　高志

目　次

参考文献について

下記は、本書を執筆するに際し筆者が主に参照した文献の一覧です。加えて、読むべき書籍に迷ったら参考にしてもらいたい文献も掲記しています。適宜、参照してみてください。

●ロジカルシンキングについて学びたい人のために……

・HR インスティテュート『ロジカルシンキングのノウハウ・ドゥハウ』（PHP 研究所、初版、2008）
・大石哲之『3 分でわかるロジカル・シンキングの基本』（日本実業出版社、初版、2008）
・木山泰嗣『最強の法律学習ノート術』（弘文堂、初版、2012）
・高田貴久『ロジカル・プレゼンテーション』（英治出版、初版、2004）
・照屋華子『ロジカル・ライティング』（東京経済新報社、初版、2006）
・照屋華子＝岡田恵子『ロジカル・シンキング』（東洋経済新報社、初版、2001）
・西村克己『図解する思考法』（日本実業出版社、初版、2002）
・西村克己『実践　ロジカルシンキングが身につく入門テキスト』（KADOKAWA ／中経出版、初版、2012）
・西村克己『「素頭」をよくする！』（三笠書房、初版、2008）
・野口悠紀雄『「超」発想法』（講談社文庫、初版、2006）
・バーバラ・ミント『考える技術・書く技術』（ダイヤモンド社、新版、1999）
・平井孝志『武器としての図で考える習慣』（東洋経済新報社、初版、2020）
・細谷功『地頭力を鍛える』（東洋経済新報社、初版、2007）
・吉澤準特『外資系コンサルから学ぶロジカルシンキングと問題解決の実践講座』（ソーテック社、初版、2023）

●民法の基礎的な概念について詳しく学びたい人のために……

ある程度分量のある民法の教科書・基本書を参照すれば説明があるはずなので、各自のものを読んでみましょう。たとえば、筆者は下記の文献を参照しています。

・近江幸治『民法講義』シリーズ（成文堂）
・大村敦志『基本民法』シリーズ（有斐閣）

・佐久間毅『民法の基礎』シリーズ（有斐閣）
・四宮和夫＝能見善久『民法総則〔第9版〕』（弘文堂、2018）
・平野裕之『民法総則』『債権総論〔第2版〕』『債権各論Ⅱ』（日本評論社、2017～2023）
・山野目章夫『民法概論』シリーズ（有斐閣）
・山本敬三『民法講義』シリーズ（有斐閣）

序章

なぜ法律をロジカルシンキングの視点からみるのか

法律学におけるロジカルシンキング

本書を手に取ってくれた方の多くは法律の勉強をしているか、あるいはこれから勉強を始めようとしているのではないかと思います。

そこで質問です。最近の法律の教科書では、読者の理解のために図表が多用されていますが、その**図表をみると、それだけで理解できた気になってしまうことがありませんか？**

また、法学部に在学中、あるいは法学部出身の読者の皆さんは、**「法学」の授業を初年度に受講されたことと思いますが、講義内容を覚えていますか？**

取り留めもない質問のように思えますが、実はこれから本書で紹介する**ロジカルシンキングと非常に深くかかわっている**のです。言わずもがな、法律学は非常に論理的な学問です。ただ、あまりに膨大すぎるその学習量を前に、論理的に考えるべき、ということを忘れ、教科書に記載されている図表を覚え、また、論点の勉強に終始し、多くの論点を個別に関連性なく勉強してしまってはいませんか？

そこで、本書は、民法を主な題材として、ロジカルシンキング（Logical Thinking）というビジネスの世界では当然のように知られている、論理的な思考方法を説明し、民法以外の法律についても整理して理解する基本的知識を提供しようとするものです。読者の皆さんが法学部や法科大学院を卒業して社会人になった際には、いろいろな場面でロジカルシンキングという言葉を耳にするはずです。社会人、特にビジネスパーソンの間では、ロジカルシンキングは仕事をするうえでの必要なテクニックですので、ビジネスパーソン向けのロジカルシンキングの書籍が多く出版されています。他方、**法律の学習にも役立つロジカルシンキングですが、法律家や法律を勉強する学生向けのロジカルシンキングの書籍はほとんどありません。**

皆さんは、論点のまとめの図表を作成したことがあると思います。誰もが無意識のうちに自己流で図表の作成方法を修得しているので、わざわざ図表の作成方法など学習したことはないでしょう。しかし、図表を作成するにあたっては、明確に意識しておかなくてはならない論理的なルールがあります。それがロジカルシンキングです。そして、**情報を論理的に整理できていなければ、自ら図表にまとめることはできないはず**です。図表は与えられるのではなく、自ら作成することができて初めて本当に整理された情報を理解したといってよいでしょう。

また、具体的に個別の法律を勉強しないうちに受けた「法学」の授業の内容が記憶から消えてしまっているのは無理のないことでしょう。しかし、実は**「法学」の授業で教わっているはずの多くの情報は、法律を論理的に整理して勉強するためのツール**、すなわちロジカルシンキングのツールです。

それでは、まずロジカルシンキングの簡単な説明から始めてみることにしましょう――。

ロジカルシンキングとは？

“ロジカルシンキングの視点で民法を中心に法律をみてみる”といっても、法学部生や法科大学院生などの皆さんにとって、そもそもロジカルシンキングとは何なのか、その知識がないのが普通であると思います。

極めて簡単にいえば、ロジカルシンキングとは、**いろいろな事項を適切に整理して発表するための技術**です。広い意味でロジカルシンキング（**広義のロジカルシンキング**）とは、①物事を自分の頭の中で整理して考えること（狭義のロジカルシンキング）〔手段〕と、②物事を他人に適切に伝えること（ロジカルプレゼンテーション）〔目的〕に分けられます。

つまり、こういうことです。まず、他人に物事を適切に伝えることであるロジカルプレゼンテーション（プレゼンテーション〔説明活動・表現活動〕の典型例として、レジュメを基に行うゼミでの発表や期末試験・司法試験の答案を思い浮かべてください）を目的として考えます。次に、設定された課題に答えるために自分の頭の中で整理して考える手段であるゼロベース思考、フレームワーク思考、オプション思考の三つの思考方法を内容とする**狭義のロジカルシンキング**の手法を用い、常に**MECE**（ミシー・ミッシー。後に述べますが、MECEとは、簡単にいうと、**漏れがなく重なり合いもない**ことを意味します）を意識しながら、考えを整理します。そして、ロジックツリー手法、マトリック

図1　ロジカルシンキングの構造

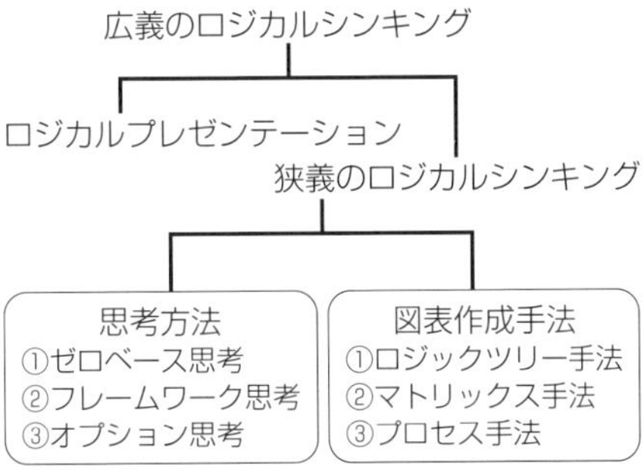

ス手法、プロセス手法という図表作成の手法に基づき、整理した内容をロジックツリー、マトリックス、プロセスチャートの三つの図表で仕上げることです（全体像を**図1**で記載しています）。「**全然知らない難しい言葉が出てきた！**」と思うかもしれませんが、**心配しないでください**。次で説明するように、ロジカルシンキングは皆さんが無意識に日常生活で必ず利用しているはずですし、また、本書で何回も具体的なケースで示すので、**「あっ！そうか」と思うはず**のものです。

最初に、ロジカルシンキングの三つの思考方法の意味を簡単に説明しましょう。①**ゼロベース思考**とは、ゼロの状態から検討し直すこと、いいかえると、固定観念を捨て白紙で考えること、また、②**フレームワーク**（framework〔枠組み・構成〕）**思考**とは、物事の全体を枠として押さえて考えることをいいます。そして、③**オプション**（option〔選択肢〕）**思考**とは、一つではなく複数の案（選択肢）を考えることをいいます。

次に、ロジカルシンキングで使用する三つの図表の意味を簡単に説明すると、①**ロジックツリー**（樹形図）とは、文字どおり、問題の構成要素をロジックでツリー状に関連づけて、それらの構成要素の相互の関係や大小関係を明らかにして階層化した図表です。②**マトリックス**（matrix〔格子状の配列〕）（マトリックス構図）とは、基本的には二つの軸（尺度・要素）を設定して（三つの軸や四つの軸によるものもあります）、行と列に配置することにより、多くの要素を整理し体系化する図表です（普通に皆さんが目にしている論点における学説のまとめの表はこのマトリックスに基づき作成されているものです）。そして、③**プロセス**（process〔過程・手順・工程〕）**チャート**（プロセス構図）とは、時間軸を明確に意識して、問題や課題となっている要素を時系列ごとに整理した図表のことです（民事訴訟法などの手続法の勉強の際には、問題となる事項を時系列に従い整理していると思います）。この三つの図表は、言葉で理解するよりも、視覚的に理解することで、より簡単に理解できると思われるので、**図2**（次頁）をみてください。

図2　ロジカルシンキングの三つの図表

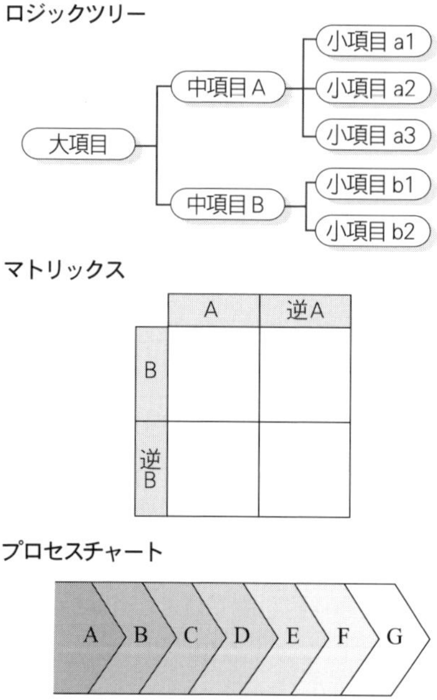

そして、**ロジカルプレゼンテーション**とは、一定の前提から論理規則に基づいて必然的に結論を導き出す説明である**演繹型論理**、または、個々の具体的事実から結論を導き出す説明である**帰納型論理**に基づいて、狭義のロジカルシンキングの方法により整理した内容を発表することです。

法律の勉強での　ロジカルシンキングの利用

ロジカルシンキングがなんとなくわかっても、それが**法律の勉強にどのように活かされるのか**、まだよくわからないと思います。

そこで、日常生活での様々な活動を法律の視点から分類してみましょう。たとえば、大学への行き帰りで、コンビニなどで買い物をする契約は、もちろん、売買契約です。アパートやマンションを借りるときの契約は、賃貸借契約です。これらは簡単にわかりますね。それでは、電車やバスに乗って通学しているときに締結している契約は何でしょうか。聞き慣れない契約かもしれませんが、旅客運送契約です。そして、携帯電話を使用する場合に携帯電話会社と締結している契約は、電話利用契約で、また、パソコンからインターネットを利用する際の契約は、プロバイダー契約です。そして、ゼミの友人と居酒屋で飲み会をする際に店とする契約は、製作物供給契約です（居酒屋で料理を食べる契約が製作物供給契約であるとは普段意識していないはずです)。売買契約と賃貸借契約は典型契約ですが、ほかはすべて非典型契約です。よく理解している契約がある一方で、普段意識していない契約もあるかと思います。

売買契約と賃貸借契約は、民法が想定している**典型契約**（民法第3編第2章第2節以下で規定する贈与契約、売買契約、交換契約などの13種の契約）に当たるもので、他の、旅客運送契約、電話利用契約、プロバイダー契約、そして、

図３　典型契約と非典型契約

- 典型契約（有名契約）
  - 売買契約
  - 賃貸借契約
- 非典型契約（無名契約）
  - 旅客運送契約
  - 電話利用契約
  - プロバイダー契約
  - 製作物供給契約

製作物供給契約は、民法で規定していない契約類型である**非典型契約**になります。契約は大きくは典型契約と非典型契約に分類されており、これらの契約を分類してみると**図３**のような図表になります。これもロジカルシンキング（フレームワーク思考やロジックツリー手法）の適用例です。このように、いくつかの検討対象を分類する**フレームワーク思考**を利用し、それを細分化していく**ロジックツリー手法**はほかにも、いろいろな法律の勉強の中でみかけられます。

マンションを買うときは？――時系列での契約の理解

日常で経験するいくつかの契約の中で、民法の典型契約である売買契約（民法555条）や賃貸借契約（民法601条）が出てきましたが、次に、売買契約を例に、ロジカルシンキングでどのように分析できるかをみてみましょう。

学生の皆さんは、まだ自分自身でマンションなどの不動産を購入したことはないと思いますが、皆さんの親がマンションを買う場合を考えてみましょう。契約の内容を分析するには、時間的な流れで検討する必要が出てきます。そこで、マンションの一部屋という不動産（マンション全体のうちの一部の区分所有権の対象）の売買契約について考えながら、ロジカルシンキングの手法がどのように関係するかをみてみましょう。

まず、皆さんの親とそのマンションの所有者は、マンションの売買契約（民法555条）を締結することになります。また、マンションは通常1000万円単位で高額ですから、銀行からお金を借りて、そのお金でマンションの代金を支払うことになるでしょう。この場合、皆さんの親と銀行との間には、民法の典型契約の一つである金銭消費貸借契約（民法587条・587条の２。以下「金消契約」といいます）が成立していることになります。そして、銀行との間の金消契約に基づいて発生する銀行の債権を担保するために抵当権設定契約が締結され、マンションには、抵当権が付けられることが通常です（民法369条）。これらの契約を結んだ後に、皆さんの親は銀行から借りたお金でマンションの代金を支払い、マンションの所有者から所有権の移転を受け（民法176条）、マンションを引き渡してもらい、所有権移転の登記を得ることになります（民法177条）。これによって、売買契約は終了します。あとは、皆さんの親と銀行との間に金消契約とマンションに設定された抵当権が残ることになります。

では、これらを細かくみてみることにしましょう。

まず、皆さんの親の「マンションを買う」という申込みに対して、相手方である所有者がその申込みを承諾することで、そのマンションについての**売買契約**（民法555条）が成立します。このように、通常、契約は当事者の意思の合致（**一般的成立要件**）によって成立します（民法522条。ただ、証拠として不動産売買契約書を作成するのが普通です）。これに対して、皆さんの親と銀行との金消契約は、当事者の意思の合致があるだけでは足りず、民法上は、現実にお金の授受がなければ、または、書面を作成しなければ、成立しません。金消契約には、契約の成立に金銭の授受または書面の作成という特別の成立要件（**特別成立要件**）が必要となっているのです（民法587条・587条の2）。このように、契約の成立に金銭という物の引渡しが必要とされる契約は、**要物契約**といわれ、また、契約の成立に書面が必要とされる契約は、**要式契約**といわれます。

次に、これらの契約が成立しているとしても、契約が有効か否か（**有効要件**）、その契約の効果が誰に帰属するのか（**効果帰属要件**）、さらには、売買契約に条件・期限が付されていないか（**効力発生要件**）等を検討しなければなりません。これらの要件をすべてクリアしたとき、皆さんの親は代金支払債務を負い、これに対して、マンションの所有者はマンションの引渡債務や登記の移転債務を負うことになるのです。この点、不動産の所有権移転に関して、これを第三者にも対抗するためには、登記が必要とされています。さらに、皆さんの親と銀行との間では、銀行を抵当権者とする抵当権がマンションに設定されて、この抵当権の発生という物権変動の効力を所有者以外の第三者に対抗するためにも登記が必要とされています（**対抗要件**）。これらの契約の成立要件から対抗要件については、第５章（時系列に基づく民法の体系）で詳しく検討することにします。

法律の勉強をする際には、以上のような分析をするはずです。これらは、成立要件（一般的成立要件・特別成立要件）、有効要件、効果帰属要件、効力発生要件、そして対抗要件の順に、主に**時間の流れで整理**できます。このような分析方法は、時間軸を意識して問題や課題となっている要素を整理した図

図4　契約のプロセス

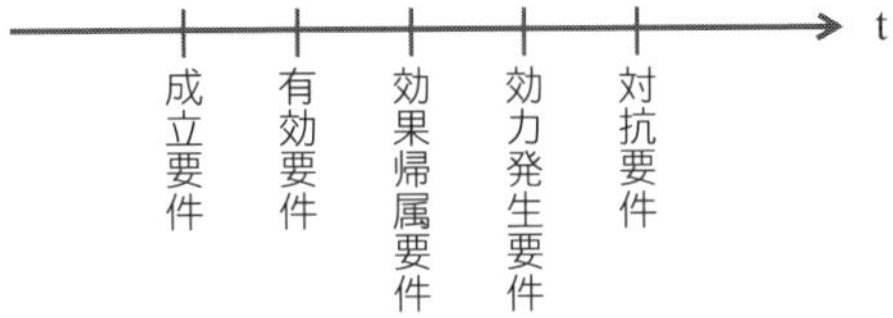

表の作成を想定しているもので、**プロセス手法**の利用ということになります（**図4**）。

ロジカルシンキングは法律学習のための強力な武器！

民法の典型的なケースを例に、いくつかのロジカルシンキングの用語・概念を使いましたが、概略としては理解できたでしょうか。これから学んでいくロジカルシンキングは、法律を学習する際の思考のための基本的ツールですから、ロジカルシンキングをきちんと理解し、**ロジカルシンキングと法律を関連づけて学ぶことで、思考のプラットフォームを作ることができ、民法を含む法律は格段に理解しやすくなる**でしょう。

民法の論点では、民法の基礎理論が必ず言及されます。皆さんも民法の基礎理論の重要性を理解しつつ勉強していると思いますが、民法は、分量が多く、論点も多いことから、論点につき基礎理論との関連性をきちんと理解することなく、場当たり的に論点を勉強してしまう学生が後を絶ちません。ロジカルシンキングを学ぶことで、**関連性がないようにみえる民法の基礎理論や論点がつながっていることに気づくはず**です。また、最近の教科書では図表が記載されていますが、それらを丸覚えしようとする学生も後を絶ちません。**図表がどのような視点・手順で作成されているかを意識しておけば、その図表を覚える必要はなく、自分で同じ図表を作成することができるので必要なときには頭の中で再現できてしまう**のです。自分で図表を作成することができれば、その問題を完全に理解していることになるのです。

本書の構成と学習進度に基づき読むべき章の整理とアドバイス

本書は、第１章から第９章まで、大学法学部１年生が理解できる事項や理解しなければならない事項が記載されている章、学習の中級者にならないと理解できない事項が記載されている章など、様々な章があります。そこで、本書の各章について、**どの学習レベルの読者が読むべきか**ということをロジ

図5　本書の各章の内容と対象とする読者のマトリックス

	各章の内容	主に対象としている読者
第1章 論理的思考方法と説明方法	法律学の基礎事項の学習のために必要なロジカルシンキングの総論的説明	初学者・中級者・準上級者・上級者
第2章 論理的思考と図表作成の方法	基本的な思考方法と図表の作成方法である狭義のロジカルシンキングについての説明	初学者・中級者・準上級者・上級者
第3章 法律学における ロジカルシンキング	MECEを基礎とする法律学の基本的フレームワークの説明 法律学習の基本事項である法的三段論法とリーガルマインドについての説明	中級者・準上級者・上級者
第4章 民法・私法の基本原則と 民法典の体系	民法の体系の基礎理論である、民法の三大原則、信義誠実の原則と権利濫用の禁止の原則、そして民法典の基本構造であるパンデクテンシステムについての説明	中級者・準上級者・上級者
第5章 時系列に基づく民法の体系	契約の成立から対抗要件の問題について時系列による民法の基礎理論の説明	中級者・準上級者・上級者
第6章 法律の構造と条文の読み方	法律の構成や民法の条文を中心とする法律の条文の読み方（規範の形式的意味の確認作業）の説明	初学者・中級者・準上級者・上級者
第7章 条文解釈の方法	法律学全体の理解の基礎となる条文の解釈の方法（規範の実質的意味内容の確認作業）についての説明	初学者・中級者・準上級者・上級者（この第7章はすべての法律学習者が必ず理解しておくべき内容）
第8章 法的文章の作成方法	法律学の答案やレポートを作成する際に必要となる技術であるロジカルプレゼンテーションについての説明	中級者・準上級者・上級者
第9章 ロジカルシンキングに基づく 答案作成	ロジカルシンキングに基づく答案の作成方法についての具体的な事例問題に基づく説明	中級者・準上級者・上級者

カルシンキングのマトリックスでまとめてみることにします。

　まず、ロジカルシンキングで本書の読者を分類してみます。時系列・プロセスで考えていき、最終目標を司法試験などの法律系の国家資格試験合格として考えてみます。そうすると、勉強の進み具合でいくつかのグループに分けることができます。

　法学部1年生、他学部出身で法律の勉強を始めた人などの法律学習の「**初学者**」、法学部2～3年生、または、資格試験予備校などで民法（財産法分野）全体を勉強したことがある「**中級者**」、法科大学院を目指している法学部3～4年生、法科大学院1年生などの「**準上級者**」、司法試験予備試験や司法試験の受験を翌年などに控えて本格的に勉強をしている受験生などの「**上級者**」。

以上のような分類をふまえて、マトリックスを作成してみました（**図5**）。

初学者の皆さんが、本書を通読することは大変でしょう。初学者の皆さんは、初学者が対象とされている章から読んでもらうとよいと思います。第1章→第2章→第7章→第6章という順序で読んでみてください。その際に注意をしてもらいたいことは、まず1回目では、**法律用語の意味を理解して覚える**ことを心がけることです。法学は専門科目ですから専門用語がたくさん出てきます。知らない専門用語が出てきた場合には、その用語の定義を覚えるようにしてください。用語の定義を覚えておかないと法学の学習が進みません。英語学習で英単語の意味を覚えておかないと英文解釈ができないことと同じです。

中級者以上の皆さんは、本書を通読してもらってもよいと思いますが、まずは、本書を読み始める時点で関心のあるところからで、どこの章から読んでもらってもよいと思います。たとえば、今、「答案の書き方をどのようにすればよいか悩んでいる」というのであれば、第9章から読んでみるとよいでしょう。また、答案練習会などで「法的三段論法で論述してください」という採点者のコメントをもらって、その具体的な意味がわからない場合には、第3章から読んでもらったらよいと思います。

法律学習の進み具合によって、**読者の皆さんがいまどのあたりにいるのか**を考えて、本書を読み始めてもらうとよいと思います。

ロジカルシンキングの手法は法律学習のすべてに役立つ

本書を読んでもらえば、私法の基礎となっている民法の全体像と法律学の基本的な考え方が理解できると思います。体系を理解し、民法の基礎理論を前提にすれば、民法の勉強は特に難しくはありません。そして、ロジカルシンキングを頭に入れておけば、法律学における論点の理解・整理が極めて容易になります。法律の学習が効率的に進むこととなり、早期に法律系の国家試験に合格できることにつながります。

本書を読みながら、ロジカルシンキングを理解してもらい、民法などの法律を勉強する際に、「ロジカルシンキングで整理していけばいいんだ！！」と活用してもらうことができればと思います。そして、日常生活においても、意識的にロジカルシンキングを役立てることができるようになってもらえればと思います。

第 1 章
論理的思考方法と説明方法
ロジカルシンキング総論

Introduction

多くの読者は、今までロジカルシンキングを基に民法を含む法律を勉強することなどなかったと思いますが、本書での民法を中心とした法律の説明を理解するためにはロジカルシンキングを理解していることが大前提となります。本章では、法学部生・法科大学院生、また、司法試験予備試験を含む法律科目のある国家試験の受験生にとって、**どうしてロジカルシンキング（広義）が必要なのか**を解説することにします。そして、ロジカルシンキングの全体像を説明し、**民法第94条第2項の「善意の第三者」に関する論点の検討方法**を具体例として、論理的に考えるための**狭義のロジカルシンキング**の思考方法と論理的に発表するための**ロジカルプレゼンテーション**の手法に関して、概論・総論的事項を説明することにします。

そして、狭義のロジカルシンキングの基礎理論の個別的・具体的な内容を第2章（論理的思考と図表作成の方法）と第3章（法律学におけるロジカルシンキング）で解説し、答案・レポートの作成方法であるロジカルプレゼンテーションの内容を第8章（法的文章の作成方法）と第9章（ロジカルシンキングに基づく答案作成）で説明します。

これらを読んでもらうと、今まで学習してきた**法律の基礎理論や民法の基礎理論が、ロジカルシンキングに基づき、どのように論理的に整理されていたのか**、また、**これからの法律の学習でどのように整理・理解していけばよいのか**がわかると思います。

1　ロジカルシンキングの意味

⑴　ロジカルシンキングの実質的意味

Logical Thinking（ロジカルシンキング）を直訳すると、「論理的に考えること」になる。そもそも、与えられた問題や課題を自分だけで考えて、自分だけが納得できる結論を出すことで終わりであれば、必ずしも論理的に考える必要はない。**考えた結論やその結論に至る過程を自分以外の人に説明する必要があるから、論理的に考えることが必要**になるのである。その意味で、ロジカルシンキングとは、単に、形式的に、論理的に考えるということではなく、実質的に、導き出した結論を相手にわかりやすく伝えるという目的のために、その手段として論理的に考えることを意味すると理解すべきである。

このようにロジカルシンキングを理解すれば、ロジカルシンキングとは、論理的に考えることだけを意味するのではなく、導き出した結論を相手にわかりやすく伝えるための手法を含むことになる。そこで、広い意味でのロジカルシンキング（**広義のロジカルシンキング**）は、①**問題・課題の検討・解決のために自分の頭の中で整理して考えること**（狭義のロジカルシンキング）〔手段〕と②**その結果・内容を他人に適切に伝えること**（ロジカルプレゼンテーション）〔目的〕に分けられることになる。

⑵　ロジカルシンキングの必要性

ロジカルシンキングが重要である、と語られることが多いのはビジネスの分野においてであるため、ロジカルシンキングという言葉は、法学部生や法科大学院生、そして法律系の国家試験の受験生にはあまり馴染みがないかもしれない。しかし、与えられた問題や課題を考えて、自分だけが納得できる結論を出すことで終わりではなく、結論やその結論に至る過程を自分以外の人にわかりやすく適切に説明する必要があることは、法律の分野でも同様である。序章で説明をしたように、普段勉強するときには、無意識のうちに問題や課題を整理して理解しようとしているはずであり、その際の整理方法に関して、その名称を知っているかどうかは別として、ロジカルシンキングを使用しているのである。また、ロジカルプレゼンテーションによって**問題や課題の検討結果やその内容を明確に伝えるには、その結論に至る過程を意識しておかなければならない**。たとえば、学生がゼミで発表する場合には、他のゼミ員に自分の検討結果やその内容を理解してもらう必要がある。大学の期末試験において良い成績をとるため、また、法科大学院の入学試験や司法試験に合格するためには、法律の知識を有していることはもちろんであるが、採点する担当教員や試験委員に自分の答案の記載内容を理解してもらい、良い成績評価や合格の評価を与えてもらう必要がある。自分では理解できていても、発表した内容や試験の答案を説明した相手や採点者に理解してもらえなければ、相手からは「理解できていない」と評価されてしまう。一生懸命勉強して、自分の中では正確に理解できているのに、プレゼンテーションがうまくいかないばかりに、そのような評価を受けてしまうのは、とても残念なことである。そこで、普段から発表すること、いいかえれば、**プレゼンテーションを意識して、物事を整理して考えておかないと**、法律学の学習者にとって**本当の意味で法律を理解していることにはならない**。

ロジカルシンキングに基づく法律の分野の分析・検討の視点を理解することができれば、法律科目の勉強がスムーズに進むはずである。

⑶　ロジカルシンキングの基本的視点（目的・手段と原因・結果）

広義のロジカルシンキングは、問題・課題の検討・解決を行い、その結果・内容を自分以外の人にわかりやすく説明し、伝えることを目的としている。この問題・課題の検討を行う際の基本的視点には２点がある。

⒜　目的と手段

一つ目は、**目的と手段の区別**である。目的と手段が明確に区別されない議論は混乱する場合が多いため、目的の議論をしているのか、手段の議論をしているのかを、常に区別しなければならない。ここで、目的と手段の意義について確認しておくと、まず**目的**とは、現在検討している問題・課題につき、「何を達成したいのか」ということである。また、**手段**とは、「どのようにしてその目的を達成するのか」ということである。法律学における目的と手段の関係にある内容を含む課題の最たるものは、第７章で説明をする**条文解釈の方法**である。そこでは、条文の文理・文言解釈の後に、その条文で達成しようとしている目的、すなわち、条文が制定されている目的を明確にし、その後に、その目的を達成するための手段として、どのような解釈方法を選択すればよいかということが検討される。「法学」の講義などで学習したはずの条文解釈の方法について、第７章（条文解釈の方法）で再度、目的と手段という視点から確認する。

⒝　原因と結果

二つ目は、**原因と結果を分けて因果関係を考える**ことである。問題・課題に関係する要素を分析して、原因と結果の因果関係を明確にすることである。

原因があって結果があるのであるから、原因と結果を分けて分析することで、**問題・課題の本質を理解できることが多い**。原因と結果に分けることが、ロジカルシンキングの第一歩なのである。そもそも「わかる（理解する）」という言葉は、「分ける」という言葉に由来しているように、問題・課題を明確に理解するためには、関係する要素を原因と結果に分けることが必要なのである。

原因と結果を分け、それらの因果関係を検討することは、ビジネスの分野においては非常に重視されている。なぜなら、ビジネスの分野では、企業の将来の事業に関する経営戦略の立案やそのための方策が最も重要な問題・課題であり、現在発生している状況・結果の原因の究明なしには、将来への対策を考えることができないからである。これに対して、法律の分野では、原因と結果の因果関係は、**理由と結論の因果関係に置き換えて考えることができる**。この点は、後で説明を行うロジカルプレゼンテーションにかかわる部分である。

2　狭義のロジカルシンキング

(1)　狭義のロジカルシンキング総論

広義のロジカルシンキングは狭義のロジカルシンキングとロジカルプレゼンテーションにより構成されるが、ここでは狭義のロジカルシンキングの概要をみてみる。

狭義のロジカルシンキングとは、ロジカルプレゼンテーションを目的として、設定された課題に答えるために、ゼロベース思考、フレームワーク（枠組み）思考、オプション（選択肢）思考の三つの思考方法を用い、常に、検討対象となっている事項につき、漏れがなく重なり合いもないような状態に整理する手法であるMECE（Mutually Exclusive and Collectively Exhaustiveの頭文字の略。ミシーまたはミッシー。直訳すると、相互に排他的であり、かつ全体を集めると網羅的であるということ）を意識しながら、ロジックツリー（樹形図）手法、マトリックス（格子状の配列）手法、およびプロセス（過程）手法の三つの図表作成の手法に基づき、ロジックツリー、マトリックス、およびプロセスチャートの図表を仕上げることである。

まず、三つの思考方法を説明する。**ゼロベース思考**とは、思考の客観化や思考の幅・可能性の拡大を図るために、固定観念や既成概念などを捨て白紙で考えることである。ただ、法律の分野では法律の条文を基礎としてロジカルシンキングを行うものであることから、ゼロベース思考を用いる場面は、他の思考方法と比較すれば極めて少ない。

フレームワーク（枠組み）**思考**とは、物事の全体を枠として捉えて考えることである。このフレームワーク思考において、全体を枠で捉えたうえで全体を分類する際に最も注意すべきことは、検討対象となっている事項につき、漏れがなく重なり合いもないような状態に整理する手法である**MECEを意識すること**である。当初考えた分類において、漏れがあれば、その後の作業において、その漏れが発見される度に追加作業が生じることとなり、重なり合いがあれば、ある事項・要素に関して、どのカテゴリーに分類するか悩むことになり、重複作業が生じることになってしまう。最初に、検討する事項・要素に関して、MECEを意識しながらフレームワーク思考を活用すれば、これらの**追加作業や重複作業を防止することができる**のである。

そして、最後の**オプション**（選択肢）**思考**とは、一つではなく複数の案を考えることである。これらの三つの思考方法がロジカルシンキングのスタートとなる基本的な思考方法であるので、よく頭に入れておく必要がある。

次に、三つの図表作成の手法と図表を説明しよう。**ロジックツリー**（樹形図）**手法**とは、その文字どおり、問題の構成要素をロジックでツリー状に関連づけて、それらの構成要素の相互の関係や大小関係を明らかにして階層化して整理する手法であり、ロジックツリー手法に基づき作成される図表がロジックツリー（樹形図）である。また、**マトリックス**（格子状の配列）**手法**とは、基本的には二つの軸（尺度・要素）を設定して（三つの軸や四つの軸によるものもある）、行と列に配置することにより、多くの要素を整理し体系化する手法であり、マトリックス手法に基づき作成される図表がマトリックスである。そして、**プロセス**（過程）**手法**とは、時間軸を明確に意識して、問題や課題となっている要素を時系列ごとに整理する手法であり、プロセス手法に基づき作成される図表がプロセスチャートである。これらの三つの手法のイメージは、言葉で理解するよりも、それぞれの手法の活用の結果作成される図表・構図で視覚的に理解する方が容易であるから、序章で示した図2を参考にしてほしい。

⑵　法律学習の例でロジカルシンキング
――「善意の第三者」（民法94条2項）の学説の整理・自説の確定

ロジカルシンキングの思考方法について簡単に説明したが、これを法律学の学習に活かすためには、これらを**使いこなせるように身に付けなければな**

らない。そこで、まず身近な法律学習の課題を設定し、狭義のロジカルシンキングを実践してみよう。

民法第94条第２項についての有名な論点を具体例として、「**『善意の第三者』（民法94条２項）の学説を整理して自説を確定しなさい**」という課題につき、レポートを作成することになったとして、学説の整理について、ロジカルシンキングがどのように用いられるかを説明する。

まず、ロジカルシンキングの二つの基本事項である目的・手段の関係と原因・結果の関係を確認しておく。この課題では、学説を整理することと、その整理をふまえて、自分で正しいと考える学説である自説の確定が目的であるので、まず、学説を整理するための手段として「善意の第三者」（民法94条２項）に関する学説を挙げることが必要となる。

(a)　学説の調査と列挙

まず、「善意の第三者」（民法94条２項）についての学説を挙げなければならないが、基本的に、学説は学者が作るものであるから、レポートを作成するレベルでは、ゼロベース思考を用いて新しい学説を作り出すことを考える必要はない。そこで、学説を挙げる際には、どのような点で学説が分かれているかに注意しながら、学者の書いた教科書（いわゆる基本書）や論文を確認することとなる。

「善意の第三者」に関する論点は有名であるから、民法の教科書をみれば、「**善意**」について、①**善意**（過失の有無を問わない）あるいは②**善意・無過失**と解釈する学説を見つけることができるはずである。ここまでをロジックツリーにすると以下のとおりになる。

善　意 ┬ ①　善意（過失〔軽過失〕の有無を問わない）［善意説］
　　　 └ ②　善意・無過失［善意・無過失説］

そして、「**第三者**」の解釈については、一般的には、「**当事者およびその承継人以外のすべての者**」を意味し、理論上は、民法第94条第２項の「第三者」についても、このような意味に解釈することができる（ここでは便宜的に**無制限説**という）のであるが、「第三者」について**制限解釈**を加え、「当事者およびその承継人以外の者であって、**通謀虚偽表示の目的について新たに利害関係を有するに至った者**」（ここでは便宜的に**制限説**という）と解釈することに判例・学説上争いがないので、この点は区分しないで議論を進めてよい。

図１　民法第94条第２項「善意の第三者」の学説

善意についての学説の種類		対抗要件不要説か必要説か
	善意（過失〔軽過失〕の有無を問わない）	不 要 説
		必 要 説
	善意・無過失	不 要 説
		~~必 要 説~~

このような「第三者」については、①（**対抗要件を備えない**）**第三者**（対抗要件不要説）あるいは②**対抗要件を備えた第三者**（対抗要件必要説）と解釈する学説の対立がある。理論上、善意説および善意・無過失説の両方において、対抗要件必要説と対抗要件不要説がありうるが、実際には、善意説においてのみ、対抗要件必要説と対抗要件不要説が主張されており、善意・無過失説において、さらに第三者の保護を制限することになる対抗要件必要説は主張されていない。以上の内容のロジックツリーは以下のとおりとなる。

善　意 ─┬─ ①　善意（過失〔軽過失〕の有無を問わない）［善意説］
　　　　│　　├─ ①-1　対抗要件不要説
　　　　│　　└─ ①-2　対抗要件必要説
　　　　└─ ②　善意・無過失［善意・無過失説］
　　　　　　　├─ ②-1　対抗要件不要説
　　　　　　　└─ ②-2　対抗要件必要説（学説がない）

以上のように、「善意の第三者」に関する学説を出したところで、今度は、ここまでに挙げた学説をマトリックスで整理してみる（**図1**）。

ここまでで、現在主張されている学説は網羅できたと考えられる。課題は、「自説を確定すること」であるから、**図1**のマトリックスで整理した学説を前提として、自説を確定するために個々の学説で主張されている理由の比較・検討というステップに進むことになる。

(b)　比較・検討のための検討要素

次に、自説の確定のためにどのような項目・要素で学説を比較するかを考える必要がある。

そこで、学説を比較・検討するための要素を挙げる必要がある。「どのような学説が適切か」という視点からさらに整理した図表を作成し、自説を確定しなければ、最終的にロジカルシンキングをしたことにはならない。**すでにある法律学のフレームワークから比較・検討のための要素を導き出し、その要素を用いてそれぞれの学説を比較・検討**することになる。

法律学におけるフレームワークについては第３章（法律学におけるロジカルシンキング）で述べるが、**学説の理由づけは、「形式・実質」の対立概念型のフレームワークで検討することが基本**であるので、形式的な項目と実質的な項目を挙げることになる。そして、形式的な項目から先に検討することになる。

形式的な比較の要素としては、①**条文の文言**と②**論理的整合性・論理性**が挙げられる。条文の文言がスタートであるが、法律学は論理の学問であるから、その解釈が他の法律や民法における他の条文との論理的整合性・論理性がとれていることも大切である。

条文の文言上問題がなく、また、論理的整合性がとれているとしても、次に③**結果の妥当性**という実質的な比較要素を考える必要がある（＝**利益衡量の内容**）。ここでの課題では、「善意の第三者」の文言についての制限を緩やかにすれば、第三者が保護されるケース（動的安全の保護の重視）が多くなり、制限を厳しくすれば本人が保護されるケース（静的安全の保護の重視）が多くなる。そのため、**本人と第三者の保護のバランスとして、どの程度の制限が妥当であるか**を考える必要がある。

以上①～③を、それぞれの学説に関してまとめてみる必要がある。

(c)　マトリックスの作成

以上の内容につき、比較・検討をするマトリックスを作成する場合に、注意しなければならないことは、**上の欄（最上段の行）に比較しようとする対象を入れる**ことである（ここでは、善意説と善意・無過失説が最上段にくる）。そして、**比較・検討要素は、左側の縦の行の欄に記載**し（ここでは上記の①～③）、また、比較・検討の要素が複数ある場合には、それらの並べ方について規則性を持たせることである。

法律学におけるフレームワークとして「形式・実質」の対立概念型のフレームワークが重要であることを説明したが、比較・検討の要素として、形式的な要素と実質的な要素がある場合には、まず形式的な要素を先に記載することが大切である。そこで、形式的な要素である上記①②を先に記載し、実

図2　民法第94条第2項「善意」の学説

	善意説	善意・無過失説
条文の文言 （問題となる条文の解釈）		
論理的整合性・論理性		
結果の妥当性 （利益衡量）		

図3　民法第94条第2項「善意」の学説の比較要素を埋めた表

	善意説	善意・無過失説
条文の文言 （問題となる条文の解釈）	善　意 （文言解釈・文理解釈）	**過失のない**善意 （縮小解釈・制限解釈）
論理的整合性・論理性	民法の他の取引安全を考慮する条文の文言との整合性	一般的な権利外観法理の要件との整合性
結果の妥当性 （利益衡量）	本人の帰責性を考慮すると、第三者の過失を問わず、取引の安全（動的安全）をより重視すべき。	・本人の帰責性を考慮するとしても、虚偽表示の存在について過失があった者までを保護することは、取引の安全（動的安全）を重視しすぎるもので、本人と第三者の利益バランスがとれず妥当でない。 ・表意者の一般債権者の利益に対する配慮。

質的な要素である③を後に記載することになる。そして、形式的な要素の中で複数の要素があれば、より抽象度が高い事項などの**思考の順序として先に検討する事項をより上に記載**することになる。条文の文言がスタートなので、ここでは①→②の順となる。

これらをふまえて、「善意」についての学説を比較するためのマトリックスの枠は**図2**のとおりとなる。そして、**図2**のようなマトリックスの空白となっている部分を教科書などを読んで埋めていくことになる。マトリックスを埋めると**図3**のようなものになる。なお、本章においてはマトリックスの中の細かい内容を理解する必要はない。ここでは、まず、手順を理解してもらうことが大切である。

次に善意説においてのみ、「第三者」についての対抗要件必要説と対抗要

図４　民法第94条第２項「第三者」についての善意説の中の対抗要件についての学説

	対抗要件不要説	対抗要件必要説
条文の文言 （問題となる条文の解釈）		
論理的整合性・論理性		
結果の妥当性 （利益衡量）		

図５　民法第94条第２項「第三者」についての善意説の中の対抗要件についての学説の比較要素を埋めた表

	対抗要件不要説	対抗要件必要説
条文の文言 （問題となる条文の解釈）	第三者 （文言解釈・文理解釈）	**対抗要件を備えた**第三者 （縮小解釈・制限解釈）
論理的整合性・論理性	対抗問題ではないので、対抗要件は不要である。	対抗問題ではないので対抗要件は不要である。しかし、利益衡量の結果として、権利資格保護要件としての登記・引渡しが必要。
結果の妥当性 （利益衡量）	本人の帰責性を考慮すると、第三者の保護を重視すべきであり、第三者に登記・引渡しを求める必要はない（本人の帰責性が大きいので、第三者の保護要件は軽くてもよい）。	本人に帰責性があるが、第三者は、単に契約だけをすれば、登記・引渡しを受けていなくても保護されるとすることは、第三者（通常、代金の支払をしていない者）に過度の保護を与えることとなり、登記・引渡しまでを必要とすることで、本人と第三者の利益バランスが図られる。

件不要説が主張されていて、ここでも比較しようとする対象は対抗要件必要説と対抗要件不要説であるから、これらをマトリックスの上の欄に入れて作成することとなり、**図４**のとおりとなる。

そして、図３と同様に空白となっている部分について、教科書などを読んで埋めていくことになり、**図５**のようなマトリックスができあがる。ここでもマトリックスの中の細かい内容を理解してもらう必要はない。まず、手順を理解しよう。

以上の検討の結果、**図３**の民法第94条第２項の「善意」の学説の比較要素

図６　民法第94条第２項「善意」の学説の整理の最終版

	善意説		善意・無過失説
	対抗要件不要説	対抗要件必要説	
条文の文言（問題となる条文の解釈）	善意（文言解釈・文理解釈）		**過失のない善意**（縮小解釈・制限解釈）
	第三者（文言解釈・文理解釈）	**対抗要件を備えた第三者**（縮小解釈・制限解釈）	
論理的整合性・論理性	民法の他の取引安全を考慮する条文の文言との整合性		一般的な権利外観法理の要件との整合性
	対抗問題ではないので、対抗要件は不要である。	対抗問題ではないで対抗要件は不要である。しかし利益衡量の結果として、権利資格保護要件としての登記・引渡しが必要。	
結果の妥当性（利益衡量）	本人の帰責性を考慮すると、第三者の過失を問わず、取引の安全（動的安全）をより重視すべき。		・本人の帰責性を考慮するとしても、虚像表示の存在について過失があった者までを保護することは、取引の安全（動的安全）を重視しすぎるもので、本人と第三者の利益バランスがとれず妥当でない。 ・表意者の一般債権者の利益に対する配慮。
	本人の帰責性を考慮すると、第三者の保護を重視すべきであり、第三者に登記・引渡しを求める必要はない（本人の帰責性が大きいので、第三者の保護要件は軽くてもよい）。	本人に帰責性があるが、第三者は、単に契約だけをすれば、登記・引渡しを受けていなくても保護されるとすることは、第三者（通常、代金の支払をしていない者）に過度の保護を与えることとなり、登記・引渡しまでを必要とすることで、本人と第三者の利益バランスが図られる。	

を埋めた表ができ、また、**図５**の民法第94条第２項「第三者」の対抗要件についての学説の表ができた。したがって、**図３**と**図５**をみることで、民法94条第２項の「善意の第三者」の学説の整理ができたことになる。最後に、**図３**と**図５**をまとめると**図６**のマトリックスができあがる。そのうえで、たとえば、「善意」の解釈については、「善意（軽過失の有無を問わない）」と解釈する学説を採り、第三者は対抗要件（登記・引渡し）を備える必要があるとすることが妥当であると考え、自説を確定したとする。「自説を確定する」と

いうことについては、自分だけが理解できていればよいから、これで、(狭義の) ロジカルシンキングは完了することになる。

3　ロジカルプレゼンテーション

ロジカルシンキング（狭義）により図表を作成し、自説を確定したら、次に、ロジカルプレゼンテーションをすることになる。「『善意の第三者』（民法94条2項）の学説を整理して自説を確定しなさい」との課題に関して、ロジカルシンキングの内容としては、**図3**と**図5**で作成したマトリックスである**図6**で十分であるが、それを他人も読んで説得的であると感じてもらうためのレポート作成、すなわちロジカルプレゼンテーションのための図としては十分とはいえない。**図6**では、どの学説が好ましいかを比較する要素が示されているだけだからである。

(1)　ロジカルプレゼンテーションの意義

まず、注意すべき点は、**相手を説得するための論理と思考のプロセスは異なる**ということである。プレゼンテーションの目的は、論理を相手に納得させ、相手に期待どおりの反応をとってもらうことにある。課題の解答を作成するときには、いくつかの学説があることをふまえて検討作業の中で導いた結果（ロジカルシンキングの手法により導き出した結論）を、根拠→結論という論理構成、すなわち、一定の前提から論理規則に基づいて必然的に結論を導き出す説明である**演繹型論理**と個々の具体的事実や理由から結論を導き出す説明である**帰納型論理**の論理パターン（これらの具体的な内容は第8章〔法的文章の作成方法〕で説明する）に当てはめ、相手にとってわかりやすいように整理しなければならない。そうすると、**課題の検討過程では重要だと思われた要素も、結論が導かれた後では重要ではない**、ということが度々発生する。相手を説得するための解答には、特に試験の解答には、**本当に必要な情報だけに絞り込んでいく**ことが必要となる。

(2)　法律学習でのロジカルプレゼンテーションの例

ロジカルシンキングとして 2 (2)では、善意説（対抗要件不要説）、善意説（対抗要件必要説）、および善意・無過失説（対抗要件不要説）の中から自説として、「善意」の解釈については、「善意（過失〔軽過失〕の有無を問わない）」と解釈し、第三者に登記を要求する学説（善意説〔対抗要件必要説〕）が妥当であると考えたとすれば、課題のレポート作成としては、三つの学説の中から、どのような理由でその学説を採ることにしたかの理由を示すことが必要であ

図７　民法第94条第２項「善意の第三者」の自説

結論（結果）
＝善意説（対抗要件必要説）

↑

①　条文の文言	②　論理的整合性・論理性	③　結果の妥当性
民法第９４条第２項につき、条文の記載どおり文言解釈・文理解釈する。	対抗要件（登記・引渡し）は、狭義の対抗問題の場合だけに機能するものではなく、利益衡量の結果として保護を受けるために必要とされる要件である権利資格保護要件として機能させる場面があることは学説上広く承認されている。	（利益衡量の結果の妥当性） 本人の帰責性を考慮するとしても、対抗要件（登記・引渡し）を備えていない第三者（通常、代金の支払をしていない者）まで保護する必要はない。

MECE

る。

そこで、善意説（対抗要件必要説）を採るにあたり、①条文の文言上の理由、②論理的整合性・論理性の理由、③結果の妥当性（利益衡量）の三つの点から、理由づけなければならない。

第三者が理解できるような説明としては、**図７**のような論理（帰納型論理）で構築されることになるので、プレゼンテーションとしては、その論理で①〜③の内容を説明することになる。法律の学習において、答案やレポートを作成するにあたっては、自説には形式的な理由づけと実質的な理由づけが必要である（これは第３章で学習するロジカルシンキングのフレームワーク思考のうちのMECEの適用例である）といわれるのは、まさにこのような論理を意味しているのである。この２種類の理由づけが記載されていない答案やレポートは解答として不十分であるという評価を受けることになるので、この点は必ず理解しておかなければならない。

４　まとめ

以上、「『善意の第三者』（民法94条２項）の学説を整理して自説を確定しなさい」というレポートの作成課題に関して、ロジカルシンキングの思考方法を具体的な例を挙げて説明してきたが、ロジカルシンキングの内容の概略をつかむことができたであろうか。**一つの課題を解決するためには、複数のロ**

ジカルシンキングの思考方法を常に並行して活用することが必要である。課題を解決するためにはロジカルシンキングの思考方法や図表作成手法を無意識に使えなければならない。課題を検討しながら、いちいち、「ここはオプション思考を利用して、次のところは、フレームワーク思考を使用しなければ……」などと考えていては、実際には使えない。たとえば、テニスの練習であれば、最初に指導してもらい、きちんとしたラケットの動かし方を習ったら、後は、常にきちんとしたフォームで無意識にラケットを動かせるように体に覚え込ませなければならないのと同様に、法律学習においても、**ロジカルシンキングを無意識で活用できるように頭に覚え込ませる必要がある。**

次の第２章（論理的思考と図表作成の方法）および第３章（法律学におけるロジカルシンキング）でロジカルシンキングの内容について、民法などの法律の問題を具体例として詳細を説明していくことにするので、ロジカルシンキングの理解を深めていってほしい。

第2章
論理的思考と図表作成の方法
狭義のロジカルシンキング

Introduction

第１章において、ロジカルシンキングの内容を総論的に説明し、民法第94条第２項の「善意の第三者」の解釈の問題を基に、ロジカルシンキングの思考方法やロジカルプレゼンテーションの方法がどのように活用できるかを説明しました。そこで、この第２章では、ロジカルシンキング総論をふまえて、ロジカルシンキングの各論として、各種の思考方法や図表作成の手法をより詳しく例を挙げながら説明します。その説明の際には、民法の基本概念・用語や論点を例にして解説していきます。

本章で解説するロジカルシンキングの思考方法や図表作成の手法について、読者の皆さんが無意識に使用しているものもあると思いますが、民法の基本概念・用語や論点を理解する際に、ロジカルシンキングの思考方法や図表作成の手法をどのように用いるべきなのかという視点を意識しながら読んでみてください。そして、それらの方法や手法は、**無意識に使用できるレベルまで身に付けないと役に立たない**ので、それらの方法や手法を理解した後は、**常に使い続ける**ようにしてください。

第３章以下では、法律学の基礎理論や民法の体系などを解説しますが、本章で解説しているロジカルシンキングの思考方法や図表作成の手法を理解していることが前提となりますので、本章でロジカルシンキングの理解を深めたうえで第３章以下の解説に進みましょう。

1　狭義のロジカルシンキングの思考方法

(1)　ゼロベース思考

(a)　ゼロベース思考とは

ゼロベース思考とは、固定観念、既成概念、先入観、常識、偏見、体験などを消して、**白紙で考えること**である。このように考えることで、**思考の客観化**や**思考の幅・可能性の拡大化**を図ることができる。

ビジネスの分野においては、それまでの延長線上で物事を考えても、ほとんどのことがすでに考え尽くされていることが多く、また、すでに考え尽くされている枠の中で物事を考えても、新しく画期的なビジネスのアイディアが生まれることはまずない。したがって、これまでの延長線上や既存の枠内には答えがないような状況にあるときに、固定観念や既成概念などから離れて考えていくことが必要となる。そこで、ビジネスの分野ではゼロベースで考えることが極めて重視されている。

(b)　ブレイン・ストーミングとの関係

このゼロベース思考との関係で、触れておかなければならないのが、**ブレイン・ストーミング**（略して「ブレスト」・「BS」といわれる。直訳すれば「頭脳に嵐を起こす」「頭脳に突撃する」となるが、思考方法であるから、「集団思考法」・「集団発想法」と訳されている）という方法である。これは、1940年前後にアメリカの広告代理店の副社長であったアレクサンダー・F・オズボーン（Alexander Faickney Osborn）により考案されたもので、アイディアを出す作業を集団で行うことによって、相互交錯の連鎖反応や発想の誘発を期待する技法である。簡単にいえば、数人のグループで、ありうる限りのアイディアを出し合うもので、「三人寄れば文殊の知恵」を実現しようとするものである（ちなみに「文殊」とは、文殊菩薩を指す。大乗仏教の崇拝の対象である菩薩の一尊で、智慧を司る仏である）。このブレイン・ストーミングを行う際には、次の四つのルールを守らければならないとされている。

ルール①　質より量（発言・アイディアの量を求める）
ルール②　自由奔放（発言・アイディアの発想は自由奔放に行う。このルール②が固定概念や既成概念を否定するゼロベース思考）
ルール③　結合改善（他人の発言・アイディアを結合することや修正・改善することなどを歓迎する）

ルール④　批判・判断延期（提出された発言・アイディアに対する
批判や善し悪しの判断はブレスト中においては排除する）

ブレイン・ストーミングは、とにかく、たくさんの発言・アイディアを出すことを目的とするから、ルール①が、ブレイン・ストーミングの目的を示すものとして最も重要である。とにかく発言・アイディアの量を出すために、ルール②の自由奔放の態度が必要となる。枠にとらわれず、提出されていない発言・アイディアをどんどん出すことが必要であるから、つまらないアイディア、見当違いのアイディアであっても、とにかく出すということである。また、ルール①の目的を達成するための手段であるルール③によって、すでに提出されている発言・アイディアを基礎にして、それらを結合したり、修正・改善したり、発展させたりして、発言・アイディアは追加されていく。そして、ルール④は、ルール①に基づいて発言・アイディアが多く出てくるように、ルール②やルール③に基づいて提出された発言・アイディアに対する批判や善し悪しの判断を行わないことをルール化したものである。発言・アイディア出しの段階で、批判などが出ると、参加者の発言やアイディア出しが萎縮してしまうからである。

以上の四つのルールの位置づけをまとめると、ルール①はブレイン・ストーミングの目的を明確にするもので、ルール②とルール③は、ルール①の目的を達成するための手段・方法を積極的に明確にするものである。そして、ルール④は、ルール②とルール③の実行を担保するために、いいかえれば、裏から規定するルールであるといえる。

このようなルールに基づいて行われるブレイン・ストーミングは、**ゼロベース思考に関係する発想技法として極めて重要**なものである。実社会で仕事を進めていく中では、複数の人たちと仕事をすることが多くなる。そこで議論する場合には、複数人が、ルール②自由奔放（**ゼロベース思考**）に基づきブレイン・ストーミングを行うことが重要であり、ブレイン・ストーミングは極めて重要な発想技法なのである。また、日常生活ではゼロベース思考を用いる場面が多くある。様々な意思決定をするにあたっての選択肢を出すというスタートラインとなるからである。

ゼロベース思考やブレイン・ストーミングにより多くのアイディアが出されたら、(2)で説明するフレームワーク思考で、それらを整理していくことが必要になる。

(c)　法律学におけるゼロベース思考

法学部生や法科大学院生また国家試験の受験生が普段学習をする段階では、与えられている条文を前提に解釈や適用を考えることになるので、ゼロベース思考で何かを考えるという場面は少ない。もっとも、普段の勉強の中で、ゼロベース思考をすることで関連性がみえてくることがある。たとえば、ある法律の中の複数の制度を比較することはあっても、それとは異なる法律の中の制度を比較することはあまりないかもしれない。しかし、民法も刑法も同じく法律であると考えて、それらの中での議論につき、何らかの観点からの比較・対照ができないかと考えてみた場合、民法では法律要件・法律効果という構造が、刑法では構成要件・刑罰という同様の構造になっていることがわかるであろう。また、第5章（時系列に基づく民法の体系）では、法律行為に基づく法律効果が発生するまでを成立要件から効力発生要件までの順序で検討しているが、刑法でも、刑罰という法律効果が発生するまでを構成要件→違法性→責任の順番で考えることになっていることにも気づくであろう。ともに、プロセス・時系列で検討されており、また、形式的・外形的な要件から検討され、実質的な要件がその後に検討されているという類似性に気づくはずである。

法律学の学習でゼロベース思考を用いることが重要となるのは、法科大学院ではない法学研究の大学院の修士課程や博士課程に進学したような場合で、論文を書くときである。様々な文献を読むことで今までの多くの議論を整理したうえで、自分なりの学説を打ち立てることを考えなければならない。その際には、既存の学説や裁判例をふまえながらも、それらから離れて、新しい何かを考えられないかが課題となり、ゼロベース思考を積極的に活用することになる。また、法律家として実社会で仕事をするうえでは、たとえば、企業法務において依頼者である企業の担当者と先例となる判例や学説がない新しい法律問題を検討し、対策を考えることが必要となるときには、ゼロベース思考が必要になる場面が多く出てくるであろう。

法律分野の学習においてゼロベース思考で考えなければならないケースは少ないが、いくつかの場面でゼロベース思考は極めて有用であるので、頭に入れておいてほしい。

(2)　フレームワーク思考

(a)　フレームワーク思考とは

フレームワーク（枠組み）思考（広義）とは、物事を理解しやすくしたり、

図1　狭義のフレームワークとグルーピング

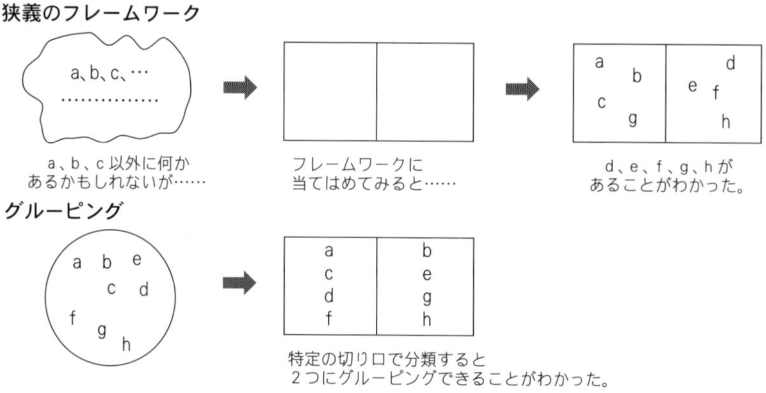

説明しやすくするために、(i)対象とする課題につき、まずはフレームワークを使用して、その中で様々な事項・要素を考え出していくこと（**狭義のフレームワーク思考**）、また、(ii)すでに提示されている様々な事項・要素につき、まずは全体像を俯瞰し、フレームワークをふまえて、最適の視点や切り口で切断し、分解・分類すること（**グルーピング**）の二つの内容を持つ思考法である（「マクロからミクロへ」あるいは「全体から部分への視点移動」）（**図1**を参照）。フレームワークを用いるということは、いいかえれば、考えるときのプラットフォームや範囲を決める、もしくは、**考えるときの視点を決める**ということであり、また、捉えている**全体像**（事項・要素の集まり）**を分解・分類する際の視点や切り口を決める**ということである。

ここで、考えるときのプラットフォームや分解・分類の視点や切り口を決める、と述べたが、そのプラットフォームや分解・分類の視点や切り口の確定において、**漏れや重複のない状態**（MECE）で検討対象全体を捉えなければならない。

(ア)　狭義のフレームワーク思考とは

狭義のフレームワーク（枠組み）**思考**は、物事を考える際の枠を作ることを目的とする。

法律の分野の学習において、狭義のフレームワーク思考は重要である。法律の学習をしている際に、それぞれの法律の基本概念や基本用語を理解したうえで、様々な論点の勉強をすることになるが、フレームワークを使用して、その中で事項・要素を考えることが有用になる。たとえば、民法の事例問題で、「AとBの間の法律関係を論ぜよ」というような問題がある。ここでの検討の進め方としては、まず、AとBの間に契約関係があるか否かを考え、契約関係があるとすれば、その契約関係における問題点を時系列に沿って検討していけばよいのである。これは、フレームワーク思考として、まず、「意思表示に基づく法律関係」と「意思表示に基づかない法律関係」という大きなフレームワークを利用し、その後に、序章で簡単に説明をした契約関係についての時系列での整理である「成立要件」、「有効要件」、「効果帰属要件」、「効力発生要件」そして「対抗要件」という順序により整理されたフレームワークを利用しているのである。このように二つのフレームワークで検討すれば、この事例問題における問題点につき、漏れや重複なしに、答えることができるのである。

(イ)　グルーピングとは

広義のフレームワーク（枠組み）思考のうちの**グルーピング**は、対象とする事項・要素につき、全体像を俯瞰し、フレームワークをふまえて、最適の視点や切り口で切断し、分解・分類することである。いいかえれば、グルーピングは、たくさんの情報があるときに、次に説明をするMECEになる切り口をみつけて、その全体像を理解しやすいように分解・分類することである。大量の情報がある場合、それらの全体を把握し、記憶するためには、それらを同じ仲間の事項・要素で集めるというグルーピングをすることが効果的である。そして、グルーピングしたものをさらに階層化していくことで、より情報が整理されることになる。たとえば、法律行為の無効については、絶対的無効や相対的無効などの様々な無効概念があり、それらをまとめて学習するような場合である。また、より一般的な例としては、ある論点に関する様々な学説を学習する場合である。論点の勉強をする場合、**どのような学説があるか**をまず理解して、それらの学説が、**どのような論理に基づいて主張されているのか**、また、**どのような関係・位置づけにあるのか**を整理し、それらの学説につき、通説・多数説、そして、有力説・少数説ということを考えることが重要である。たとえば、A説、B説、C説、D説がある場合、肯定説とそれと対立する否定説（ある学説を基準として、それに反対する学説が反対説と評価されるので、反対説という用語は相対的に使用される）として、A説とD説が真っ向から対立していて、B説は、A説の修正説で、A説と基本的な考え方に差異はなく、C説は、A説とD説の間の折衷説である――といったような理解である。また、これらの学説は、多数説と少数説で大きく分類でき、多数説であるとしても、通説の地位を占める圧倒的多数説なのか、それとも、通説とまではなっていない多数説であるのか、また、少数説としても、有力少数説であるのか、単なる少数説であるのか、という視点・切り口での分類をするようなことがグルーピングである。学説を理解する際には、単に並列的に学習するのではなく、**それぞれの相互関係を意識**しておくことが必要である。

法律学の学習者にとっては、日常の学習においては、フレームワーク思考のうちの**グルーピングを利用する場合が極めて多い**と思われる。

(b) MECEとは

フレームワーク思考とは、要するに、物事の全体を枠として捉えて考えることである。そして、このフレームワーク思考においては、MECEを意識することがとても重要である。**MECE**（ミシー・ミッシー）とは、**M**utually **E**xclusive and **C**ollectively **E**xhaustiveの略で、日本語に訳すと、相互に排他的であり、かつ全体を集めると網羅的であるということで、**漏れも重なり合いもない状態**（モレやダブリのない状態）を意味する。

身近な簡単な例として、対象となる人間を生物学的に分類する際の「男と女」や、生活に必要な事項を検討する際の「衣・食・住」などであり、この枠組みを利用すれば必要な対象を検討するにあたっての漏れや重複がないように検討できる。

なぜ、MECEで考えることが重要なのか。たとえば、ゼミでの発表の場面を考えると、発表の相手である他の学生に理解してもらい、納得してもらうためには、発表内容に関して**相手に疑問**（「さっきの内容と今話をしている内容はダブっていないか？」あるいは「発表内容では出てきていないが、○○○も問題にならないか？」）**を持たせないようにすることが重要**だからである。法学部の学期末試験の答案、また、法科大学院の入学試験や司法試験の答案でも同じである。担当教員や試験官に「記述内容がダブっていないか？」「他に○○○も問題になるのにどうして記述しない？」と思われたら、答案に合格点が付かないのである。漏れがあれば、**検討すべき対象を逃したり、説明が不十分**となるし、重複があれば、**無駄や混乱が発生**してしまうことになる。そこで、漏れや重複のない状態で考えることが大切になるのである（**図2**を参照）。

「モレやダブリのない状態」であるMECEの内容が理解できたとして、ただ漠然とMECEになるように考えることも難しい。そこで、MECEのフレームワークになるように考えるポイントは、**対立概念型**（反対概念型）・**順序**

図２　モレとダブリ

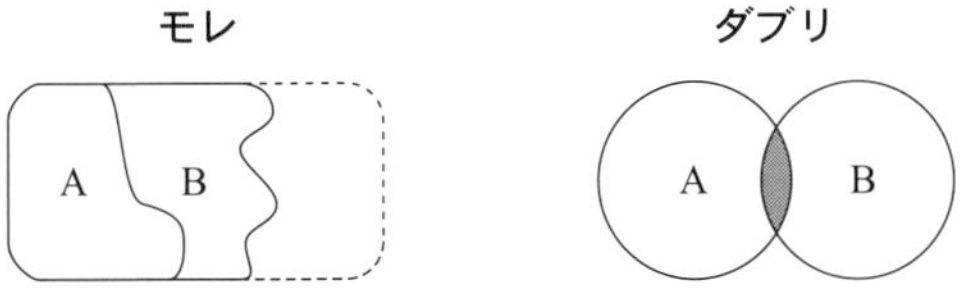

モレがあると、未検討部分が発生。　ダブリがあると、無駄や混乱が発生。

型・複数要素型の三つで考えることである。

(ア)　対立概念型（反対概念型）

——「対立・反対」と「それ・それ以外」

一つ目の対立概念型の考え方は、「**対立・反対**」と「**それ・それ以外**」を考えることである。

MECE に分類するためのポイントは、問題とされている事項・要素について、「対立・反対」の内容、あるいは、「それ・それ以外」という内容を考えることにある。この MECE で、**全体集合を完全に要素分解**することができる。

まず、基本的な考え方は**「対立・反対」概念を探す**ことである。たとえば、「質」と「量」（または「定性」と「定量」）である。また、誰も反論することができないような客観的な事実と人によって異なりうる主観的な判断（評価）である「事実」と「判断（評価）」という分類である（これは、いいかえれば、「客観」と「主観」あるいは「客観的要素」と「主観的要素」という分類である）。ほかには、「形式・実質」、「原則・例外」、「一般・特別」、「抽象・具体」、「絶対・相対」、「共通・相違」、「全体・部分」、「禁止・許容」、「必須（must）・任意（may）」、「内部・外部」、「積極・消極」、「帰納・演繹」、「肯定・否定」、「ハード・ソフト」、「プラス要因・マイナス要因」、「変動・固定」、「ミクロ・マクロ」などの例を挙げることができる。「対立・反対」概念を考えることで、ある事項・要素の分類は、**必ず MECE になる**ので、このポイントについては覚えておいてほしい。

これに対して、「対立・反対」概念ではなく、「**それ・それ以外**」という分類も、MECE のための考え方の一つであるが、**例外的な考え方**である。「対立・反対」概念を探すことが難しい状況において、あるもの「それ自体」と「それ以外」という分類をすることで整理することが考えられる。この「それ自体」と「それ以外」の分類は必ず MECE になるのであるが、あまりに当然すぎる分類であることから、これを安易に用いてもMECEとして説得力あるものとはならない。できるだけ、「対立・反対」概念を用いるMECEを考えるべきである。なお、分類を三つ以上にしたうえで、「A」、「B」、「その他」と分類しない方がよい。「その他」という分類を作成すれば、ほかに入らないものはここに必ず入ることになり、すべての事項・要素をカバーできることにはなる。しかしながら、これはきちんと**整理した分類ではないことを示す目印・サイン**なのである。フレームワークを作る際にきちんとした分類をしていれば、このような「その他」という分類が発生することはないはずであり、やむをえない場合にのみ使うべきものである。

(イ)　順序型

二つ目は、**時系列や手順**で考えることである。流れ・ステップ（プロセス手法）の検討の際のMECEとして、年代別、「事前・事後」、「過去・未来」、「過去・現在・未来」、あるいは「短期・長期」、「短期・中期・長期」というものがある。また、一つの尺度をいくつかの区分で区切る方法がある。「大」「中」「小」や「○○未満」「○○以上△未満」「△以上」という型である。このMECEも、対立概念型と同様に、**全体集合を完全に要素分解**することができる。

(ウ)　複数要素型

これは、**同質的な複数の構成要素（選択肢）を並べる分類**、そして、**異質的な構成要素（選択肢）を複数の視点や座標軸により並べる分類**である。

まず、前者の例としては、生物学分類（ほ乳類、は虫類、鳥類……）など、生物という同質的な複数の構成要素の分類があり、また、後者の例としては、民法の三大原則（権利能力平等の原則・所有権絶対の原則・契約自由の原則）に基づく法律関係の分析のための分類として「主体」「客体」「取引」という構成要素の分類がある。

この複数要素型は、**漏れや重複が絶対にないとは証明できない**が、少なくとも**大きな欠落や重複はないと一般に考えられる**定型的なフレームワークである。この点が、対立概念型や順序型と大きく異なる点である。この点から、複数要素型のMECEを考える場合には、**定型的なフレームワークを記憶しておく必要**がある。そして、この複数要素型のMECEを考える際には、既存のフレームワークに項目を**追加したり削減したりするべきではない**。既存のフレームワークは、一応、漏れや重複がないものとして評価されているからである。

図3　MECEとレベル・次元の統一

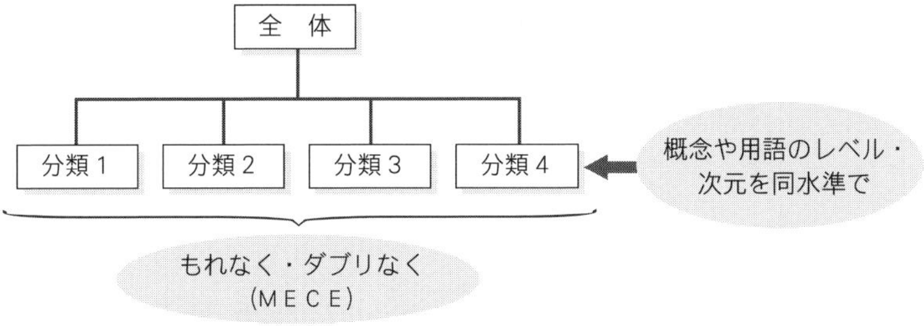

(c)　MECEを活用したグルーピング

まず、グルーピングに際しては、三つのステップで考えることになる。

(ア)　事項・要素の洗い出し

第一のステップとしては、**関係する事項や要素を洗い出す・ピックアップする**ことが必要である。すでに関係する事項や要素が出されているのであれば、この作業は不要であるが、通常は、関係する事項や要素の洗い出しが必要となる（洗い出し作業では、ゼロベース思考でブレイン・ストーミングをすることになる）。

(イ)　事項・要素の同レベル化

第二のステップとしては、**事項や要素の分野やレベル・次元をそろえる**ということである（**図3**を参照）。そもそも、分類とは、基本的に同レベル・同列のものを並べることであるから、事項や要素についての言葉や概念のレベルがそろっていないと並べることはできない。まず、大きな分野やレベルを対象として、事項や要素を整理しておかないと、的確なMECEによる整理はできない。たとえば、会社法の分野で剰余金の分配の問題の整理をしている際に、会計学（財務諸表論）の事項や要素が含まれているのであれば、法律学の事項・要素と会計学の事項・要素を分けて整理しなければならないということである。法律学の学習にあたっては、この点をあまり意識する必要はないが、学際的な分野を勉強している場面においては、問題となる事項・要素には様々な種類があるので、この点をまず処理しなければならないのである。

(ウ)　目的に基づいた整理

第三のステップは、ロジカルシンキングはロジカルプレゼンテーションを目的とするものであるから、自分の考えている結論につき他人を説得するために、どのようなMECEの切り口を利用することがよいかを考えること、いいかえれば、**何のためにグルーピングをするのかを考え、その切り口で多様な事項や要素を整理する**ことである。

このとき、MECEに関して説明した対立概念型・順序型・複数要素型のフレームワーク（枠組み）を用いて分類することになる。このグルーピングのフレームワーク思考を利用する場合には、大きく括ったうえで、さらにMECEで分けることができないかを考えることが必要である。**対立概念型、順序型、そして、複数要素型を重ねて活用することが必要になるケースも多い**。たとえば、法律関係を「意思表示に基づく法律関係」と「意思表示に基づかない法律関係」に分けて（対立概念型）、その後に、「意思表示に基づく法律関係」を「成立要件」から「対抗要件」の流れ（順序型）で検討することは、対立概念型と順序型の併用である。

慣れないうちはMECEをなかなか作ることができないかもしれない。MECEでないということは、漏れがある状態か重複のある状態になっているのであるが、それは視点や切り口が明確にされていないからであることが多い。

また、**一度で、適切なMECEによる整理ができるとは限らない**。まず、MECEの手法で整理し、それで適切な分類となっているかを考え、うまくいかなければ、再度、対象となる事項や要素につき、他の視点で整理し直すということが必要になる。いいかえれば、まず、仮説として、ある一定のMECEの類型を用いることにして整理し、答えるべき課題に関するロジカルプレゼンテーションを目的として考えたときに、課題の全体像がきちんと示されていること、漏れや重複がないことを確認し、それで問題がなければ整理は終了である。しかし、そこで問題があれば、再度、他のMECEによる視点で事項・要素を整理してみる必要がある（これは、仮説を構築して、それで実際に整理してみて、うまくいかなければさらに他の仮説を構築して試してみるという、「**仮説思考**」と呼ばれる思考方法である）。

慣れないうちはMECEによる分類を作ることはなかなか難しい。何回かMECEの適用を繰り返すことになるであろうが、法律の学習の中で、前述の三つのステップを覚えておき、日常的にMECEを使用してほしい。

(d)　フレームワーク思考とMECEの利用法のまとめ

以上をまとめると、狭義のフレームワーク（枠組み）思考を利用する場合には、まず、原則として、対立概念型で大枠を確定し、その後に、ゼロベース思考を用いて、その枠の中で、様々な事項・要素を考えることになる。他方、すでに様々な事項・要素が与えられている場合に、グルーピングのフレームワーク思考を利用するときは、与えられている事項・要素につき、どのような MECE を利用すれば、分類することができるかを考えることになる。

(3)　オプション思考

オプション（選択肢）思考とは、意思決定にあたり客観的な結論を出すために、一つの選択肢ではなく、**常に複数の選択肢を考えること**である。いいかえれば、一つの選択肢を問題解決・意思決定として確定させる前に、いくつかの選択肢を考えることである。問題解決・意思決定のための選択肢が一つということはありえないから、オプション思考は大切である。

オプション思考のポイントは、常に複数（三つから五つ）の「ある程度妥当な」選択肢を考えることで、それらの選択肢が比較検討の議論を尽くすべきものと一応考えられるレベルにあることである。ただ、最初から選択肢の妥当性に厳密にとらわれると、選択肢が狭まってしまうので、ゼロベース思考を念頭に置いておくことが重要となる。

オプション思考は、**ゼロベース思考を基礎として活用され、その結果、考えられた選択肢につき、フレームワーク**（枠組み）**思考により整理することで、より機能**する。(1)で説明したゼロベース思考は、固定観念、既成概念、先入観、常識、偏見、体験などを消して、白紙で考えることであり、思考の客観化や思考の幅・可能性の拡大化を図るものである。このようなゼロベース思考により、様々な選択肢となるアイディアを出すことができるようになる。そして、ゼロベース思考を基礎として、オプション思考により考え出されたアイディアにつき、フレームワーク思考により、フレームワークを基にして意思決定を行うために最適の視点や切り口で切断し、分類・分解することになる。

次に、オプション思考での意思決定のプロセスを詳しく説明する。

まず、課題・テーマがあるときには、その問題解決・意思決定のための選択肢を複数考えなければならないが、選択肢を考えた後の意思決定の際に利用されるのが**オプション・マトリックス**である。これは、縦軸を選択肢の内容の構成要素、そして、横軸を各選択肢とするものである。このオプション・マトリックスを作成するには、フレームワーク思考が利用されることになる。オプション・マトリックスが完成したら、横軸に掲げられたどの選択肢を選択するか、すなわち、意思決定をするための議論をすることになる。

その際に重要なのは、感覚で議論しないことである。つまり、意思決定にあたっては、常にファクト（事実）である情報・データに基づく客観性を保つことができる議論をすることである。ファクトに基づき、それぞれの選択肢のメリット・デメリットを洗い出し、ファクトに基づいた評価・判断を行うことによって、総合的に一つの選択肢を選ぶことになるのである。

法学部や法科大学院などでの法律の学習においては、オプション思考を用いる場面は少ないと考えられる。たとえば、問題となる条文に関してすでに複数の解釈が提示され、通説、多数説、有力説、少数説、そして、判例として分類されているのであるから、基本的にはそれらの学説・判例を比較検討して、自分が採用する学説や判例を選択すれば足りる。しかし、実際の法律実務やビジネスの現場においては、様々なケースを取り扱うので、相手方の意向がわからず、紛争内容やビジネスの細かい事実が不明確なケースもままあることから、様々な場合を想定して、複数の解決案を作成しなければならない。オプション思考により意思決定をしなければならないケースが極めて多いのである。

2 狭義のロジカルシンキングの図表作成手法

ロジカルシンキングの思考方法を説明したので、次に、ロジカルシンキングの図表の作成の手法・ツールであるロジックツリー（樹形図）手法、マトリックス（格子状の配列）手法、プロセス（過程）手法を説明する。

(1) ロジックツリー手法

まず、ロジックツリー（樹形図）手法とは、文字どおり、ロジック（論理）で構成されるツリー（樹）を作ることであり、問題の構成要素をロジックでツリー状に関連づけて、それらの**構成要素の相互の関係や大小関係を明らかにして階層化・構造化**することである。この手法による図表がロジックツリーである。このロジックツリー手法は、構成要素の相互の関係（原因・結果：目的・手段）や大小関係を明らかにすることで、膨大な情報を整理して課題の**全体像を明らかにすることに優れた方法**である。

このロジックツリー手法は、MECE を意識してゼロベース思考、フレームワーク（枠組み）思考、オプション（選択肢）思考で抽出した要素を整理するために用いられる。そこで、ロジックツリー手法では、構成要素を分解することに意義があり、左から右に要素を分解していくことで（図を作成する際に上から下に要素を分解していくこともある）、抽象的な要素から具体的な要素

図４　ロジックツリーの種類

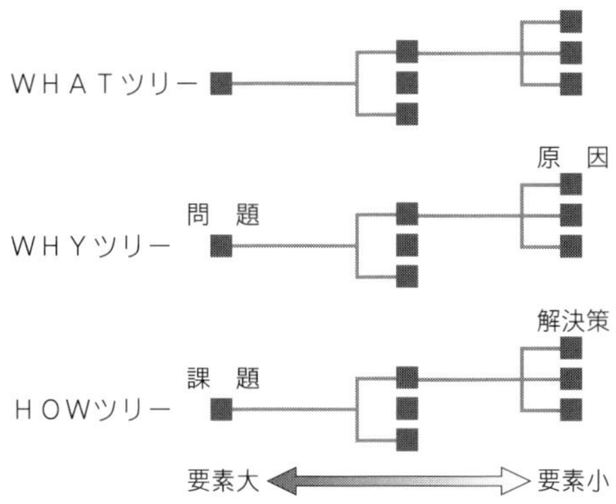

に（抽象から具体へ）構成されるのである。

まず、**大小関係を整理する場合**（**WHAT ツリー**といわれることがある〔**図４**〕）では、上位の要素はその下位の要素をすべて網羅していなければならないし、逆に下位の要素は上位の要素を細分化したものでなければならない。また、同じレベルで並べられた要素はそれぞれの要素における内容のレベルが一致している必要がある。例としては、第１章において民法第94条第２項の「善意」について作成したロジックツリーが挙げられる。

善　意
- ①　善意（過失〔軽過失〕の有無を問わない）［善意説］
  - ①-1　対抗要件不要説
  - ①-2　対抗要件必要説
- ②　善意・無過失［善意・無過失説］
  - ②-1　対抗要件不要説
  - ②-2　対抗要件必要説（学説がない）

上の例のように、法律の分野においても、他の分野と同様に、ロジックツリーを用いた図表を作成すると説明しやすいことが多い。他の例として、民法では多数の種類の契約を学習することになるので、典型契約（狭義の典型契約）をロジックツリーで整理してみよう。民法典には典型契約として13種の契約が規定されている。この13種の典型契約は意味がなく並べられているのではなく、これを整理すると**図５**のようなロジックツリーとなる。

ロジックツリーで整理すると理解しやすいものの典型例として、ほかには、刑法に規定された犯罪類型がある。刑法は、ある特定の法益を保護することを目的としているから、基本的には法益によって各犯罪を整理することができる。そのため、刑法各論の教科書などでは、各犯罪が刑法典で規定されている順序で解説されているのではなく、保護法益ごとに分類されて、まとめて説明されているのである。

次に、**構成要素の相互の関係**（原因・結果：目的・手段）を整理する場合では、

図5　典型契約

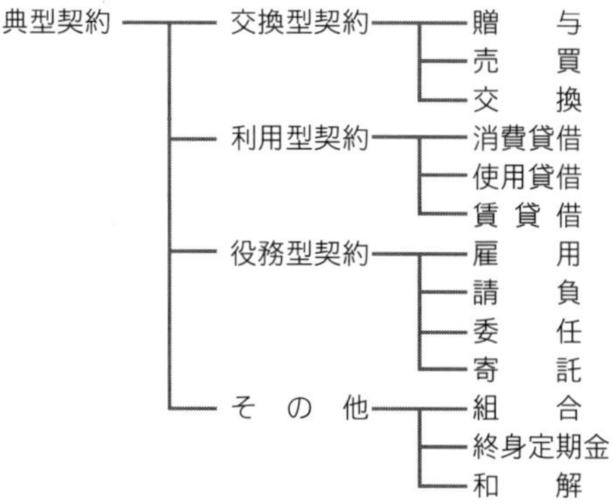

最も大きな原因・目的（主要課題）を中心に構成要素を細分化していくことになる。具体的には、その最も大きな結果について考えうる原因を考えて、次にその原因を結果として考え、そのためのより細分化された原因を検討して整理する必要がある（問題〔結果〕の原因を考える場合は**WHYツリー**といわれる〔**図4**〕）。また、その最も大きな目的に対して取りうる手段を考えて、次に、それらの手段の実行を目的として、そのための手段をさらに細分化していくことで、多くの構成要素を分解しつつ整理していく必要がある（課題〔目的〕の解決策〔手段〕を考える場合は**HOWツリー**といわれる〔**図4**〕）。これらの場合、結果から原因、または、目的から手段を考えて整理する際には、So What?（だから何？）を考え、他方、原因から結果、あるいは、手段から目的に遡るには、Why So?（なぜそうなるの？）と考えなければならない。すなわち、下位層と上位層は相互関係があるようにしなければならない（これは第８章〔法的文章の作成方法〕で説明するロジカルプレゼンテーションの「論理」についての縦の論理の問題である）。そして、下位層は上位層に対して複数の相互関係があるように作成される、**ピラミッドストラクチャー**と呼ばれる（WHYツリーとHOWツリーの場合は、WHATツリーと比較して、最上位層である結果・目的を図の一番上に記載して、その下に原因や手段を記載していくことが多く、より下位層に行くに従って広がりが出ることとなり、ピラミッドのような図になる）。このピラミッドストラクチャーは、第８章で説明するロジカルプレゼンテーションにおける極めて重要な要素である（第８章の図２〔演繹型論理〕を参照）。

以上のように、ロジックツリーは、それぞれの要素の関係を明らかにする場合に有用であり、主張したいことが確定している場合のプレゼンテーションのための資料・図表として有用である。しかし、主張したいことを確定する、あるいは、意思決定をする場合には、複数の要素を検討する必要があり、判断・評価のために複数の要素の軸が必要となるため、ロジックツリーでは不十分であり、マトリックス手法が必要となる。

⑵　マトリックス手法

マトリックス（格子状の配列）手法とは、縦軸と横軸の二つの軸により、多くの要素を整理し体系化するものである。情報をマトリックスにして**二次元で整理すると、要素の相互関係が表しやすくなる**。この手法により作成された図表であるマトリックスは、大きく三つのタイプに分けることできる。

図6　パラメータ型マトリックス

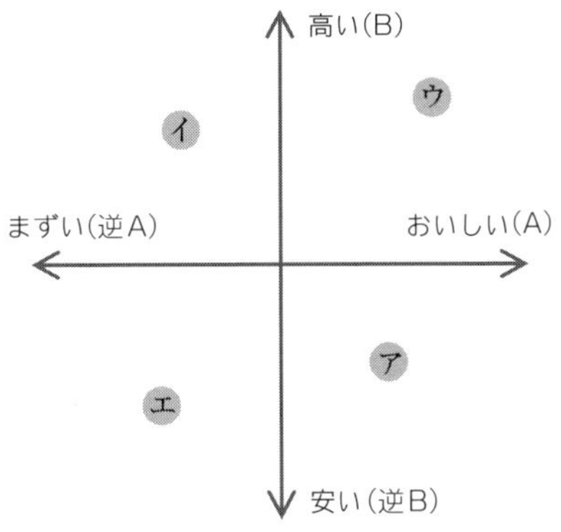

一つ目は、**パラメータ**（座標項目・媒介変数）**型マトリックス**（ポジショニングタイプ）で、二つの座標軸を設定し、二つの座標軸をクロスさせて、四つの枠（4象限）を設けるものである（図6）。この場合、上下左右のパラメータ（座標項目）は、何をとることも自由で、厳密に数値の大小を考える必要もなく、相対的な数値の大小・基準で考えれば十分である。そして、横軸におけるパラメータをAとすると、Aに対して逆Aが反対座標となり、また、縦軸におけるパラメータをBとすると、Bに対して逆Bが反対座標となる。このパラメータ型マトリックスは、全体の中で検討対象となっている**事項の位置づけを明確にして、理解するのに有用**である。

法律の分野でパラメータ型マトリックスを使用する例がほとんどないので、身近な具体例で考えてみると、どこで食事をするかを考えた場合、縦軸を値段軸として、高いと安いとを考え、他方、横軸を味の軸として、おいしいとまずいとを設けて、近所のお店をマトリックスに落とし込むことが考えられる。たとえば、値段が安くておいしい（ア店）となれば、それはコストパフォーマンスが高い優良なお店ということになるし、値段が高くておいしくない（イ店）となれば、それはコストパフォーマンスが悪いのであまり行くことをお勧めできないお店ということになる。また、高くておいしい（ウ店）となれば、何か記念のときに行くお店ということになるし、安いがおいしくない（エ店）というお店があれば、それはお小遣いがないときにやむなく食事をするお店ということになるかもしれない。

二つ目は、**ボックス型マトリックス**で、四つの枠を設けるという点では、パラメータ型マトリックスと同じであるが、パラメータは、縦軸・横軸の各

図7　ボックス型マトリックス

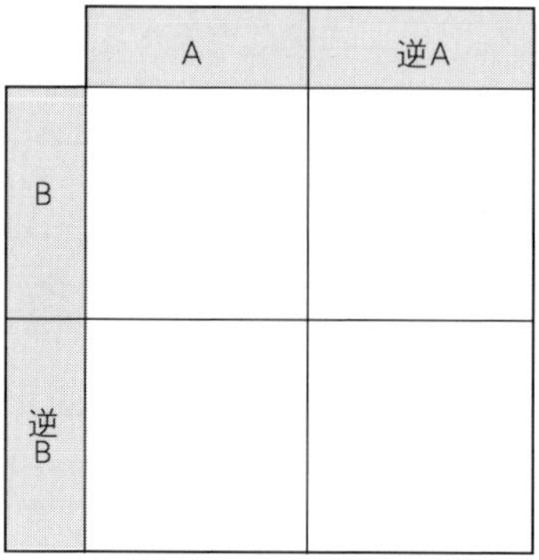

一つずつで、縦軸・横軸のパラメータの大小・高低で四つの分類を考えるものである（**図7**）。このボックス型マトリックスには、２種類ある。一つは、パラメータ型マトリックスと類似するもので、軸の置き方が異なるが、実質的にその内容が同じものの場合である。二つ目は、純粋なボックス型マトリックス（狭義のボックス型マトリックス）である。パラメータ型マトリックスでは、項目をそれぞれの場所に置くこと（プロットという）に重点があるが、純粋なボックス型マトリックスでは、**対象となる項目に詳細情報や説明が必要なときに用いられる**。この場合、縦軸と横軸に関して、パラメータとして、対立概念を用いて、横軸には、Ａと逆Ａとし、また、縦軸にはＢと逆Ｂを記載することになる。

三つ目は、**情報型マトリックス**（テーブルタイプ）で、マトリックス手法において、最も重要なものである。これは、四角形で枠を作り、上段と左側のボックスに項目を入れることで、**大量の要素を網羅的に整理し、要素の相互関係を整理する**方法である。基本的な記載方法としては、横軸の上段のボックスには、比較する対象を記載し、縦軸の左側のボックスには、比較・検討するための要素・項目などを箇条書きで記載することになる。情報型マトリックスは、分類したい情報が多い場合に、ボックスをいくつも設けるために用いるものである。先に検討した「民法第94条第２項の『善意の第三者』」の課題においては、この情報型マトリックスを利用したものをいくつか示しているが（第１章参照）、そのうちの一つである「民法第94条第２項『善意』の学説」の表が典型的なものである（**図8**）。また、オプション（選択肢）思考のために作成する**オプション・マトリックス**は、この情報型マトリックスである。

これらのマトリックスの作成において、注意すべきは、**図のどの部分をどの順番でみてもらいたいか、ということに留意する**ことである。基本的には「上から下へ」と「左から右へ」という視点が大切である。

三つのマトリックスの利用に関して、ビジネスの分野では、マトリックスは、通常二つの軸で各要素を整理して体系化する場合に多く用いられるので、パラメータ型マトリックス（ポジショニグタイプ）とボックス型マトリックス

図８　情報型マトリックス（民法第94条第２項「善意」の学説の比較要素を埋めた表）

	善意説	善意・無過失説
条文の文言 （問題となる条文の解釈）	善　意 （文言解釈・文理解釈）	**過失のない**善意 （縮小解釈・制限解釈）
論理的整合性・論理性	民法の他の取引安全を考慮する条文の文言との整合性	一般的な権利外観法理の要件との整合性
結果の妥当性 （利益衡量）	本人の帰責性を考慮すると、第三者の過失を問わず、取引の安全（動的安全）をより重視すべき。	・本人の帰責性を考慮するとしても、虚偽表示の存在について過失があった者までを保護することは、取引の安全（動的安全）を重視しすぎるもので、本人と第三者の利益バランスがとれず妥当でない。 ・表意者の一般債権者の利益に対する配慮。

がよく用いられる。しかし、法律の分野では、多くの要素・情報を比較して整理するためにマトリックスが使われるので、情報型マトリックス（テーブルタイプ）が使われることが非常に多い。

ある制度を比較する場合には、情報型マトリックスを使うことにより、同じ部分や異なる部分が明確になる。また、学説の対立を比較する場合には、比較対照のための要素を並べる際にロジカルシンキングによる規則性をふまえることで、学説の差異が明らかになる。

たとえば、第１章（論理的思考方法と説明方法）で作成している民法第94条第２項に関する「善意の第三者」に関する図３と図５は、「善意」に「無過失」は要求されるか、また、「第三者」に対抗要件が要求されるかについての学説（選択肢）の中から一つの学説（選択肢）を選択することを目的としており、オプション・マトリックスとして情報型マトリックスが作成されている（左から右、そして、上から下という視点で組み立てられている）。

以上のように**法律学の学習においては、情報型マトリックスを使用することが非常に多い**。この情報型マトリックスの作成の方法は必ず身に付けてほしい（なお、マトリックスの作成方法についての『Web 日本評論』でのコラムにつき、本章末尾の紹介を参照）。

(3)　プロセス手法

プロセス（過程）手法とは、時間軸を明確に意識して、問題や課題となっている要素を過程・工程・時系列ごとに整理することで、プロセスチャート（プロセス図）とは、そのプロセスを図解したものである。このプロセスチャートを用いると、全体のフレームを主に**時間軸で大きく区切って捉える**ことができ、**問題や課題の順序**、また、**物事の手順が明確**にされるため、要素の検討にあたって漏れや重なり合いが起こりにくく、要素の整理がMECEであることの確認を比較的しやすくなる。

このようなプロセスチャートの作成においては、基本的に、時間軸を明確に意識することから、事項や図形枠を矢印でつなぐことなどで時間的な順序を示すものとなる。そのプロセスチャートでは、通常は、左から右、また、上から下に順を追って問題や課題を並べていくことになる。そして、プロセスにおけるプロセスチャートに関連して、より複雑な物事の手順を表現するためのものとして、**フローチャート**（流れ図）（第7章〔条文解釈の方法〕の図4）がある。

プロセス手法を用いて考えると理解がしやすくなる具体例を挙げてみよう。たとえば、**手続法**においては、ほとんどの場合様々な要素が時間的な流れに従って整理されるから、プロセス手法を用いて、また、必要であればプロセスチャートを作成しつつ勉強を行うとよい。民事訴訟の第一審は、概略として、訴え提起→口頭弁論→争点及び証拠の整理手続→口頭弁論→証拠調べ→判決言渡しの順に手続が進んでいくから、時系列的に考えるとわかりやすいし、説明がしやすい（**図9**）。また、民事訴訟の手続について規定する民事訴訟法の条文の構成も、総論を除けば、時系列を意識した形になっている。

また、実体法についても、プロセス手法を用いて整理できる項目が多い。第4章（民法・私法の基本原則と民法典の体系）で詳細を説明するが、民法の典型契約の条文は、まず、契約の成立について定め、次に当該契約に基づく当事者の権利義務を定め、最後に、契約が終了する場合について規定していることが多い。また、会社法における会社の設立手続や株主総会の招集手続についてもプロセス手法を用いて整理することが可能である。このように、手続法はもちろん、実体法、また、特に**実体法の中でも手続を定めている規定**についても、時系列というプロセスで整理できるものが多くある。

そこで、普段の勉強の際には、**時系列で整理できるか**を検討し、時系列というプロセスで整理できるのであれば、まずプロセスの**項目を大まかに把握**した後に、**各項目の具体的な内容を把握**するようにすることが大切である。この勉強の順番は、**形式・枠組み**（どのような大きな項目があるのかを確認）か

図９　民事裁判の流れ

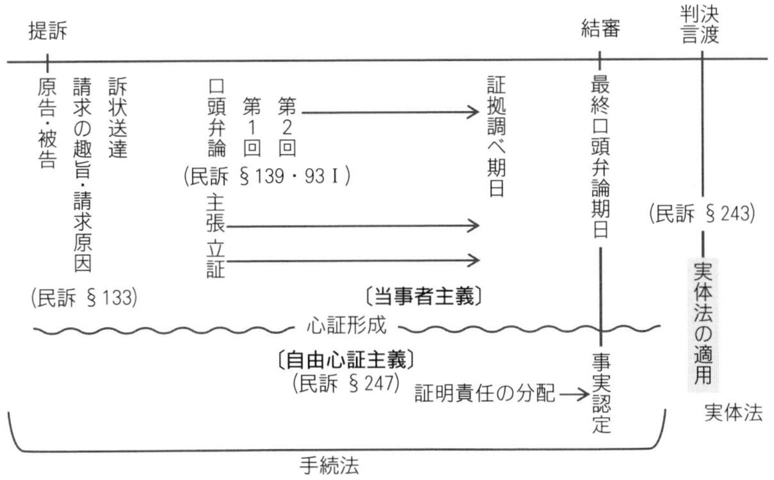

ら**実質・内容**（その項目の具体的な内容はどのようなものかを確認）へ、という**フレームワーク**（枠組み）**思考の活用**である。

法律分野においても、検討の順番をプロセスで検討するとよい場合が多くあるので、プロセス手法については必ず頭に入れておいてほしい。

(4)　図表作成の留意点＊1

最後に、ロジックツリー（樹形図）手法、マトリックス（格子状の配列）手法、プロセス（過程）手法で図表を作成する場合に共通するポイントを説明しておく。図表を作成することは、自分自身の理解のためであるが、究極的には、他人に説明をして理解してもらうこと、すなわち第８章（法的文章の作成方法）で説明をするロジカルプレゼンテーションを目的とする。同じような図表を作成しても、その見せ方次第で、正確に理解してもらえたり、理解してもらえなかったりすることがある。図表作成で重要なポイントは、前述のとおり、その図表の**どの部分をどの順序でみてもらいたいか**、ということを考えることである。基本的なパターンは、三つで、「上から下」、「左から右」、「左右振り分け」である。

まず、**上から下**のパターンが、最も標準的なパターンである。図表を見る

＊１　法律学の学習における図表作成について、木山泰嗣『最強の法律学習ノート術』（弘文堂、初版、2012）63〜101頁を参照してほしい。法律学の学習目的に限定して図表の作り方を説明しており、法学部生と法科大学院生にはぜひ読んでもらいたい。

際に「上から下」へ見るのが普通である。自分で作表などをする場合にも、当然のことであるが、このことを考えておかなければならない。

次は、**左から右**のパターンである。ロジックツリーの場合、左に大きな上位概念やカテゴリーが記載され、右には下位概念や細分化されたカテゴリーが記載される。また、マトリックスの場合でも、左から右に重要な項目を順序立てて並べていく。そして、特にプロセスの場合には、通常、時間軸を考えて作成することから、左から右へのパターンで記載することが大切である。

最後に、**左右振り分け**である。二つの項目が対立する項目であり対等な関係にある項目の場合（MECEでの対立概念型を用いているような場合）を図表とする場合のパターンである。これは、主にパラメータ型マトリックスの際に用いられるパターンである。

図表を見た際に、大部分の人は、項目が二つであれば、その両者に目線を動かすが、項目が多くなれば、その目線を「左上から下へ」、「左上から右へ」また、「左上から右下へ」の方向に移動させている。自分自身の目線を考えてもわかるだろう。したがって、このような大部分の人の見方に沿うような図表の作成を心がけてほしい。

論理的思考方法と図表作成手法のまとめ

1　狭義のロジカルシンキング

(1)　ゼロベース思考
　ゼロベース思考の基礎――ブレイン・ストーミング
(2)　フレームワーク思考
　①　広義のフレームワーク思考
　　(ア)　ゼロベース思考のための枠組み作り（狭義のフレームワーク思考）
　　(イ)　グルーピング（対象とする事項の分類）
　②　MECE（ミシー・ミッシー）
　　狭義のフレームワーク思考の際の注意事項
　　→漏れもダブりもない状態を作ること
　　対立概念型・順序型・複数要素型
(3)　オプション思考
　意思決定のために複数の選択肢を出すこと

2　狭義のロジカルシンキングの図表作成手法

(1)　ロジックツリー手法

→構成要素の相互の関係や大小関係を明らかにして階層化・構造化すること

(2)　マトリックス手法

→構成要素の相互関係を二次元で整理すること

(3)　プロセス手法

→構成要素につき時間軸を明確に意識して過程・時系列で整理すること

情報型マトリックスの作成方法については、『Web日本評論』（日本評論社のウェブマガジン）でコラムを執筆しています。令和2年司法試験予備試験問題で出題されていた「消費貸借契約」と「代理」を素材に、消費貸借契約、使用貸借契約および賃貸借契約を比較する情報型マトリックスの作成方法、また代理権の消滅事由について任意代理と法定代理を比較する情報型マトリックスの作成方法を解説していますので、参考にしてみてください。

☞　“Web日評”“きになる本から”“金井高志”で検索。

・「（第3回）図表を自分流にアレンジしてみよう！――令和2年司法試験予備試験問題を題材に（金井高志）／『民法でみる法律学習法　第2版』から」（https://www.web-nippyo.jp/24247）

第3章
法律学における
ロジカルシンキング
MECE・法的三段論法・リーガルマインド

Introduction

第2章では、ロジカルシンキング総論をふまえたロジカルシンキングの各論として、各種の思考方法や図表作成のための手法を詳しく例を挙げながら説明しました。その中でフレームワーク（枠組み）思考のツールとしてMECEの手法を説明しました。これは、ロジカルシンキングの重要な手法です。民法を含む法律の学習における様々な基礎概念や用語の整理に関して、至るところで、このMECEの手法は使用されています。

本章で解説する法律学の基礎概念や用語について、皆さんはすでに学習していると思いますが、それらの概念・用語をMECEの手法の視点から整理していなかったと思います。そこで、基礎概念や用語について、MECEの手法を用いるとどのように整理することができるかという視点から本章を読んでみてください。

次に、本章では、法律学におけるロジカルシンキングにおいて一番大切で、民法を含めた法律学の基本となる法的三段論法とリーガルマインドの内容を説明します。法学部や法科大学院の学生であれば、法学の講義等で法的三段論法やリーガルマインドの説明を一応受けているはずですが、その後、その内容を忘れている学生があまりにも多いように感じられます（第7章の条文解釈の方法についても同様のことがいえます）。

民法を含む法律の条文の解釈は、法的三段論法における大前提である法規範・法命題（一般的・抽象的ルール）を構成する法律の条文の意味を確定する作業です。そして、具体的事実の確認の作業は、法曹としての実務を行う際に常に問題となる事項で、法科大学院や司法試験合格後に入所する司法研修所において学ぶ事項であり、また、法的三段論法における小前提である具体的事実の確定の問題です。すなわち、法的三段論法は、「抽象・具体」（抽象的法規範・具体的事実）による MECE による整理の一つと考えることができるものなのです。そして、リーガルマインドは、このような法的三段論法全般にかかわる法律学の基礎的な考え方です。

第 4 章以下で、民法の基礎理論や体系を解説し、また、法律学全般の基礎理論を解説し、そして、法的文章の作成方法を解説しますが、本章で解説している基礎概念・用語や法的三段論法の意味を理解しておくことが前提となります。本章で MECE の手法の理解を深めつつ、すでに学習している基礎概念・用語や法的三段論法をきちんと復習して、第 4 章以下の解説に進んでみてください。

1　法律学における MECE のフレームワークとなる基礎概念・用語

フレームワーク（枠組み）思考とは、物事の全体をまずマクロの枠として捉えて、それからミクロに考えることである。考えるときのプラットフォームや範囲を設定するフレームワーク思考においては、これまで述べてきたとおり、MECE を意識し、事項や要素を整理するにあたり、漏れも重なり合いもない状態で整理することが重要である。

第 2 章で説明をしたフレームワーク思考と MECE を考える際のポイントである対立概念型（反対概念型）、順序型、そして複数要素型を前提に、本章では、MECE の手法を用いた法律学習において必要な基本的フレームワークを説明する。基本的なフレームワークを覚えておくと、**様々な論点を勉強する際に、すでに勉強してきた事項とどこが同じでどこが異なるかを考えることができるようになり、理解が早まり、記憶が容易**になる。以下では、法律学全体における基本的なフレームワークを検討する。

(1)　公法・私法および公法・私法・社会法[*1]

「民法は私法の一般法である」といわれており、**私法**に対する対立概念は、**公法**である。そこで、法律の分類として最も基本的な分類である公法と私法の分類（MECE における**対立概念型**）、そして、公法・私法・**社会法**の分類

＊1　公法・私法・社会法について、丹羽重博編著『やさしい法学』（法学書院、第 3 版、2006）（以下、法学）95～102頁、山川一陽＝船山泰範＝根田正樹編著『新法学入門』（弘文堂、第 2 版、2012）（以下、山川ほか）97～118頁。民法の視点からの公法と私法の区別について、星野英一『民法概論 I （序論・総則）』（良書普及会、改訂版、1981）（以下、星野）4～12頁、四宮和夫＝能見善久『民法総則』（弘文堂、第 9 版、2018）（以下、四宮＝能見）2～4 頁。特に、星野では、公法と私法の区別による両者の理論的差異について解説されている。

（MECEにおける**複数要素型**）について説明する。

公法と私法が分化していることが近代市民社会の特質の一つである。封建社会においては、公的・政治的な関係と私的・経済的な関係が分離していないために、法の分野においても公法と私法との区別がなかった。

しかし、近代市民社会における資本主義の成立に伴い、社会の経済的発展は、個人の自由競争に委ねられるべきとされ、個人の自由な意思に基づく、私有財産に対する絶対的支配を是認することを前提とした商品交換秩序が成立した。このような状況において、**自由な資本主義経済活動**を行うために**国家による私的・経済的領域への介入を極力排除**することとなり、近代法においては、**私的・経済的関係**と国家制度を中心とする**公的・政治的関係**が峻別されることとなった。そうして、法の分野においても、公法と私法が区別されることになったのである。

以上のような歴史的背景をふまえて、概略的にいえば、国家や地方公共団体の組織ないし活動に関する法、あるいは、国家機関ないし行政機関にかかわる法が**公法**（憲法、国会法、裁判所法、国家行政組織法、刑法、民事訴訟法、刑事訴訟法、行政事件訴訟法など）であり、また、人間の個人としての生活に関する法、あるいは、国民ないし市民相互の関係を規律する法が**私法**（民法、商法、会社法、労働契約法、著作権法など）である。

その後、市民社会の進展に伴う経済活動の活発化の中で、資本主義を支える原理となっていた近代法は、修正を余儀なくされることになった。資本主義と対立する社会主義が唱えられ、また、**経済活動をより円滑**にし、**社会全体の利益の拡大**を目指すため、私的・経済的領域である**私法分野に国家が積極的に介入**することとなった（市民法の基本原則である所有権絶対の原則と契約自由の原則に対する制限が生じたことになる）。その結果、公法でもなく、また、私法でもない**社会法**（管理法）（労働組合法・労働基準法・労働関係調整法などの労働法、独占禁止法〔私的独占の禁止及び公正取引の確保に関する法律〕・中小企業基本法・消費者基本法などの経済法、生活保護法・国民年金法・国民健康保険法などの社会保障法）と呼ばれる新たな法分野が生じることとなった。社会法は、労使関係や経済活動を規律する法であり、**公法と私法の融合領域**であるということができる。

以上のような「公法・私法」の分類、そして「公法・私法・社会法」の分類につき、フレームワークとしての理解が必要である。そして、特に、「公法・私法」の区分は、それぞれ適用すべき法原理が異なるため重要である

（**公法原理**と**私法原理**）。公法の分野では国家目的の公正確実な実現を確保するために、国家活動は法によって羈束《きそく》され、また、法律関係の形成実現の過程において国家意思の優越性が与えられており、公法には、特別な法的取扱いが認められている。他方、私法の分野では、契約自由の原則の下で、私人間では自由な法律関係の創設が広範囲に認められている。

このような基本原理は、**条文の解釈の方向性に関して大きな影響**がある。**私法の分野**では、法令解釈の際に、利害関係の調整や当事者の意思の合理的理解などに沿う形での拡大解釈や類推解釈が認められるなど、第7章で説明する**様々な解釈方法が活用**される。これに対して、**公法の分野**では、国家の公権力の発動・行使・効果などについて法が厳重に拘束しているから、**国家の公権力の自由な意思決定が認められるものではない**。たとえば、行政法分野の場合、国家の公権力の行使に関して行政機関の裁量が大きく認められるとすると、人権が制約されることにもなる。そこで、行政機関の権限を定める条文などは人権をできる限り侵害しないような解釈が採られるべきであり、解釈の方向性として、**厳格に行う**ことが多くなる。また、刑事法分野の場合、刑法は人権を制約する最たるものである刑罰権を国に認めるものであるから、条文の解釈については、類推解釈が許されず、拡張解釈についても認められにくく、解釈の方向性は**極めて厳格**なものになっている。

⑵　強行法（強行規定・強行法規）・任意法（任意規定・任意法規）[＊2]

強行法（強行規定・強行法規）と任意法（任意規定・任意法規）の区別は、**法律の適用が絶対的か任意的か**にある（MECEにおける**対立概念型**）。いいかえれば、**当事者の意思によって法の適用を排除できるか否か**で区別されるものであり、強行法とは、当事者の意思にかかわりなく強制的に適用される法であり、任意法とはその適用の有無が当事者の意思に任されている法である。

法は、国家社会に生じる多様な問題を解決するために、国家による規律が必要であることから作られている社会規範の一つである。そこで、法は単に心理的強制ではなく物理的にも強制されることが要請されているのであり、法は本来的には人の意思にかかわらず当然適用されるべきものである。その

＊2　強行法と任意法について、法学104～106頁、高乗正臣＝奥村文男編著『プラクティス法学実践教室Ⅰ』（成文堂、第5版、2015）（以下、実践）43～45頁、木山泰嗣『究極の思考術』（法学書院、初版、2009）（以下、木山・思考術）35～46頁。補充規定と解釈規定について、法学105頁。行政的な取締規定については、四宮＝能見302～305頁、長谷川彰一『法令解釈の基礎』（ぎょうせい、改訂版、2008）183～184頁。

ため、**強行法が法の原則**であることになる。しかし、公益（国家的利益）に関係ない規定については、当事者の自由に任せても問題がなく、私益（個人的利益）が問題とされる私法の分野においては、契約自由の原則が認められ、その**原則の認められる範囲において任意法が存在**することになる。

以上から、原則的には、**公法の分野の法律は、ほとんどが強行法**である（訴訟法の条文は基本的には強行規定であるので注意が必要である）。これに対して、**私法の分野の法律は、任意法**である。ただ、これは一応の原則論にすぎず、私法である民法の中でも、制限行為能力者制度、物権、親族、相続の分野の規定には強行規定が多く、契約自由の原則が認められている債権法の分野の規定には、任意規定が多い。**一つの法律の中においても強行規定と任意規定の区別のある場合がある。**

民法の分野において、強行規定と任意規定を区別する実益は、当事者が任意規定の内容と異なる合意をしても、当事者間に任意規定の適用排除の合意があれば、適法・有効であるが（民法91条）、強行規定に違反した行為をすれば、当事者間に適用排除の合意があったとしても、その合意は違法であり、無効（民法90条など）や取り消しうる（民法５条など）ことになる点にある。一般に、条文上の区別として、強行規定では、「～しなければならない」、「～することができない」などのように禁止・命令語句が用いられる。他方、任意規定では「～することができる」という語句が用いられる。そして、民法では、「別段の意思表示がないとき」（民法116条・404条１項・427条など）、「別段の定めがあるときは、この限りでない」（民法346条など）とされて、法文自体が任意規定であることを明示しているものがある。ただ、法文上いずれに属するかが判別しがたいものが多く、その条項の内容、種類、性質、立法趣旨などを検討して判断しなければならない。

そして、条文を解釈するにあたって、一般的にいえば、**強行規定は、任意規定と比較して、拡張解釈や類推解釈などをする場合が少なく解釈の幅が狭い**ものであることに注意が必要である。

さらに、任意規定（任意法規）は、**補充規定**と**解釈規定**の二つに分類することができるが、任意規定のほとんどは補充規定である。**補充規定**は、当事者の意思表示が欠けている場合に、紛争解決のよりどころとするため、これを補充する規定である。民法における任意規定はほとんど補充規定であり、たとえば、当事者が単に「売ります」「買います」という意思表示をしたのみであれば、民法典に規定のある売買の規定がすべて補充的に適用される。つまり、補充規定である任意規定は、当事者が積極的に適用を排除する意思表示をしておかない限り適用されるのである。補充規定以外の任意規定は、**解釈規定**である。これは、当事者の意思表示はあるが、合意の内容が不明確な場合に、それを確定するための規定（たとえば民法401条や420条3項）であるが、その数は極めて少ない。

強行規定と任意規定との関係で、行政的な取締規定（取締法規）についても説明しておく。**行政的な取締規定**は、直接的には行政的な取締まりを目的とする規定ではあるが、この中には、それに反する取引が行われた場合に、その私法上の効力に影響を及ぼすと考えられる規定（これを**効力規定**という）と、私法上の効力に影響しないと考えられる規定（これは**単なる取締規定**や**訓示規定**といわれる）がある。後者の単なる取締規定や訓示規定とされるものが多いが、通常は規定の文言からは明確ではない場合もあるので、当該規定の趣旨を考えて判断される。そして、私法における任意規定と対比される強行規定（これは**狭義の強行規定**と呼ばれる場合がある）と効力規定をあわせて、**広義の強行規定**といわれる。この点、民法第91条における「公の秩序に関」する規定は、効力規定を含む広義の強行規定の意味に解されている。

(3)　実体法・手続法（形式法）＊3

次に、法律の規律対象を基準とする区別である実体法と手続法のフレームワークを説明する（MECEにおける**対立概念型**）。**実体法**は、権利義務の実体、すなわち、権利義務の発生、変更、消滅、内容・性質、帰属などを規律する法であり、**手続法**は、権利義務の実現、すなわち、行使、保全、履行、強制などの手続の規律に関する法で、**形式法**といわれることもある。民事法の分野では、民法、商法、会社法などが実体法であり、民事訴訟法、民事執行法、民事保全法などが手続法である。

また、実体法に対して、**訴訟法**という用語もよく使用される。訴訟には、民事、刑事、行政の区別がある（MECEにおける**複数要素型**）。**民事訴訟**は、国家が対等な私人間の生活関係上発生する紛争を強制的に解決する審判手続である（この手続規定を定めたものが民事訴訟法である）。**刑事訴訟**は、国家が刑罰を科するにあたっての審判手続であり（この手続規定を定めたものが刑事訴訟法である）、**行政訴訟**は、行政作用によって国民が権利を侵害されたり、不利益を被ったりした場合の救済手段としての審判手続である（この手続規定を定め

＊3　実体法と手続法について、法学103～104頁。

たものが行政事件訴訟法である)。このような訴訟を規律する法令の総称が訴訟法である。

また、**手続法と訴訟法の用語の関係**であるが、手続法は、狭義では、訴訟法と同義であるが、広義では、たとえば、物権法に関する不動産登記法や親族法に関する戸籍法などの民事上の手続規定、また、行政不服審査法や国税徴収法における行政的な手続規定などを含む。そこで、実体法の運用手続に関して、権利義務の実現の手続を規定する法が手続法であり、特に、その中で訴訟に関するものを訴訟法ということになる。

実体法と手続法の区別で注意が必要なのは、実体法と手続法の区分は、法令と法令の間の関係だけではなく、強行規定と任意規定と同様に、**一つの法令の中の規定間にも認められる**ことである。たとえば、民法の中にも強制執行の方法に関する規定(民法414条)があり、また、会社法においても株式会社設立の手続に関する規定(会社法25条以下)があり、これらは手続法に属するものである。

以上のような実体法(実体規定)と手続法(手続規定)というフレームワークは、**条文の解釈に関して重要**である。基本的に実体法(実体規定)は、任意法(任意規定)で、当事者の意思によってその適用の有無を左右することができ、また、当事者の意思の補充または解釈のための規定(補充規定と解釈規定)であるから、解釈には幅がある。他方、手続法(手続規定)は基本的に強行法(強行規定)であり、当事者の意思にかかわらず適用される法規であることから、解釈の幅が狭いという傾向がある。

実体法と手続法の区別との関係で、**行為法**と**組織法**の区別を簡単に説明しておく。**行為法**は、直接に人の行為自体を規律する法であり(たとえば、民法の債権編や商法の商行為編の部分など)、**組織法**は、人の行為の基礎または手段たる組織や制度を規律する法である(たとえば、民事訴訟法や会社法など)。**組織法は手続法の性質が強い**ことに留意しておくべきである。

プラスα **商法・会社法における行為法と組織法**　商法・会社法内の規定における行為法と組織法の区別も重要である。商法・会社法を企業活動に関するものと企業組織に関するものに大きく分類すると、前者の企業活動の商取引自体に関する法規定は企業取引法・商取引法(行為法)となり、また、後者の商取引の基礎となる企業組織に関する法規定は企業組織法(組織法)ということになる。

企業取引法・商取引法の分野に関する商法・会社法の規定は、企業活動には自由かつ迅速性が要求され、当事者による契約自由の原則が貫徹されるべきと考えられることから、原則として任意法規である。他方、企業組織法の分野に関する会社法の規定は、組織運営に関する手続的事項に関係し、手続法は原則として強行法規であることから、原則として強行法規である。

法律を理解する際には、実体法・手続法や行為法・組織法のように、その区分によれば原則として任意法規か強行法規かを考えてみることが有用である。

⑷　行為規範・裁判規範＊4

実体法・手続法の分類に関連して、行為規範と裁判規範（主に裁判が念頭に置かれる民事・刑事の分野だけではなく、行政関係の分野についての問題も念頭に置かれる場合には、**裁決規範**という用語が用いられる）の分類がある（MECEにおける**複数要素型**）。**行為規範**とは、ある行為がなされるかどうかが問題となる際に、事前に一般人に対して一定の行為を命令したり、禁止したりするものである。もちろん、すべての規定（法規範）がそのような明確な形で規定されているわけではなく、不法行為を定める民法第709条のように、故意または過失によって他人の権利または法律上保護される利益を侵害した者には損害賠償の義務があると規定することによって、他人の権利や法的利益を侵害してはならないということを命じたり、禁止したりしているものもある。これに対して、**裁判規範**は、違法行為や法的紛争が生じた場合に、**個別具体的に要件事実**（一定の法律効果が発生するために必要となる法律要件に該当する具体的事実）**の存否を認定して法律効果を事後的に確定させる**ものである。そして、この裁判規範は、違法行為などに対して一定の制裁を加え、それによって社会の秩序を維持しようとする規範であることから、一般人に対して向けられた規範ではなく、裁判を行うことを任務とする裁判官に向けられた規範となる（裁判官を含めた第三者に対し、一般的に、その規範からの逸脱行為を事後的に評価する基準を提供する規範を**評価規範**と呼んでいる）。このように、裁判規範は、一般の人々に対して直接一定の行為を指図する行為規範が遵守されない場合に事後的に初めて問題となり、ある行為がなされた後にその行為を評価する規範として機能するものであることから、規範論理的には、**一定の行為規範を前提とする**ものである。前述の不法行為に関する損害賠償義務を認める裁判規

＊4　行為規範と裁判規範について、山川ほか10～12頁、田中成明『法学入門』（有斐閣、初版、2005）35～38頁。「狭義の裁判規範にとしての民法」について、伊藤滋夫編著『要件事実講義』（商事法務、初版、2008）204～206頁、同統括編集『民法要件事実講座（1）』（青林書院、初版、2005）163～171頁〔難波孝一〕、特に伊藤滋夫『要件事実の基礎』（有斐閣、新版、2015）126～210頁に詳細に論じられている。

範としての民法第709条は、その前提として「他人の権利や法的利益を侵害してはならない」という行為規範を前提とするものなのである。

民法を含む実体法を裁判規範として機能させるためには、法的紛争において、民法などの実体法の規定に定められている要件に該当する具体的事実の存否が不明となった場合にでも、裁判官は、判断を回避することは許されず、何らかの判断をしなければならない。そこで、誰がどのような法律要件に該当する具体的事実を主張・立証すべきか、また、立証活動の結果、**ある事実につき存否不明となったときに、その不利益を誰に負わせるべきかが確定されていなければならない**のである。しかしながら、民法についていえば、立法者が立証の問題を考慮して制定したとは、必ずしもいえない。そこで、裁判所が裁判をするにあたって、事実の存否不明の場合にも適切に対処できるような形で要件が定められている民法、いいかえると、証明責任が原告・被告のいずれにあるかを考えて整理した民法規範を考える必要がある。このような民法につき、「（狭義の）**裁判規範としての民法**」と呼ばれることがある。これは、法科大学院で学習する**要件事実論**（民法等の実体法の解釈・理解に基づいて、それらの条文を、「請求原因〔要件事実〕」、「抗弁」、「再抗弁」、「再々抗弁」などに分類し、訴訟法上の攻撃防御方法の体系に組み立て直すための理論）における民法の位置づけである。

(5)　原則法・例外法（原則・例外）＊5

法律の分類として、原則法と例外法の分類がある（MECE における**対立概念型**）。これは、法律を学習するにあたっては、極めて重要な区分である。

まず、**原則法**（原則規定）とは、ある一定の事項について、適用されることを原則とする法規である。**例外法**（例外規定）とは、一定の事項に、特殊な事情がある場合に、原則法（原則規定）を排除して適用される法規のことである。たとえば、民法第３条第１項は「私権の享有は、出生に始まる」と規定しており、これは自然人の権利享有に関する原則法（原則規定）である。これに対して、民法第721条は、胎児の損害賠償請求権を定め、また、民法第886条は、胎児の相続権を定めていることから、民法第３条の例外法（例

＊5　原則法と例外法について、法学107頁。原則と例外の考え方について、陶久利彦「『原則／例外』図式と信頼関係論――民法612条２項を題材にして」法セミ639号（2008）30頁以下、木山・思考術120～129頁。要件事実論における立証責任の分配に関する原則と例外について、伊藤滋夫『要件事実・事実認定入門　裁判官の判断の仕方を考える』（有斐閣、補訂版、2005）66～78頁。

外規定）ということになる。また、不法行為の事件のうち、加害者の行為が失火である場合に関して、不法行為の一般原則を規定している民法第709条に対して、失火ノ責任ニ関スル法律では、「民法第709条ノ規定ハ失火ノ場合ニハ之ヲ適用セス但シ失火者ニ重大ナル過失アリタルトキハ此ノ限ニ在ラス」と規定しており、民法第709条と失火ノ責任ニ関スル法律については、前者は後者に対して原則法であり、後者は前者に対して例外法という関係に立つことになる。

この原則法・例外法の分類は、(i)民法と失火ノ責任ニ関スル法律の関係の例のように、**法律の間**において考えられるが、(ii)自然人の権利享有の条文の例のように、**一つの法律の中**において、原則となる条文と例外となる条文という関係でも存在する。さらに、(iii)**一つの条文の中**においても、考えられる。後で説明する法律の条文の読み方において、本文・ただし書の説明をするが、これは、原則法・例外法（原則規定・例外規定）が一つの条項に規定されている場面である。

そして、この原則法・例外法となる条項の解釈につき、例外規定は、あくまでも、原則規定の例外として規定されているのであるから、厳格な解釈がなされるべきであり（「例外法は厳格に解釈すべし」との解釈原則）、**例外法の安易な拡張解釈や類推解釈は禁じられている**。

また、原則・例外という考え方は、**要件事実論において極めて重要**な役割を果たす。証明責任の分配にあたり、ある状態が原則の場合（原則法が適用される場合で通常のケース）ではなく、例外（例外法が適用される場合で特別のケース）の場合であるとすると、その例外的な法律効果が生ずることを要求する当事者は、当該状態が例外の場合に当たることを主張・立証しなければならない。いいかえれば、**原則法に当たる事実を主張・立証する場合**には、例外法に当たる事実の不存在を主張・立証する必要はなく、**例外に当たる事実の存在が主張・立証されない限り、そのような例外の事実は存在しないものと扱われ、例外法の適用はない**。この考え方は証明責任の分配を理解するにあたり重要である。

以上のように、法律の学習においては、様々な制度や論点を学習するにあたって、まず、**原則となっているルールが何であるか**をきちんと理解し、そのうえで、**例外事項はないか**を検討することが必要である。この原則・例外の思考方法は法律学習の重要なフレームワークとなる。

⑹　一般法（普通法）・特別法[＊6]

「民法は私法の一般法である」といわれるが、原則法・例外法との関係で注意を要するのは、一般法（普通法）と特別法の分類である。法の効力の及ぶ範囲が普遍的・一般的な場合、いいかえれば、人・事項・場所（MECE における**複数要素型**）について具体的に制限しないで一般的に適用される場合を、**一般法**といい、人・事項・場所について限定されている場合を**特別法**という（MECE における**対立概念型**）。そして、適用されるべき一般法と特別法が並存する場合には、**まず、特別法が適用され、次に補充的に一般法の適用**が考慮される（「特別法は一般法に優先する」との原則）。

たとえば、人を基準とする区別の例として、一般私人の私的利益の調整を規律する民法に対して、商法は対象となる主体を商人に限定することから、民法が一般法であり、商法は特別法であるということができる。事項を基準とする区別の例として、有体物のすべての賃貸借に関して定めている民法（一般法）に対して、土地建物の賃貸借について定めた借地借家法は特別法であり、また、財産権一般に適用される民法と無体物を対象とする知的財産に関して適用される特許法や著作権法などの知的財産法との関係は、民法が一般法で、知的財産法は特別法の関係に立つ。そして、場所を基準とする区別の例として、借地借家法は日本全国に適用されるが、大規模な災害の被災地における借地借家に関する特別措置法は、大規模な災害の罹災地という特殊地域にのみ適用されるので、前者は一般法、後者が特別法ということになる。

これらは異なる法律の間の優劣の関係であるが、**一つの法律に属する条文の間**においても、一般法（一般規定）・特別法（特別規定）の関係が認められる場合がある。たとえば、民法において、民法第189条と第190条は、占有者の果実の返還義務に関する規定として、不当利得における返還義務の内容を具体化したもので、一般不当利得（民法703条・704条〔一般規定〕）との関係で特別規定とされていることが挙げられる。

また、一般法と特別法の関係は**相対的なものにすぎない**。商法は民法との

＊6　一般法と特別法について、法学106～107頁。民法の視点からの一般法と特別法の区別について、星野13～18頁、四宮＝能見４～６頁。請求権競合と法条競合の契約責任・不法行為責任については、平野裕之『債権各論Ⅱ事務管理・不当利得・不法行為』（日本評論社、初版、2019）122～127頁、平井宜雄『債権各論Ⅰ上　契約総論』（弘文堂、初版、2008）８～23頁、契約法理と物権法理との請求権競合と法条競合について、近江幸治『民法講義Ⅵ　事務管理・不当利得・不法行為』（成文堂、第３版、2018）64～66頁。

関係では特別法であるが、他人の貴重な物品を預かるという特性を有する倉庫営業を規律する倉庫業法との関係では、商法が一般法であり、倉庫業法が特別法になる。

そして、二つの法律や条文の間に一般法と特別法の関係があり、両者が同一の対象について規定している場合、両者の間には、補充関係があり、**特別法に規定のないものについては、一般法が補充的に適用される**。他方、(5)で説明した原則法と例外法の間には補充関係はなく、例外法は、ある事項に関する除外例に対して、原則法を排斥して適用される。

そして、一般法・特別法に関連して、**請求権競合と法条競合の概念**を理解しておく必要がある。ある行為が不法行為に基づく損害賠償請求権を発生させると同時に債務不履行に基づく損害賠償請求権を発生させる場合（例として診療契約や旅客運送契約のケース)、また、不当利得返還請求権が発生すると同時に所有権に基づく返還請求権が発生する場合（例として、売買契約が無効・取消しとなったケース）などにおいて、請求権が複数成立するような場合に、いずれを行使することができるかという問題がある。基本的な学説として、いずれの請求権を行使してもよいとする請求権競合説（判例・多数説。この説は、民事訴訟法における旧訴訟物理論につながる）と、一個の行為につき法律の条文上競合しているかのような外観を呈しているにすぎず、実はそのうちどれか一つの規定が適用され他の規定は適用されないと解し、いずれか一方の請求権が優先すると考える法条競合説（少数説。この説は、新訴訟物理論につながる）が対立する。この法条競合説では、債務不履行に基づく損害賠償請求権と不法行為に基づく損害賠償請求権の関係の例について、契約関係は一般社会生活関係に対し、一つの特殊な社会的関係を構成するものとして、契約責任は不法行為責任に優先し、契約責任のみが認められるとする（契約責任＝特別法、不法行為責任＝一般法とする)。また、不当利得返還請求権と所有権に基づく返還請求権の関係の例では、契約法理に関連する不当利得に基づく返還請求権が優先する（契約法理＝特別法、物権法理＝一般法とする）とする。

プラスα **民法と商法・会社法の関係**　前述のとおり、商法・会社法は一般法たる民法に対し特別法の関係に立つ。そして、企業活動における私的利益の調整、すなわち、個々の企業活動における権利義務の発生・変更・消滅は、必ずしも商法・会社法のみによって行われるものではなく、民法が補充的に適用されることも少なくない。たとえば、商法・会社法は、権利能力、行為能力、法律行為などの私法上の基本概念についてはまったく規定しておらず、民法上の一般概念を基礎としている。そのため、企業活動一般の規制については原則的に一般法である民法の原則が支配する。しかし、民法の規制だけでは不十分または不適正な事項に関しては商法・会社法が民法に優先して規制するのである。

そこで、本書と同じシリーズの『民法でみる商法・会社法』は民法と商法・会社法が一般法・特別法の関係にあることに基づき民法を基礎として商法・会社法を検討したものである。そのような視点を持ち商法・会社法を勉強することが、ロジカルシンキングの観点からは極めて有用であることに留意しておいてもらいたい。

(7) 形式・実質（外形・内容）[＊7]

法律学には様々な場面において形式・実質という極めて重要な区別がある（MECEにおける**対立概念型**）。**形式**とは、うわべに現れた形であり、外見や外形のことである。また、事物の内容に対し、外から認められるものとしての形のことであり、内容と切り離していることを強調する場合に用いられることがある。たとえば、実体法と手続法の区別において、手続法は形式法とも呼ばれると述べたが、これは手続法が権利義務の実体に関する実体法との対比で権利義務の実現に関する法ということで、権利義務の内容と切り離されていることを意味するために、形式法とも呼ばれているのである。このような形式に対して、**実質**とは、物事の内容または本質のことを意味する。

以下では、この形式・実質のフレームワーク（枠組み）がどのような場合に活用されているかを考える。

(a) 思考フローとしての形式・実質

まず、法律学の基本である**条文の解釈**においてこのフレームワークが使用されている。条文の解釈を正確に行うためには、まず、条文の形式的な構造・文言の把握が不可欠であるから、法律の構造や法令用語の用法などを確認しなければならない（第6章〔法律の構造と条文の読み方〕）。次に、条文の解釈は、文言の形式的な文理解釈からスタートし、そのうえで趣旨（条文の制定されている実質的理由）をふまえた制限解釈や類推解釈などの解釈方法を用いることになり（第7章〔条文解釈の方法〕）、**[形式＋形式] →実質の順序で解釈を行うという流れ**になっている。

＊7　形式と実質について、河上正二「民法解釈における実質・形式と基礎法学」法セミ639号（2008）14～15頁、木山・思考術12～23頁。条文解釈における実質論と形式論について、米倉明『プレップ民法』（弘文堂、第5版、2018）（以下、米倉・プレップ）136～138頁。

また、**契約の成立要件と有効要件の関係**も形式・実質のフレームワークである。契約の成立要件は、法律行為を構成する申込みと承諾の意思表示の合致である。通説では、両当事者がその締結に向けた最終的確定的な意思を外部に表示し、その表示されたもの（意思表示）が客観的に合致することによって契約は成立すると理解されており、契約が成立しているかどうかは、形式的・外形的に判断される。そして、有効要件は、契約が成立したことを前提として、契約が有効か無効かの実質的な判断を行う問題である。これらは、形式的・外形的判断と実質的判断というフレームワークで考えられる典型例である。

また、民事訴訟法において、裁判所に訴えが提起された場合、裁判所が本案判決（請求の当否について裁判する判決）をするには、その前提として、原告の求める請求に関する判断要求が、そもそも裁判所の審理・判断の権限行使になじむものでなければならず、そのために一定の要件が備わっている必要がある。これが**訴訟要件**（本案判決の要件）であり、訴訟要件がなければ訴えを却下する判決が下される。この手順は、原告の求める請求の判断という実質の問題に入る前に、形式的に裁判所の権限行使になじむものであるかが判断されており、形式→実質の順序で手続が行われているといえる。また、訴訟における証拠調べ手続において、書証（証拠調べの対象となる文書）について、ある文書が挙証者によって作成者であると主張される者の意思に基づいて作成された場合（文書の成立の真正）に**形式的証拠力**があるとされ、これが肯定されて初めて、その文書の内容が要証事実の認定にどれだけ役立つかという**実質的証拠力**が問題とされている。ここでも、形式的・外形的判断と実質的判断という枠組みが利用されているのである。

(b)　概念整理としての形式・実質

(ア)　形式的意味と実質的意味

また、法律学の用語として、しばしばみられるのが、形式的意味（定義・概念）と実質的意味（定義・概念）の区別である（MECE における**対立概念型**）。形式とは、内容と切り離していることを強調する場合に用いられることがあることからわかるように、法律学における**形式的意味**とは、実質的意味と対比するために、内容と切り離された、形や枠を定める意味のことであり、**実質的意味**とは、物事の内容または本質を示す意味のことである。

法律学における典型的な例を挙げると、**憲法第41条**で、国会は「国の唯一の立法機関である」とされているところの**「立法」の意味**についての形式的意味と実質的意味がある。まず、形式的意味の立法とは、内容の如何を問わず、国会の議決により成立する国法の一形式としての「法律」を制定することである。他方、実質的意味の立法とは、国民を拘束する一般的・抽象的法規範の制定であると解されている（例を挙げると、国会により制定された国家行政組織法は、「形式的意味の立法」の対象であるが、「実質的意味の立法」の対象ではない）。また、民法に関しては、形式面から、「民法」という名称が付されている法律である民法典のことを**形式的意義における民法**と呼ぶ場合があり、他方、国民の財産関係に関する法的ルールを用意している法令として、民法典以外にも借地借家法、利息制限法などがあり、財産関係に関する法的ルールを定めているという実質に着目して、これらの法令をまとめて**実質的意義における民法**と呼ぶ場合がある。他の例としては、民事訴訟法における**訴訟当事者**の概念に関して、ある訴訟事件において自己の名で裁判所に裁判を求める者およびこれと対立する関係にある相手方を当事者として定義する**形式的当事者概念**と、訴訟物である権利関係の能動的・受動的主体を当事者として定義する**実質的当事者概念**がある。このように、法律学においては様々なところで形式的意味と実質的意味という概念が使用されるので、二つの概念を理解しておくことが必要である。

(イ) 実質的意味の種類

そして、実質的意味の定義・概念の整理においてしばしば用いられるのが、**広義・狭義の概念**である（MECE における**対立概念型**）。法律学において用語に複数の意味がある場合には、それらについて、最広義、広義、狭義、最狭義という用語を用いて区別されている。この場合、最狭義⊂狭義⊂広義⊂最広義という概念の関係になっている。

たとえば、すでに説明をした実質的意味の「立法」に関しては、通説の定義である「国民を拘束する一般的・抽象的法規範」と記載しているが、これは、実質的意味の立法の広義の定義である。これに対して、19世紀のドイツ公法学に由来する狭義の実質的意味の立法の定義は、「国民の権利・自由を直接に制限し、義務を課する法規範」である。ほかに、民事法の分野では、**典型契約**について、狭義の典型契約は「民法典に規定を有する13種類の契約類型」と定義されるが、広義の典型契約は「法典に規定のある契約類型」と定義され、民法典の債権総論部分に規定のある保証契約や商法に規定のある保険契約や運送契約などは、この意味では典型契約であるとされている。また、民事訴訟法においては、裁判所という用語は、広義では、裁判所法で用いられている意味で、裁判官とそれ以外の裁判所職員によって組織される官署としての裁判所を意味するものである（広義の裁判所・国法上の意味の裁判所）が、狭義では、事件の審理裁判を行うため１人または数人の裁判官によって構成される裁判機関を意味する（狭義の裁判所・訴訟法上の意味の裁判所）。また、刑法において、「脅迫」概念の定義は、「広義の脅迫」「狭義の脅迫」「最狭義の脅迫」に区別され、また、「暴行」概念の定義も、「最広義の暴行」「広義の暴行」「狭義の暴行」「最狭義の暴行」に区別されている。

また、実質的定義には積極的定義（積極的概念）と消極的定義（消極的概念）の２種類がある。**積極的定義**は、「～がある」や「～である」という定義であり、**消極的定義**は、「～がない」や「～でない」という形での定義である。MECE には「それ・それ以外」という対立概念型での分類があることを説明したが、「それ」の内容としてある事項自体を説明するものが積極的定義であり、「それ以外」の内容としてある事項を説明するものが消極的定義である。たとえば、憲法における「行政」の定義に関して、形式的定義では「行政機関に委ねられた国家権能のこと」であると定義され、実質的定義として、消極的定義と積極的定義とがある。消極的定義は、「国家の権能のうち立法と司法を除いた残余の権能のこと」とされ（いわゆる控除説）、積極的定義としていくつかあるが、代表的な定義の一つでは、「法の下に法の規制を受けながら、現実に国家目的の積極的実現を目指して行われる全体として統一性を持った継続的な形成的国家活動」とされている。

(8)　客観（的）・主観（的）

法律学では客観と主観の区別がよく用いられる（MECE における**対立概念型**）。これらは法律学の基本的な区別のための用語なので、その意義を明確に意識しておく必要がある。まず、日常用語としての意味を確認しておこう。**客観**（object）とは、主観の認識および行動の対象となるもの、または、主体の作用とは独立に存在する外界の事物、もしくは客体であり、また、**客観的**とは、特定の個人的主観の考え方や評価から独立していて、普遍性を持つ様、もしくは主観を排し、誰がみても納得がいくような立場から物事をみる様、または、客観に関する様である。これに対して、**主観**（subject）とは、認識、行為、評価などを行う主体、また**主観的**とは、ほかには通じるとは限らない自分だけの考えによる様、もしくは、主観に関する様である。

これらの客観（的）・主観（的）という言葉は、刑法の分野において、客観主義・主観主義、客観的構成要件要素・主観的構成要件要素など様々なところで使用されるが、民法を中心とする民事法の分野においても様々なところで使用されている。たとえば、契約の有効性の判断において**客観的有効要件**と**主観的有効要件**があるが、前者は、法律行為の内容が不確定でないことや強行法規に反しないことなどの法律行為の対象・客体に関する有効要件であり、また、後者は、法律行為の構成分子である意思表示に関して、虚偽表示でないことや詐欺・強迫によるものでないことなどの法律行為の当事者（主体）の認識に関する有効要件である。ほかにも、民事訴訟法において、**請求の客観的併合**や**訴えの主観的併合**という用語が使用される。前者は、一つの訴訟における原告・被告間に複数の請求（訴訟物である訴訟の対象・客体）が定立され、それらが裁判所による審判の対象となっている場合であるが、後者は、数人（訴訟の主体・当事者）が共同して、訴えまたは訴えられることである。また、重要な概念として証明責任（立証責任・挙証責任）があるが、これは、**客観的証明責任**と**主観的証明責任**に区別される。前者は、法令適用の前提として必要な事実について、訴訟上存否不明の状態が生じたときに、その法令適用に基づく法律効果が発生しないとされる当事者の負担・不利益を意味し、後者は、前者と区別され、当事者の立証活動を意味し、**証拠提出責任**と呼ばれることがあるものである。

プラスα　代替物・不代替物と特定物・不特定物（種類物）の区別　契約法の売買契約の分野で用いられる代替物・不代替物の意義と特定物・不特定物（種類物）の意義は客観・主観の基準で分けられている。まず、前者の代替物・不代替物の区別は、世間一般で考える物の性質に着目した客観的な基準による区分である。物の客観的性質に即してその種類が問題とされ同種の代わりがある物の場合に代替物といい、その物の個性が問題となる場合が不代替物である。これに対して、後者の特定物・不特定物の区別は、当事者が、主観的に、その物の個性に着眼し、当初から「これ」と定めて合意した物か否かの区別である。当事者が物の個性に着目した物が特定物、単に種類のみに着目した物が不特定物（種類物）である。

以上から理解できるように、法律において「客観」という用語が用いられる場合は、行為の対象・客体、あるいは、一般人・通常人の判断・評価という意味である。そして、「主観」という用語が用いられる場合は、行為の主体あるいは当事者（この主体の意味の場合、権利能力が問題となる場合などの権利義務の「帰属主体」、そして、法律行為を有効に行うことができるか否かが問題となる場合などの行為能力などのある一定の行為を行う「行為主体」の二つに分けられる）、または当事者の認識もしくは判断・評価という意味である。

そして、通常、法律の問題で検討する順序としては、客観的要素と主観的要素がある場合には、一般的に判断が容易である客観的な要素を先に整理・検討し、その後に主観的要素を整理・検討することが基本である。ただ、主体・当事者自体の存在の有無などが問題となる場合には、まず、主体・当事者自体にかかわる主観的要素（主体的要素）の問題を検討し、次に、行為の対象・客体に関する客観的要素を検討し、最後に主体・当事者の認識などを問題とする主観的要素を検討することになる。

(9)　多数説・少数説と通説・有力説＊8

法律の論点では学説がいくつかに分かれているが、その場合に、通説、多数説、有力説、少数説という学説の呼称があることに気づくはずである。これらは、フレームワーク（枠組み）として重要である。

まず、**多数説**と**少数説**は、基本的に**量的な違いによる区別**である（定量的な基準による分類）。採用・支持している学者・論者の数が多い場合には、その学説は多数説と呼ばれることになる。少ない場合には、少数説と呼ばれる。

これに対して、**通説**と**有力説**は、**学者・論者の数の問題**に加えて、**質的な要素**が考慮される呼称である。通説は、多数説の中における学説の呼称で、学者・論者の圧倒的多数（おおよそ80％以上で、過半数などの単なる多数ではない）が採用・支持しており、かつ、多数の権威のある学者・論者が採用・支持している学説のことである（定量的な基準と定性的な基準の二つが要素となっている）。そして、有力説は少数説の中の学説の呼称であり、数のうえで、（ごく少数ではない）少数の（ある一定数の）学者・論者が採用・支持しており、かつ、権威ある学者・論者が採用・支持している学説のことである（これも、定量的な基準と定性的な基準の二つが要素となっている）。

以上のような視点から、学説を整理すると、**図1**のようになる。

なお、通説の呼称につき、時間的な視点を考慮したうえで、いくつかの呼称を説明しておく。過去において少数説であったものが、採用者・支持者に変化が生じ、現時点において多数説となっているが、通説とまで評価してよいかまだ曖昧な状況の場合、そのような学説を**通説的見解**あるいは**通説と目される見解**などと呼ぶことがある。次に、過去の通説については、**旧通説**や**従来の通説**と呼ばれるが、過去において通説であったことは確かであるが、

＊8　学説の分類について、米倉明『民法の聴きどころ』（成文堂、初版、2003）93頁、大村敦志＝道垣内弘人＝森田宏樹＝山本敬三『民法研究ハンドブック』（有斐閣、初版、2000）133～134頁、木山・思考術148～165頁。

図1　学説の分類

<table>
<tr><td colspan="2" rowspan="2"></td><td colspan="4">主張している論者の数</td></tr>
<tr><td>圧倒的多数</td><td>多数</td><td>少数</td><td>極めて少数</td></tr>
<tr><td rowspan="2">権威ある学者の参加あり</td><td>多数</td><td>通　説</td><td></td><td>有力説</td><td></td></tr>
<tr><td>少数</td><td colspan="2" rowspan="2">多数説</td><td colspan="2" rowspan="2">少数説</td></tr>
<tr><td colspan="2">権威ある学者の参加なし</td></tr>
</table>

学者・論者の間の議論によって、現時点において、単なる多数説であるのか、それとも少数説になってしまっているのかが曖昧な状況にある学説の場合、**伝統的通説**という呼称が用いられることが少なくない。

⑽　法律学におけるMECEのフレームワークのまとめ

以上、ロジカルシンキングの各論として、法律学においてMECEによる整理が役に立つ事項をいくつか整理した。ここで整理をした法律学の基礎概念や用語をとにかく頭に入れておこう。そうすれば、法律科目で勉強する多くの事項を的確に整理することができるようになる。

どの法律科目でも役に立つのは、形式・実質（→⑺）と客観（的）・主観（的）（→⑻）というMECEである。特に、形式・実質については、すべての法律科目の論点などを考える際の順序（プロセス〔過程〕思考）となるから必ず覚えてもらいたい。そして、論点の学習には、法律用語の定義を整理する必要があり、そこでは、形式的意味・実質的意味、広義・狭義などのMECEが使える。これらのことに留意して、法律学の学習を進めてもらいたい。また、客観（的）・主観（的）については、客体・主体という意味では、民法の三大原則における客体論（所有権絶対の原則）と主体論（権利能力平等の原則）につながるもので、法律学の学習の基本であることから、これについても必ず覚えてもらいたい。

2　法律学におけるロジカルシンキング・プレゼンテーションの基本——法的三段論法

法的三段論法は、法律学の基礎である。すなわち、法律学におけるロジカルシンキングの基本であると同時に、法律学の答案などを書くためのロジカルプレゼンテーションの基本である。法的三段論法を正確に理解しなければ、民法だけでなく、法律すべての学習に支障をきたしかねない。そこで、次に、法律学の最も基本的な概念である法的三段論法について説明をする*[9]。

(1)　三段論法の意義

まず、法的三段論法の前提として、三段論法の意義を説明する。

三段論法とは、**大前提**として法則的に導き出される一般的な原理を置き、**小前提**に具体的な事実を置き、**結論**にそこから導き出される答えを置くこととする、「大前提」「小前提」および「結論」の三つの命題から構成される推論規則とされている。典型的な三段論法の例は以下のようなものである。

大前提：すべての人間は死ぬものである。
小前提：ソクラテスは人間である。
結　論：ゆえにソクラテスは死ぬものである。

(2)　法的三段論法の意義

このような三段論法を基礎として、法的三段論法が構成されている。**法的三段論法**は、三段論法における大前提に法規範が置かれ、小前提には法規範にかかわる具体的事実（証拠により認定される事実）が置かれ、それらにより、結論が導き出されるものである。そして、民法上の法律関係は、すべて「○○ならば××である」という形をとり、この「○○ならば」という一定の法律効果を発生させる原因の部分を**法律要件**といい、「××である」という部分は**法律効果**といわれている。そこで、民法における法規範は、一定の原因（法律要件）があれば一定の私権の変動（法律効果）が生ずる、という命題の形で存在することになる。これを簡単に説明すると以下のとおりである。

①　法律要件について、法律効果が妥当する（大前提＝法規範）。
②　特定の事実は、法律要件の一場合である（小前提＝具体的事実）。
③　特定の事実について、法律効果が妥当する（結論）。

すなわち、法的三段論法は、①法規範・法命題、②証拠により認定された事実の当てはめ、③当てはめた結果としての法律効果、として論理的に構成される。法的三段論法では、大前提となる法規範・法命題は、通常は法律の

＊9　法的三段論法については、法学の入門書や民法の入門書に記載があるので、各自の使用するテキストを参照してほしい。具体的事実に対する適用方法については、実践62～64頁、大村敦志『基本民法Ⅰ　総則・物権総論』（有斐閣、第3版、2007）365～366頁、加賀山茂「民法を使う――思考から実践へのプロセスとノウハウ」法セミ617号（2006）33頁、木山泰嗣『税務の専門家に贈る　リーガルマインドの新しい教科書』（大蔵財務協会、初版、2022）23～25頁。

条文である（ただ、法律の個々の条文ではなく法律学の一般理論のこともある）。**大前提＝法規範は、形式的・抽象的**なものであり、また、**小前提＝具体的事実は、実質的**なものである。このような法的三段論法は、ロジカルシンキングの基本である形式（抽象）・実質（具体）の MECE の考え方が用いられている法律学のスタートラインである。

一般的には、裁判所による法的三段論法の筋道としては大前提→小前提→結論（法的三段論法の理念的な適用順序）となる。しかし、原告や被告といった訴訟当事者による実務上の作業の流れとしては小前提→大前提→結論（法的三段論法の実務的な適用順序）となる。いいかえれば、裁判所は、訴訟当事者が主張する法規範の適用と提出された証拠に基づく具体的な事実の確定を基に、法的三段論法を適用することで結論を出すもので、実務上は、法律の条文を具体的事件に適用するために、証拠による具体的事実の確定（小前提）（ⓐ）→法規範・法命題の発見または確認（大前提）（ⓑ）→発見または確認した法規範・法命題への当てはめによる結論（ⓒ）、という順番で検討する。

この法的三段論法は、単純な作業のようにもみえるが、複雑化した社会状況における紛争解決の作業においては、試行錯誤の末に最終的に構築される構成を示しているにすぎない。社会で発生する紛争においては、まず、重要そうな事実を選んで、それに関係する法規範をいくつか探し、それらの仮定的な法規範を設定して、選んだ事実がそれらに該当するかを検討する過程が必要となる。重要そうな事実を選んだが、最終的にそれらに関係する法規範の適用ができないとなれば、ほかに重要そうな事実を再度選んで、もう一度それに関係する法規範をいくつか探し、それらの仮定的な法規範を設定し、再度選んだ事実がそれらに該当するかを検討することになる。このような作業の後に、最終的な結論へと導く法的三段論法を構成する最適な法規範が選択され、また、その法規範の適用のために重要な事実が選択され、法的三段論法による法的推論が完成されるのである。

(3) 法的三段論法の具体的作業

たとえば、Ａという消費者が、ある商品を販売するＢ社の担当者Ｃの詐欺によりＢ社と売買契約を締結してしまったと主張するような場合、取り消すことができるかどうかを確定するためには、まず、消費者Ａが詐欺による意思表示により売買契約を締結したかどうかという事実を確かめなければならない（前記ⓐの作業）。その後に、この具体的な事実に関係しうる法規範（法律の条文）として何があるかを検討し、民法第96条第１項「詐欺又は強迫による意思表示は、取り消すことができる」の適用の可能性があることを確認する（前記ⓑの作業）。最後に、この具体的な事実と民法の条文の定めているところを対照して、民法の条文に規定されている法律要件に具体的な事実が該当することが確定される場合に、消費者Aは、詐欺による意思表示として、売買契約の承諾の意思表示を取り消すことができることを確認できるのである。

しかし、具体的な事実としてB社の担当者Cの「詐欺」（民法96条で規定されている意義を持つ「詐欺」）が証拠により認定されればよいが、実際上は裁判所で立証活動を行っても、詐欺の事実の認定が難しいとされる場合も考えなければならないことも多い。そこで、詐欺に近い行為があったと認定されうる具体的な事案の場合、消費者Aが売買契約に関する意思表示を取り消すことができるかについては、他の法規範がないかも探さなければならない。そうすると、消費者契約法第4条第1項第1号が適用可能性のある条文として出てくる。この消費者契約法の条文は、消費者と事業者との間の情報の格差が消費者契約（消費者と事業者との間で締結される契約）のトラブルの背景となっていることが多いことから、消費者契約の締結に関する意思表示の取消しについて、民法の詐欺が成立するための厳格な要件を緩和し、要件を具体化・明確化したものである。この条文は、事業者が、消費者契約の締結の勧誘をするに際し、重要事項について事実と異なることを告げた場合において、消費者が当該事項について告げられた内容が事実であると誤認したときには、消費者は、その承諾の意思表示を取り消すことができると規定している。そこで、最後に、この具体的な事実と消費者契約法の条文の定めているところを対照して、消費者契約法の条文に規定されている法律要件に具体的な事実が該当することが確定された場合に、消費者Aは、消費者契約法に定められている「誤認」による意思表示として、売買契約の承諾の意思表示を取り消しうることが確定されるのである。

このように、具体的な事案における法の適用に関する推論においては、ある具体的事実を前提として、その事実に適用されうる法規範をみつけ、その適用されうる法規範の法律要件から、その具体的事実を評価し、その事実がその法律要件に当てはまる場合には、その法規範により解決されるが、もし、当てはまらない場合には、再度、別の規範により、同様の作業を繰り返さなければならないことになるのである（ロジカルシンキングの思考方法としては、**オプション**（選択肢）**思考**）。

⑷　法的三段論法の大前提を確定する作業

以上が、法的三段論法の基礎的な内容であるが、大前提＝法規範に関して、本書の第６章（法律の構造と条文の読み方）と第７章（条文解釈の方法）との関係について、説明をしておく。法的三段論法の大前提である法規範・法命題を構成する法律の条文の意味を確定する作業は、ⓐ条文の文言、ⓑ立法者意思解釈・目的論的解釈（法律意思）＋利益考量という判断基準、ⓒ解釈方法という判断内容で成り立つ。これらは、法律・条文の読み方（規範の形式的意味の確認）（ⓐの問題）と法律の条文解釈の方法（規範の実質的意味の検討）（ⓑとⓒの問題）に分けることができる（形式〔抽象〕・実質〔具体〕の MECE での分類）。前者の規範の形式的意味の確定につき、民法を例として第６章で説明を行い、その次に、具体的な民法の条文を例として、第７章で規範の実質的意味を確定する作業の手順を説明する。

3　法律学全体をカバーする基本理念――リーガルマインド

リーガルマインドは、法学部や法科大学院の学生であれば、必ず聞いたことがある用語であると思うが、その具体的な意味内容について、深く考えたことはないだろう。そこで、法律学全体をカバーする基本理念であるリーガルマインドの内容について整理して考えてみる[*10]。

⑴　リーガルマインドの内容

英語で legal mind とは、“The intellect, legal capacities, and attitudes of a well-trained lawyer” と定義されている（Black's Law Dictionary）。翻訳すると、**熟達した法律家の知力、法的能力、そして態度**となる。他の用語として、“legal thinking” や “think like a lawyer” といわれることもある。ただ、これでは、具体的な意味が明確ではなく、その内容については、より詳細な説明が必要であろう。

＊10　リーガルマインド論一般については、新井淳志「リーガルマインドに関する覚書――主として民法に関して」立正法学論集39巻１号（2005）31～55頁が、リーガルマインドを法知識・技能の側面と姿勢・心構えの側面に分けて、それぞれの側面において議論されている内容を整理している。本章の記述は、この論文で紹介されているリーガルマインドの内容の整理に基づき、筆者の視点で整理し直したものであるが、この論文は、リーガルマインド論についての整理として極めて有用である。また、法的三段論法を基礎に具体的事案における課題を解決するための思考方法を法的思考（リーガルマインド）と考えて、リーガルマインドの内容を解説するものとして、井垣孝之『37の法律フレームワーク』（ウィズダムバンク、初版、2016）376～400頁がある。

まず、日本で、昭和の初期という早い時期からリーガルマインドについて言及したのは、穂積重遠《しげとお》博士（民法の起草者である穂積陳重博士の長男）や末弘厳《いず》太《た》郎《ろう》博士であるといわれている。その後、リーガルマインドについては、多様な議論がなされており、現在では、様々な要素を含んだものであると理解されているが、最近までのリーガルマインドの議論をふまえると、次のような内容と考えられる。

リーガルマインドは、**法的三段論法と密接な関係を有する**。先に述べた法解釈と事実認定により構成される法的三段論法は法学の基礎であり、複雑化した社会状況における紛争問題の解決の作業において、**法的三段論法を用いて的確に社会的に妥当な処理となる法律論**（法的推論・法的論理構成）**を展開できる能力**が、リーガルマインドの中心的内容になると考えられる。これは、法的な知識・技能の側面、すなわち、法制度、法技術概念および具体的な法律の規定に関する知識とそれらの適用技能に関する能力である。より具体的に説明すれば、根拠（条文・判例＝法規範）を明らかにして、事実に適用し、一定の結論を論理的に提示することにより利害関係者を説得する（説得するためには、その結論が社会的に妥当なものでなければならず、また、的確なプレゼンテーションがされなければならない）ことができる能力である。これは、**狭義のリーガルマインド**ということができる。

この法的な知識・技能の側面である狭義のリーガルマインドに加えて、リーガルマインドには、法的な判断を行う際の心構えや精神的な姿勢の側面も含まれる。このような心構えや精神的な姿勢の側面を含めたリーガルマインドを**広義のリーガルマインド**と呼ぶことができる。これらをまとめると、広義のリーガルマインドは、①法的な知識・技能の側面（狭義のリーガルマインド）と②心構えや精神的な姿勢の側面を含むものということができる（前者と後者は形式〔外部〕・実質〔内部〕の MECE）。

そこで、まず、狭義のリーガルマインドについて、より詳しくみてみることにする。

⑵　狭義のリーガルマインドと法的三段論法

複雑化した社会においては様々な紛争があり、その中で法律的観点から解決されるべき問題、すなわち、法的な問題を発見することができる能力（**問題発見能力**）を最初に獲得しなければならない。この能力は、法的三段論法を構築する前提となる問題を発見する能力である。法的な問題を発見できたら、次は、法的に重要な事実をその紛争に関する多くの事実から抽出できる能力（**法的事実分析能力**）が必要となる。その後、それらの重要な事実に関連する条文・判例（法規範）を明らかにすることができる技能（**法規範確定能力・法規範明確化能力**）が求められることになる（この能力の問題は、第７章〔条文解釈の方法〕において詳しく説明することになる）。法規範を明らかにすることができたならば、その法規範を適用することになる事実を認定しなければならない。その際には、紛争の当事者双方の言い分・主張に十分に耳を傾け、事実関係を公平に観察する能力が必要となる。そして、特に、裁判手続においては、事実認定における手続の適正を遵守し、客観的証拠に基づき事実を認定することができる能力（**事実認定能力**）が求められることになる。法規範を正しく明らかにすることができたとしても、その法規範を適用する事実の認定が誤っていたのであれば、その結論は妥当ではないからである。このような事実認定能力は、特に、裁判官に要求される能力であるが、裁判官に自己に有利な一定の事実を認定してもらうために、どのような客観的証拠を提出することが必要であるかを検討しなければならないので、当然のことながら弁護士（訴訟代理人）にも事実認定能力が要求される。

そして、最後は、法的三段論法により導き出された結論（価値判断）が実質的に、また具体的に妥当であるかどうかについて、健全な常識あるいは良識に基づき判断することができる能力（**実質的価値判断能力・具体的妥当性判断能力**）である。法律構成・形式論理的妥当性が確保されているとしても、具体的な紛争の解決のための実質的な妥当性が確保されていなければ、そのような法律構成は、紛争の利害関係者を納得させることはできないからである。そして、この実質的価値判断能力・具体的妥当性判断能力に基づき、紛争の利害関係者を納得させるために的確なプレゼンテーションを行うことができる能力（**論理的表現・説得能力**）も求められることになる。

以上をまとめると、狭義のリーガルマインドは以下のような能力・技能により構成されることになる。

① 問題発見能力
② 法的事実分析能力
③ 法規範確定能力・法規範明確化能力
④ 事実認定能力
⑤ 実質的価値判断能力・具体的妥当性判断能力
⑥ 論理的表現・説得能力

(3)　リーガルマインドの精神的な姿勢の側面

リーガルマインドは、法的な知識・技能の側面（狭義のリーガルマインド）以外に、心構えや精神的な姿勢の側面を含むということを述べたが、この心構えや精神的な姿勢についてみてみる。

この心構えや精神的な姿勢の内容についても様々なことが語られているが、大きくは、①**価値判断の相対性を認識する**こと、そして、②**議論することの重要性を理解する**こと、といえる。

狭義のリーガルマインドとして、法的三段論法により出された結論（価値判断）が、実質的に、また具体的に妥当であるかどうかについて、健全な常識あるいは良識に基づき判断することができる能力（**実質的価値判断能力・具体的妥当性判断能力**）が必要であるが、その価値判断について、それが議論の余地のないような絶対的なものである必要はなく、相対的なものであってよく、妥当な解決は必ずしも一つではないという認識が重要である（価値判断の相対性の認識）（**オプション**（選択肢）**思考**）。

また、議論することの重要性を理解しておくことも大切である。価値判断の相対性を認識したとしても、それだけでは不十分であり、価値判断の相対性を理解しつつ、他者と議論をすることにより、多くの人に受け入れてもらうことができるような健全な常識あるいは良識に基づく判断結果を導かなければならない。価値判断の相対性を理由に、社会においては受け入れられないような判断結果となる独自の見解を主張することにはあまり意味がないのである（もちろん、時代の変化により、そのような見解が多くの人に受け入れてもらえる見解になることがありうるので、独自の見解の主張は意味のないことではない）。そこで、法律学を学習する際、また、法曹として法律を運用する際には、議論をすることにより、自分の見解を異なる見解を持つ者に提示し、その者からの批判にさらし、その異なる見解とその見解からの批判に耳を傾け、その意見の良いところや正しい批判を受け入れるという態度が大切なのである。

(4)　最広義のリーガルマインド

以上、広義のリーガルマインドを説明したが、ここでは法律の解釈論を念頭に置いて、リーガルマインドを説明した。ただ、法律学は、法律の解釈論にとどまるものではなく、立法論にもかかわる。そこで、立法論を考慮してさらにリーガルマインドを考えると、紛争が顕在化してからそれに対する解決策を考えるということではなく、たとえ、紛争が顕在化していなくても、問題の存在、そしてそれを放置しておくことができない、というような問題点を自ら発見・解決し、より良い社会の構築を目指すという気概・情熱を持つこと（**立法論展開能力**）もリーガルマインドの一部を構成することになる。このような立法論展開能力を含むリーガルマインドは、**最広義のリーガルマインド**ということができる。

4 法律学におけるロジカルシンキングの重要性

本章では、第1章と第2章で説明をしたロジカルシンキングの思考方法をふまえて、法律学全体の学習に役立つと考えられるロジカルシンキングのMECEの手法によるフレームワーク（枠組み）の主なものを説明した。しかし、当然のことながら、法律学の学習に必要なフレームワークをすべて網羅しているわけではない。法律学を勉強していく中で、憲法、刑法、刑事訴訟法、労働基準法、会社法、商法、特許法、著作権法などの様々な法律の勉強をすることになるが、それらの法律の中でも、様々なMECEの手法によるフレームワークがある。それらの法律を学習する中で、第1章から本章まで で説明をしたロジカルシンキングの思考方法を用いて、自らMECEの手法によるフレームワークを見つけ出していくことが大切である。**フレームワーク思考を用いることで、学習対象となっている膨大な条文の論点などを横断的に理解することができる**ようになるのである。

また、本章では、法的三段論法とリーガルマインドについても説明をしたが、すでに説明をしたように、狭義のロジカルシンキングとは、論理的に考えることであり、目標を明確にして、その目標達成のシナリオにつき、全体像を描きながら、筋道を立てて考えることである。そして、ロジカルプレゼンテーションは、ロジカルシンキングの結果をいかに他の人にうまく伝えるかの問題である。法律は、紛争問題解決の手段であり、法律家は多くの利害関係人の利益対立がある紛争につき、それらの利害関係人をロジカルに説得しなければならない。法律家は、ロジカルシンキングとそれに基づくロジカルプレゼンテーションをすることが仕事である。法的三段論法は、法律学のロジカルシンキングの基本であると同時に、ロジカルシンキングに基づくロジカルプレゼンテーションの基本（演繹型論理の典型例）である。また、リーガルマインドは、法的三段論法に関係する法律学全体をカバーする基本的な考え方である。法律学の学習をする際には、常にロジカルシンキングを意識しなければならないことがわかるだろう。

第4章
民法・私法の基本原則と民法典の体系
民法の全体構造

Introduction

　第1章から第3章までで、民法を主な題材としながら法律全体の理解に役立つロジカルシンキング（狭義）とロジカルプレゼンテーションを説明してきました。本章と次章の第5章（時系列に基づく民法の体系）においては、実践編として、ロジカルシンキング（狭義）を具体的な民法の学習においてどのように利用できるかを実践してみることにします。

　本章では、まず、民法の基本原理（近代私法の基本原理）、すなわち、**民法の三大原則**について説明します。そして、私権に関する基本原則である**信義誠実の原則**（信義則）と**権利濫用禁止の原則**を説明します。その後に、民法の三大原則が、民法を学習する際のロジカルシンキング（狭義）のためのフレームワークとして、私権に関する基本原則と民法典の構造にどのように関係しているか、またこの三大原則を基礎にして、民法典をどのように読めばよいのかを説明します。

　本章は、民法の三大原則、信義誠実の原則（信義則）と権利濫用禁止の原則、民法典の構造について説明をしていきますが、第1章から第3章までで説明したロジカルシンキングの考え方を利用することができる場面が随所に出てきます。そして、**本章の内容・知識をフレームワークとして理解しておくことで、民法全体の理解を深めることができます**。本章の内容・知識が汎用的なものであることについて留意しながら、読み進んでください。

1　民法の基本原理──民法の三大原則とその変容

　まず、民法の基本原理（近代私法の基本原理）、すなわち民法の三大原則から説明を始めることにする。民法の基本原理には、**権利能力平等の原則**、所

有権絶対の原則、そして**契約自由の原則**がある。この三大原則は、**主体論**、**客体論**、そして**取引論**（契約論）の三つにより構成されている。契約関係についての問題を考える際には、この三つの視点で考えると、問題点の見落としがなくなるので、三大原則は問題分析の重要なツールとなる（**複数要素型**のMECEのフレームワーク）。そして、この三大原則は、民法におけるロジカルシンキングの基本となる。なお、この三大原則に加えて、**過失責任の原則**（過失責任主義）が挙げられることもあり、この場合には、四大原則といわれる。また、権利能力平等の原則と過失責任の原則を入れ替えて、三大原則とされることもある。

これら原則の目的・機能の根本は、**資本主義の発展の法的保障**にある。取引の相手方に法的人格がなければ、締結した契約が無意味となるし、また、取引客体の処分の自由や取引の自由が認められていなければ、財産の移転が起こらず、市場経済は成り立ちえないのである[*1]。

(1) その1 ——権利能力平等の原則 （近代社会における法的主体についての原則）

(a) 権利能力平等の原則の内容

まず、一つ目は**権利能力平等の原則**（法的人格の平等の原則・人格自由の原則）である[*2]。これは、人間は誰でも出生によって当然に権利能力を取得し、すべての自然人は、国籍、階級、職業、年齢、性別による差別なく、等しく権利義務の主体となる資格（権利能力）を有する、という原則である。民法第3条第1項では、「私権の享有は、出生に始まる。」と規定されており、この規定の前提には権利能力平等の原則がある。

今日、すべての人間が生まれた瞬間から権利の帰属主体（法の主体）とし

＊1　民法の基本原理については、本書冒頭の「参考文献について」に掲記した一般的な民法総則の教科書を参照してほしい。その他、成田博『民法学習の基礎』（有斐閣、第3版、2015）（以下、成田）58〜64頁を参照。また、前田達明『民法の“なぜ”がわかる』（有斐閣、初版、2005）（以下、前田）309〜321頁では、民法の基本原理について、歴史的な思想背景や憲法との関係を含めて詳細な説明があるので、興味のある読者は参考にしてもらいたい。民法の基本原理をどのように考えるかについては、様々な考え方がある。多くの文献は、権利能力平等の原則・所有権絶対の原則・契約自由の原則（私的自治の原則）を三大原則とするが、権利能力平等の原則に代えて、過失責任の原則をもって三大原則とするもの、過失責任の原則も加えて四大原則とする文献もある。各自の教科書で民法の基本原理を勉強する際には、この点について留意してほしい。

＊2　権利能力平等の原則について、熊谷士郎「権利能力平等の原則」法セミ643号（2008）12〜15頁。

て認められていることを疑問に思わないかもしれないが、かつては、人間の中に権利の帰属主体として認められない者（奴隷）が存在していた（たとえば、日本民法典に影響を与えたフランスでは、1794年～1802年に一度奴隷制度は廃止され、その後、復活し、最終的には1848年に廃止された）。奴隷は、権利の帰属主体ではなく、権利の客体、すなわち「物」として捉えられていたにすぎなかったのである。そのような法制度が廃止され、およそすべての人間は権利の帰属主体（法の主体）であることが承認されることになったのが「権利能力平等の原則」なのである。

(b)　権利能力平等の原則の補充

権利能力平等の原則とは、「人」である以上、平等な法的取扱いをすべきという理念であるが、このような取扱いを現実の取引社会で徹底すれば、不都合が生じることもある。たとえば、意思能力を欠く状態にある者や未成年者が、自分自身で全面的に取引活動ができるとすれば、それらの者に不都合・不利益が生じるであろう。民法の権利能力平等の原則は、このような判断能力が十分でない者による取引について特別なルールを構築することを否定するものではない。権利帰属の主体であるということと、実際に取引をする場合に自分自身だけですることを認めるかということは別問題であるから、民法は、一定の者（未成年者、成年被後見人、被保佐人、〔同意権付与の審判がなされた場合の〕被補助人）に、それらの者を保護する機関を付し、それらの者がその保護機関の関与なしで単独で行った行為を原則として取り消すことができる**制限行為能力者制度**を構築しているのである（**一般・特別**〔対立概念型〕のMECEのフレームワーク）。

また、現代社会においては、情報・知識・経験などの点で事業者（あるいは商人）と消費者の間に格差が生じている。商取引を日常的に行っている事業者（商人）とそのような取引について十分な知識や経験を持たない消費者が契約をする場合、形式的には、両者は平等な取引主体として取り扱われ、両者の自由な意思に基づきその契約が締結されると考えられるが、実際においては、情報・知識・経験などの点から、その契約は事業者に有利となっていることが多いであろう。権利能力平等の原則は、このような取引について、特別のルールを設けることを否定しているものではないのである（そのような特別のルールとして、2001年に施行された**消費者契約法**がある）。

(c)　権利能力平等の原則の発展――法人制度

権利・義務の主体となり、また、その名で契約などをして権利を取得し、義務を負担することができる法的人格として、自然人以外に、**法人**（法律により法的人格が認められた人という意味）が認められている。もし、法人という制度がなければ、契約はすべて自然人が行うべきで、契約によって取得し、負担する権利・義務はその自然人に帰属することになる。しかし、それでは、権利義務関係が複雑となるため、大規模な団体的な活動は不可能である。そこで、自然人に関する制度とは別に**法人制度**を作り上げ、その名で契約を行い、その法人に権利・義務を帰属させることができるようにして、法律関係を簡明にできるようにしている。法人制度がなければ、社会における大規模な団体的な活動は行われず、社会の発展は期待できなかったのである[＊3]。

このような法人制度に関して、民法は、第33条第１項で「法人は、この法律〔注：民法〕その他の法律の規定によらなければ、成立しない。」と規定する。これは、**法人法定主義**（または法律準拠主義）であり、すべての法人に共通する原則を規定したものである。「その他の法律」とは、会社法、地方自治法、労働組合法、一般法人法（一般社団法人及び一般財団法人に関する法律）などである。会社法は、権利能力平等の原則から派生した発展的制度である法人制度における重要な位置を占めるものであり、会社法を勉強する際には、常に、権利能力平等の原則から派生した発展的制度であることを念頭に置いてもらいたい（民法と会社法という**一般・特別**〔対立概念型〕の MECE のフレームワーク）。

(2) その２——所有権絶対の原則（近代社会における客体に関する原則）

(a) 所有権絶対の原則の内容

二つ目は、**所有権絶対の原則**（私的所有権絶対の原則・所有権不可侵の原則）である[＊4]。歴史的には、この原則は、土地所有権につき、同一の土地に君主Ａの上級所有権とその家臣Ｂの下級所有権、さらに、その家臣Ｃの下級所有権……といったように所有権が重畳的に成立するような封建的拘束を受けないことを確認する意義を持つ。近代の資本主義経済の発展にとって、封建的拘束のような制約を受ける所有権では自由闊達な取引を阻害するから、

＊3　法人制度について、各自の民法総則の教科書を参照。法人制度（社団法人制度）の機能について、平野裕之『民法総則』（日本評論社、初版、2017）（以下、平野・総則）57～61頁。本書同シリーズ『民法でみる商法・会社法』（初版、2016）（以下、金井・商法）は、民法の視点で、商法・会社法の重要事項の解説をしているので、読んでもらいたい。

＊4　所有権絶対の原則について、秋山靖浩「所有権絶対の原則」法セミ643号（2008）16～19頁。

すべての財産が原則として自由に取引できるものであることが必要である。そこで、近代的所有権は何らの拘束を受けず、何人に対しても主張できる物の支配権であるという所有権絶対の原則が認められている。この点、民法第206条では「所有者は、法令の制限内において、自由にその所有物の使用、収益及び処分をする権利を有する。」と定められている。具体的にいえば、パソコンの所有権を有する者は、それを自分で使用することができ（**使用**）、また、他人にそれを貸与することで賃料を得ることができる（**収益**）。また、その所有者は、パソコンを解体すること（**事実的処分**）、さらに、他人に売却することもできる（**法律的処分**）。そしてまた、資本主義経済の下では、所有権に限らず、すべての財産が自由な取引の客体となることが保障されている。そこで、所有権絶対の原則は、所有権に限らず、自由競争の結果得られた財産は国家によって尊重され侵されることがないという考え方につながり、**私的財産権絶対の原則**（私的財産権尊重の原則・財産権保障の原則）といわれることもある。

(b)　所有権絶対の原則の派生的内容

以上のように、資本主義経済の下では、所有権に限らず、すべての財産が自由な取引の客体となることが保障されている。所有権絶対の原則は、有体物である「物」に関するものであるが、物とは異なり権利そのものである債権、株式会社における社員権などの財産権については、流通を促進するために様々な法的な仕組みが構築されてきている。たとえば、従前、債権を証券化して流通しやすくする必要性から、手形法や小切手法においてその証券化（手形債権や小切手債権として証券化）が規定され、また、株式会社における社員権の流通について、株式制度が会社法に規定されている。しかし、現代社会では、株式の取引の増加に伴い、株式の管理や取引をより効率的かつ安全なものとするために、2009年には社債株式等振替法により上場会社の株式に係る株券がすべて廃止され、証券保管振替機構や証券会社などの金融機関の口座で電子的に管理されるようになっている。また、債権の発生と譲渡に手形や小切手という紙を必要とする手形・小切手制度にも限界が生じてきたことから、2026年には手形・小切手の廃止が予定されている。従前の債権譲渡や手形・小切手に関する法制度のデメリットを排除し、安全円滑な債権の流通を確保するために、2007年には電子記録債権法が制定されていて、現在、電子記録債権の利用が促進されている。

(c) 所有権絶対の原則の応用

そもそも、所有権絶対の原則の下、民法が、所有権の客体としているものは「有体物」である。民法第85条では、「この法律において『物』とは、有体物をいう。」と規定している。この「**有体物**」とは、有形的に存在するものを意味し、旧民法財産編第6条の規定では「人ノ感官ニ触ルルモノ」とされている。そこで、有体物といえるためには、固体、液体、気体の別は問題ではないが、所有権の客体となるものとして排他的に支配可能なものでなければならない。

このように、民法第85条で「物」が有体物に限定されていることから、民法においては、「有体物」と対立する概念である、自然力（電気、光など）、債権、特許権、著作権などの**「無体物」についての所有権は認められていない**ことになる。

この点、債権に対する所有権を認める考え方（オーストリア民法典1424条）がある。そして、旧民法財産編第6条でも、「無体物」についての規定が存在していた。しかし、その後日本では、現行民法の制定にあたり、物権と債権を峻別するドイツ民法の影響を受けて、無体物である債権に対する所有権を認めることは妥当ではないと考えられるようになった。そのような背景から、「物」を有体物に限定する現行民法第85条が制定されたのである。

現行民法では、立法政策として、「物」が有体物に限定されているのであるが、現代社会においては、日常生活で実感するように、技術に関する発明や携帯電話で配信されるコンテンツのような無体物に対しても、所有権による保護に準じた排他的・絶対的な保護を必要とする社会的・経済的要請がある。

もっとも、現行民法では、「物」を有体物に限定している以上、現行民法はあくまでも有体物を前提とする規律であるといわざるをえない。そうすると、現行民法の規定は、知的財産権すなわち無体物に関する権利についての権利関係の理論をカバーしていないことになる。そこで、有体物に対する保護を規定する民法の規定・理論を前提として、無体物に対する保護を目的とする法体系を別途構築していかなければならないことになる。その法体系が、**知的財産法**の分野である（有体物と無体物という**対立概念型**、また、民法と知的財産法という**一般・特別**〔対立概念型〕の MECE のフレームワーク）*5。

(3)　その３――契約自由の原則（近代社会における取引に関する原則）

(a)　契約自由の原則の内容

そして、三つ目は、**契約自由の原則**（**私的自治の原則**の主要な一部）である。この原則は、封建社会における封建的拘束を否定することにその基礎がある。封建社会においては、私人間の契約は、様々な身分的な拘束の下に、制約が課されていたのであり、自由な契約関係の構築は保障されていなかったのである。

また、すべての人に、平等に取引する資格を認め（権利能力平等の原則）、すべての財産を自由に取引できるようにしても（所有権絶対の原則）、経済社会の発展を図るには十分ではない。そこで、契約自由の原則は、封建的な束縛を撤廃するということに基礎を置くが、資本主義経済の発展のためには、私人が契約を自由に行うことができるようにすることが必要であるという点からの要請でもある。

以上のように、封建的な身分的拘束からの自由、そして、資本主義社会における経済発展のために、個人が自由意思に基づいて自律的に契約関係を中心とする法律関係を形成することができる、という契約自由の原則が認められている。その反面、自由な活動の結果、自分が被った損害や損失は、自分自身で負担しなければならない（**自己責任の原則**）。

民法典は、その制定時においては、契約自由の原則を当然のこととして規定を置いていなかったが、2017年の民法改正により民法第521条において、この契約自由の原則を明確に宣言している。契約自由の原則は、私人に当事者間の権利義務関係を規律するルールの定立を自ら行わせるというものであるから、債権法の規定の多くは任意規定（公序に関しない規定）として規定されることになる。いいかえれば、債権法の規定は、任意規定として、契約当事者において適用を排除する合意をすれば、排除されるし、契約当事者が明確に排除の合意をせず、契約当事者の意思が不明確な場合には、補充規定として、契約当事者の権利義務関係を規律する意味を持つことになる（強行規定と任意規定という**対立概念型**のMECEのフレームワーク。第３章〔法律学におけるロジカルシンキング〕1(2)参照）。

この契約自由の原則の具体的内容についてみてみると、四つに分けること

＊5　本書同シリーズ『民法でみる知的財産法』（第２版、2012）は、民法の視点で特許法と著作権法を中心に解説をしているので、知的財産法を勉強する際に読んでもらいたい。

ができる。①契約をするかしないか（**契約締結の自由**〔民法521条１項〕）、②誰と契約をするか（**相手方選択の自由**。これは誰を相手方として契約を締結するかという問題であり、民法521条１項にはこの意味も含まれている）、③どのような方式でするか（**契約方式の自由**〔民法522条２項〕）、そして、④どのような内容の契約をするか（**契約内容の自由**〔民法521条２項〕）、が個人の自由に委ねられているというものである。ここで、ロジカルシンキングの手法で、これらの四つの自由についてどのように理解し、記憶するかであるが、まず、契約の締結をするかしないかの「締結の自由」が最も基本的な原則と考えられる。締結をすることを前提として、初めて、他の三つの原則が問題となるからである（**順序型**の MECE のフレームワーク）。次に、主体論である「相手方選択の自由」が問題となり、誰と契約を締結するかを決めたら、次は、その契約自体が問題であるが（これは取引論）、これは、方式と内容（実質）に分かれ、「契約方式の自由」と「契約内容の自由」として具体化される（**形式・実質**〔対立概念型〕という MECE のフレームワーク）。このように、いくつかの事項が出てきたら、ロジカルシンキングの手法を思い出して整理することが必要である。

プラスα **契約自由の原則の下での特定承継による財産の移転**　財産の移転には、**包括承継**と**特定承継**がある。包括承継には相続と包括遺贈があり、それらは承継を受ける者の自由意思には直接関わらない相続法の分野の制度である。他方、契約自由の原則の下で、関係当事者において承継の対象となる権利義務の法律関係が特定されて、前主の一つひとつの権利義務や債権債務ごとに承継手続が行われるものが特定承継である。

特定承継による財産の移転として、物権の移転、債権譲渡、債務引受、そして契約上の地位の移転（契約譲渡）が重要である。まず、動産譲渡や不動産譲渡が**物権の移転**である。**債権譲渡**は、債権の同一性を変えることなく譲渡人（旧債権者）と譲受人（新債権者）との契約によって債権を移転することで、**債務引受**は、ある人の債務と同一内容の債務を他の人（引受人）が負担することである。そして、**契約上の地位の移転**は、契約上の当事者たる地位の承継を目的とする契約である。債務引受と契約上の地位の移転も実社会では多く行われている。

なお、**契約自由の原則と私的自治の原則**（意思自治の原則・個人意思自治の原則）**の関係**が問題とされることがある。**私的自治の原則**は、一般的には、身分的拘束関係に支配されていた封建社会を市民革命により打破することにより成立した近代社会において、各個人が自分の意思に基づいてのみ権利を取得し、義務を負うものであるという原則、いいかえれば、自分の意思によって自由に法律関係を形成できるという原則である。そこで、個人の権利・義務関係全体にかかる原則が私的自治の原則であり、主に経済活動における債権・債務関係の形成にかかる原則が契約自由の原則であることから、契約自由の原則は私的自治の原則の主要な部分ということになる[*6]。

(b)　契約自由の原則に対する制限[*7]

次に、契約自由の原則に対する制限について、(a)で説明をした契約自由の原則の四つの具体的な内容をふまえて、それぞれに、どのような制限があるかをみてみる（**原則・例外**〔対立概念型〕のMECEのフレームワーク）。

まず、「契約締結の自由」や「相手方選択の自由」の制限について、一定の職業や契約類型では、契約の申込みに対して承諾義務が課されている。職業による制約の例として、医師法第19条、薬剤師法第21条や公証人法第3条がある。また、契約類型による制約の例として、水道法第15条第1項、電気事業法第17条第1項、ガス事業法第47条第1項がある。

そして、「契約方式の自由」に対する制約として、民法上は諾成契約が原則であるが、契約の成立に当事者の合意のほか、物の引渡しなどの給付を必要とする契約である要物契約があり（たとえば、消費貸借契約〔民法587条〕）、また、契約が成立するために、合意のほか、書面その他の方式が必要とされる契約である要式契約がある（たとえば、保証契約〔民法446条〕や書面でする消費貸借契約〔民法587条の2〕）。

(4)　過失責任の原則[*8]

以上の権利能力平等の原則、所有権絶対の原則、そして、契約自由の原則

＊6　本章では、両者の関係について、私的自治の原則の契約の場面での発現形態として契約自由の原則を説明しているが、多少議論がある（近江幸治『民法講義Ⅰ　民法総則』〔成文堂、第7版、2018〕〔以下、近江・講義Ⅰ〕14〜15頁。また私的自治の原則の具体化として、契約自由の原則、社団設立自由の原則、遺言自由の原則などがあると説明されることがある。この点、斎藤和夫編『レーアブーフ民法Ⅰ（総則）』（中央経済社、第3版、2007）53〜54頁、四宮和夫＝能見善久『民法総則』（弘文堂、第9版、2018）（以下、四宮＝能見）10〜11頁、前田309頁、松尾弘『民法の体系――市民法の基礎』（慶應義塾大学出版会、第6版、2016）（以下、松尾）32〜33頁。松尾は、民法上の個人の権利を基準にして、その主体・客体・変動・効果という順に民法全体の体系を再構築するもので、民法の三大原則に基づく視点による体系化としても理解でき、極めて参考になる。

＊7　契約自由の原則に対する制限について、後藤巻則『契約法講義』（弘文堂、第4版、2017）114〜115頁。

＊8　過失責任の原則について、田髙寛貴「契約自由の原則・私的自治の原則」法セミ564号(2008) 24〜27頁。

（私的自治の原則）が、通常、民法の三大原則といわれるものであるが、前述したように、これに**過失責任の原則**、すなわち、自由な活動の結果、過失によって他人に損害を与えた場合には、その賠償をしなければならない、逆にいえば、過失もないのに損害賠償責任を負わされることはないという原則が加わって、民法の四大原則といわれることもある。「過失なければ責任なし」という法諺《ほうげん》（法格言）は、この原則を示すものである。自分の意思によって自由に法律関係を形成できるという私的自治の原則を強調すれば、本人に何らかの意思的帰責事由がない結果について責任を負わせることはできないということになる。また、資本主義社会の発展のためには行動の予見可能性を保障し、予見可能な損害についてのみ損害賠償責任を負わせるということで、経済活動を行う個人・法人を不測の損害賠償責任から解放するという政策的な理由もある。そこで、この「過失責任の原則」は、民法の基本原理の一つとしてではなく、**契約自由の原則（私的自治の原則）を裏から支える派生的な原則**として、また、その内容の裏面として理解しておけばよい。

2　信義誠実の原則（信義則）と権利濫用禁止の原則

民法典で明確に規定されている私権に関する基本原則として、公共の福祉（民法1条1項）、信義誠実の原則（信義則）（同条2項）および権利濫用の禁止（同条3項）の三つがある。

まず、**公共の福祉**は、私権の内容も、私権の行使も公共の福祉に沿ったものでなければならない、という原則であり、私権の理念を謳ったものであるが、実際の事件の処理に用いられることはほとんどない。重要であるのは、信義誠実の原則と権利濫用禁止の原則の二つの原則である[*9]。

権利の行使については、原則として、その権利者の自由な意思に委ねられているが、それには一定の限界があるというべきであり、民法は第1条で、権利の行使は信義に従い誠実になすこと（2項）、そして、権利の濫用は許さない（3項）として、権利行使の制限に関する規定を設けており、この趣旨が明確にされている。そして、これらの二つの原則は、民法における権利行使の形式的な適用あるいはそれを根拠とした権利主張を制限し、個別の紛争に応じた具体的妥当性ある解決を導く**調整弁としての機能**（調整機能）を果

＊9　信義則と権利濫用禁止の原則について、平野・総則11～25頁、四宮＝能見23～31頁、近江・講義Ⅰ20～27頁。平野・総則では、両者の歴史的沿革や機能についての分類に関する近時の議論が詳細に説明されている。

たしている。ただ、このように権利行使の制限の根拠となる**二つの原則がどのような関係にあるか**が問題である。

まず、歴史的には、信義則は債権法の領域に関する法原則であり、他方、権利濫用の禁止は、所有権に関する法原則であった。そこで、従来の通説は、信義則につき、まず、特別の権利義務関係で結ばれた契約関係（債権法）を支配し、また、そこから拡大され、契約当事者のみならず特別の信頼関係で結ばれた者もしくは社会的接触関係にある者の間までを支配する原理・原則であるとし、権利濫用の禁止は、対社会的関係、すなわち、主として物権法に適用される原理・原則であるとする（**対立概念型**のMECEのフレームワーク）。判例の態度としても、おおまかにみれば、従来の通説の説明する区分と合致する適用傾向を示しているということができる。ただ、このような適用範囲の区別は困難なことがあり、適用が重複する場合もあることは否定できない（判決でも「信義則または権利濫用の法理に反する」、「信義則に反し権利濫用となる」などとされることがある）。そこで、現在では、両者の適用範囲は区別が付かない、あるいは、区別する必要はないとするのが通説である。ただ、信義則と権利濫用禁止の原則は、それらの歴史的沿革が異なり、それらの適用範囲については大枠として区別ができることから、二つの原則の適用範囲の区分を意識しておくことは有用である。

次に、信義則の基本的適用範囲をふまえて、**信義則の具体的な機能**を理解しておく必要がある。まず、基本的な機能として、権利濫用の禁止の原則と同様に、**権利行使を制限する機能**があり、このことを前提として、信義則が適用されている具体的な事例を分析し、信義則の機能を分類するのが近時の議論である。そこで、信義則の機能の分類には様々な学説があるが、ここでは①**権利・義務内容の具体化・確定化機能**と②**規範の創造機能**（法の欠缺の補充機能）に分けておく（**内部・外部**〔対立概念型〕のMECEのフレームワーク）。まず、①の権利義務内容の具体化・確定化機能は、信義則が契約の解釈基準となる機能を果たし、すでに存在する権利・義務を具体化し、確定する機能である（例として、契約条項が一方の当事者に不当に不利益であるような場合に、その契約条項の効力を制限する場合）。そして、②規範の創造機能は、権利義務関係がないところに法的規範を創設する機能（法の欠缺の補充機能）である（例として、当事者が契約で合意していない義務を信義則から導くことが行われており、**安全配慮義務**に関する最判昭和50・2・25民集29巻2号143頁、契約交渉中の当事者間〔社会的接触関係にある当事者間〕での**契約締結上の過失**〔契約締結の準備段階における過失〕に関する最判昭和59・9・18判時1137号51頁がある）。この**規範の創造機能は、権利濫用禁止の原則の機能では代替できない信義則特有の機能**である。

3 民法典の構造――パンデクテン構造

(1) 民法典の編別

次に、民法典（形式的意味の民法）において、三大原則がどのように発現しているかをみながら、民法典における条文の配列を鳥瞰してみる。

民法典（明治29年法律89号）が現行民法であり、1000か条を超える条文で構成される。これらは、一定の規則性・体系性を持って配列され、この規則性や体系性を理解しておけば、どのような条文がどこに配置されているかがわかり、条文を簡単にみつけることができる。

民法典は、第1編「総則」、第2編「物権」、第3編「債権」、第4編「親族」そして、第5編「相続」と構成されている。そして、各編はさらに、「章」「節」「款」「目」に分かれている。そして、「編」「章」「節」「款」それぞれの最初の部分に、原則として「総則」が置かれる構成となっている。「総則」は、各論的な規定に先立ち、各論の具体的な規定に共通する規則を定めた部分である。総則を置くことにより各論において共通する事項に関する規定を各論の部分に置く必要がなくなるため、条文数の節約となり、また、条文の規則性・体系性を明確に示すことができるのである。

以上のように、一般的に通用する抽象的・共通規定を含める総則を冒頭に置き、その後に、具体的な内容の規定である各則規定を配置するという法律の編成の方法、いいかえれば、**一般的規定から具体的・特殊的規定へと配置**する法律の編成の方法は**パンデクテン・システム**（Pandekten System）と呼ばれる。このパンデクテン・システムは、19世紀に、ドイツ法学が、東ローマ帝国皇帝ユスティニアヌス（483年～565年）により編纂された「ローマ法大全」（「勅法〔コーデックス〕〔Codex〕」「学説彙《い》纂《さん》〔ディゲスタ〕〔Digesta〕」または「パンデクタ〔Pandecta〕〔Digesta のギリシャ語読み〕」「法学提要〔インスティトゥティオネス〕〔Institutiones〕」の3部から構成されている）のうちの学説彙纂を中心に行ったローマ法の体系化の中で生み出された民法典の編成方法である。このように生み出された体系化の成果は19世紀末に制定されたドイツ民法典に結実したのである。ドイツ民法典は、第1編「総則」、第2編「債務関係法」、第3編「物権法」、第4編「家族法」、第5編「相続法」として編成された。日本の現行民法典は、このドイツ民法典（ドイツ民法第一草案〔1887年〕

など）を模範として制定されたものである（ただ、第2編と第3編が逆になっている）。このパンデクテン・システムの名称は学説彙纂のギリシャ語読みのパンデクタに由来するものである。このパンデクテン・システム以前における民法典の編成方法としては、ローマ法以来の**インスティトゥティオネス**（インスティトゥーティオーネン）**・システム**がある。これは、帝政期ローマの法学者ガイウスによる法学の教科書（『法学提要』〔インスティトゥティオネス〕〔Institutiones〕）において、①人の法、②物の法、③物の移転および債権・債務の法、④訴訟の法、という構成を採っていたことに由来するものとされており、このシステムの最大の特徴は、①権利の主体、②権利の客体、③権利の変動、という理論的な条文の配列にあるとされている。フランス民法典（1804年）や日本の旧民法典（1890年）などは、このシステムによる法典である。このような編成は、民法の三大原則（主体論の「権利能力平等の原則」、客体論の「所有権絶対の原則」、そして、取引論の「契約自由の原則」）に対応しうるものである。

パンデクテン・システムとインスティトゥティオネス・システムは、本質的に異なるものではなく、パンデクテン・システムにおいても、インスティトゥティオネス・システムの基本的構造を承継しているとみることができる[*10]。日本民法典の第1編「総則」の中が、①権利の主体（第1編第2章「人」、第3章「法人」）、②権利の客体（同編第4章「物」）、③権利の変動（同編第5章「法律行為」、第6章「期間の計算」および第7章「時効」）から構成されていることから理解することができる。また、民法の条文は、権利を中心として構成されていることから、その権利の発生、効力、変更、消滅の順に配置されていることにも注意しておいてほしい。たとえば、第2編「物権」の中の第2章「占有権」においては、第1節は「占有権の取得」で、第2節は「占有権の効力」、そして、第3節は「占有権の消滅」という構成とされている。このような条文の配置の順序は、一種の時系列の考え方でまとめられているものである（**順序型**のMECEのフレームワークで、**プロセス手法**につながる）。

＊10　両者について、近江・講義Ⅰ28〜33頁、松尾15〜17頁、松尾弘「民法学修バイブル　民法の条文とは――条文全体の見通しを示す」法セミ617号（2006）14〜17頁。松尾・前掲論文は、パンデクテン・システムの説明をふまえて民法全体の構造を俯瞰するにあたり極めて有益であり、一読を勧めたい。

図１　民法典の体系

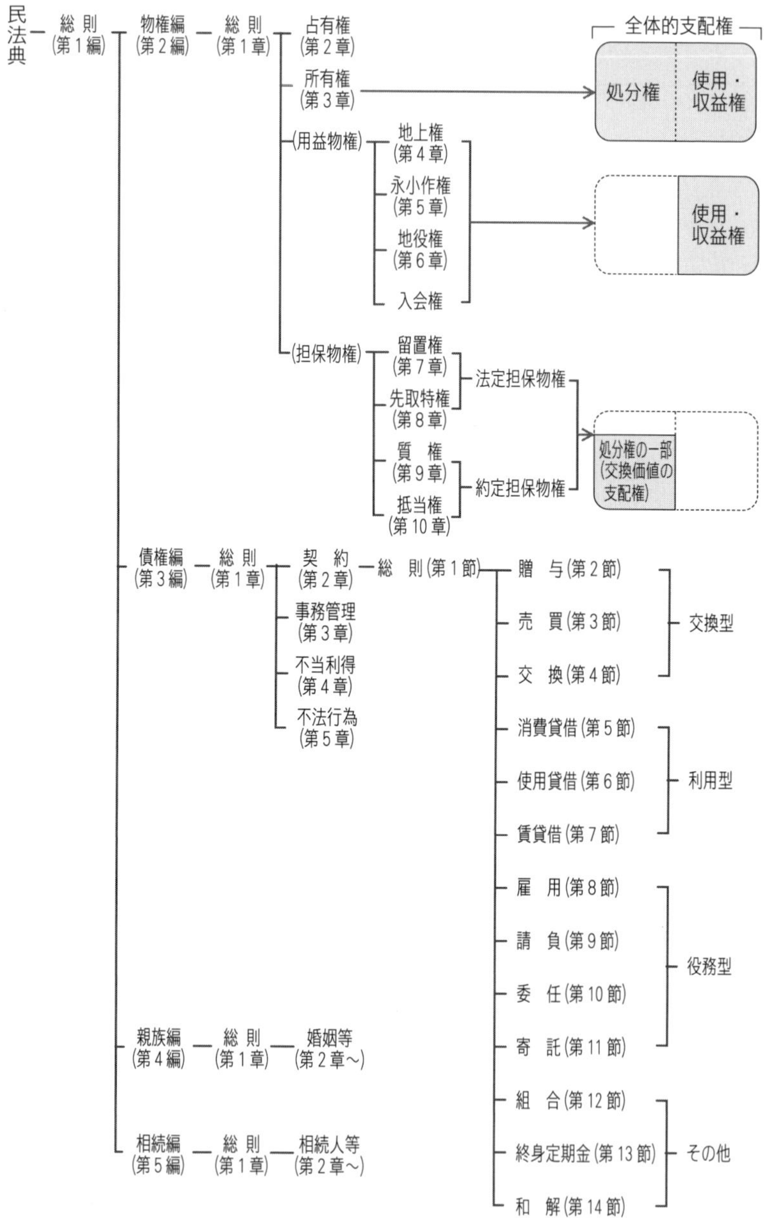

民法典
総 則
(第１編)
物権編
(第２編)
総 則
(第１章)
占有権
(第２章)
所有権
(第３章)
(用益物権)
地上権
(第４章)
永小作権
(第５章)
地役権
(第６章)
入会権
(担保物権)
留置権
(第７章)
先取特権
(第８章)
質　権
(第９章)
抵当権
(第10章)
法定担保物権
約定担保物権
全体的支配権
処分権
使用・
収益権
使用・
収益権
処分権の一部
(交換価値の
支配権)
債権編
(第３編)
総 則
(第１章)
契　約
(第２章)
事務管理
(第３章)
不当利得
(第４章)
不法行為
(第５章)
総　則(第１節)
贈　与(第２節)
売　買(第３節)
交　換(第４節)
交換型
消費貸借(第５節)
使用貸借(第６節)
賃貸借(第７節)
利用型
雇　用(第８節)
請　負(第９節)
委　任(第10節)
寄　託(第11節)
役務型
組　合(第12節)
終身定期金(第13節)
和　解(第14節)
その他
親族編
(第４編)
総 則
(第１章)
婚姻等
(第２章～)
相続編
(第５編)
総 則
(第１章)
相続人等
(第２章～)

(2)　物権・債権の峻別

(a)　物権と債権

民法の三大原則の中の「所有権絶対の原則」と「契約自由の原則」との関係から、また、日本民法典においてパンデクテン・システムが採用されたことから、日本民法典では、物権と債権は明確に区別されている。そこで、**物権と債権の峻別**をきちんと理解しておく必要がある＊11。民法の起草者は、物権と債権を何のために区別するのかを必ずしも明確には説明していないが、パンデクテン・システムに基づくドイツ民法の影響と考えられ、すでにみたように、民法典は、このような物権と債権を法典体系の柱として構成している（**対立概念型**の MECE のフレームワーク）。

まず、**物権**とは、一定の物（有体物）に対する支配権あるいは、一定の物（有体物）について直接に利益を享受しうる権利である。ここでの「支配権」は、排他性（対世性）・絶対性を有するものであるとされている。他方、**債権**とは、特定の「人」に対して特定の行為（作為または不作為。これらを**給付**という）を請求する権利である（作為請求権と不作為請求権の２種類があることに留意）。債権者と債務者の間の相対権であり、債務者以外の第三者に影響を及ぼすことはない。このように物権と債権は民法体系では異なる内容のものとされている。

典型的な物権の効力の例として、所有物を所有者以外の者が勝手に使用している場合、所有者はその物の返還や使用の停止を求めることができる、という物に対する**排他的支配権**であること、また、典型的な債権の効力の例として、パソコンの売買契約において、買主は売主だけに対して「パソコン」を引き渡せと請求できるのみであり、売主が他の者にそのパソコンを売ってしまったとしても、最初の買主は、第二の買主にパソコンを引き渡せとは請求できないという、**特定の人に対する権利**であることを対比すると、物権と債権が峻別されていることがわかる。ただ、例外的に賃借権の物権化といわれる現象があることからもわかるように、**峻別が完全に貫徹されているわけではないが**、物権と債権の峻別は、民法の一般理論を理解するにあたっての根本原理となる極めて重要な概念である。

＊11　両者の峻別について、中田裕康『債権総論』（岩波書店、第４版、2020）21～23頁。その他、一般的な債権総論の教科書を参照。なお、民法典の構造について、成田46～57頁、松尾・前掲注10論文14～20頁、曽野和明＝常岡史子『私法秩序の構造――法的論理への誘い』（有信堂高文社、初版、2007）。

(b)　義務と債務

物権と債権の区別との関係で、一般的な「義務」と「債務」の用語に関して一言説明しておく[*12]。まず、「権利」と対応させて用いられる用語は「**義務**」であり、「権利者」に対して「義務者」という用語を使用することになる。たとえば、所有権は物権の典型的な権利であるが、物に対する排他的絶対的な支配権であり、債権債務関係は問題とならない。したがって、「人はすべて他人の所有権を侵害しない義務を負う」という表現は正しいが、「人はすべて他人の所有権を侵害しない債務を負う」という表現は正しくない。そして、「**債務**」という用語は、「債権」に対応する義務を示すときにのみ使用される用語であり、売買契約において、「買主は売主に対して目的物の引渡しを請求する債権を有し、売主は買主に対して目的物を引き渡す債務を負う」という表現をすることになる。ただ、「売主は買主に対して目的物を引き渡す義務を負う」という表現も用いられる。つまり、「義務」という用語は、権利との対応でも、債権との対応でも使用されるが（後者の場合の「義務」は「債務」の意味で用いられていることになる）、「債務」という用語は、債権との対応でしか使用されないのである（**対立概念型**の MECE のフレームワーク）。

なお、債権法を勉強する際に注意する点として、債務（給付義務・付随義務〔行為義務〕）を履行する際に果たすべき**「注意義務」の問題**がある[*13]。この場合の注意「義務」の意味は、過失判断の前提となる注意義務の水準のことを指しており（善管注意義務〔民法400条〕や自己の財産に対するのと同一の注意義務〔民法659条〕）、作為・不作為という行為を行う債務という意味内容が問題とされているものではない。

プラスα　債務の意義との関係で理解しておくべき債務の構造　契約における債務者の債務にはいくつかの種類がある。債務の分類の通説的見解では、①給付義務、②付随義務（狭義）、そして、③保護義務に分類され、②と③の義務はあわせて広義の付随義務といわれる。

①給付義務は、契約に基づき債権者に対してなすべく義務づけられている行為をなすべき義務である（たとえば売買契約で目的物を引き渡す義務）。②付随義務は、給付義務を債務の本旨に従って実現できるよう配慮するべき、債権者が得るべき給付結果・給付利益の保護へ向けられた信義則上認められる義務である

＊12　両者について、渡辺達徳＝野澤正充『債権総論』（弘文堂、初版、2007）3頁。
＊13　行為義務（債務）と注意義務の関係について、金井・商法188～191頁。

(たとえば目的物を期日に引き渡せるよう調達し、保管し、目的物が損傷しないよう配達する義務)。③保護義務は、債権者・債務者間で相互に相手方の生命・身体・財産を侵害しないよう配慮すべき信義則上認められる義務である（たとえば目的物の搬入にあたって買主の家の床を損傷しない義務)。これらは**義務という呼称が与えられているが、債務の分類である**ことに留意しておいてもらいたい。

(c)　物権行為・債権行為・準物権行為

(ア)　物権行為・債権行為

物権と債権の差異がわかったところで、次に、「物権行為」と「債権行為」の意義を考えていく。

まず、**債権行為**とは、債権債務の発生を目的とする法律行為である。履行義務関係を生じさせ、その履行が問題となり、債務不履行が問題となるものである。たとえば、賃貸借契約や委任契約などである。これに対して、**物権行為**とは、物権の変動を直接目的とする法律行為である。すなわち、物権行為とは債権債務を発生させるものではなく、物権の変動（物権の発生、変更、移転、および消滅、すなわち**処分**）を直接に生じさせることを目的とする行為で、履行義務関係を残さないものである。たとえば、所有権移転行為、地上権設定行為、抵当権設定行為などである。物権行為には履行義務関係が存在しないので、その行為がされれば、債務不履行はまったく問題とならない（**対立概念型**の MECE のフレームワーク)。これらの債権行為や物権行為が契約によって行われるとき、それらは、**債権契約**や**物権契約**といわれる。ただ、物権行為の中には、物権の放棄のように単独行為により行われるものもあるので、物権行為が必ずしも物権契約というわけではない。

債権行為と物権行為の峻別が問題となる大きな争点として、**所有権の移転がどのような行為により生じるか**という問題がある。インスティトゥティオネス・システムに基づくフランス民法典は、所有権の移転は、相続、遺言、贈与のほか、売買・交換などの「債務の効果によって」生じると規定している（フランス民法711条など)。これに対して、パンデクテン・システムの下で制定された日本民法典では、売買契約は売主に財産権移転義務を、また、買主に代金支払義務を生じさせるにとどまり（第3編「債権」555条)、所有権移転は、それ自体についての意思表示の合致（第2編「物権」176条）である「**物権的合意**」によって生じることになると考えられる（176条の「意思表示」につき**物権的**意思表示と**制限解釈**する)。ただ、日本民法の解釈として、伝統的通説は、フランス民法のように、所有権の移転は債務の効果によるものと解釈する（176条の「意思表示」を**債権的**意思表示と**制限解釈**する）。この点は、民法第176条の解釈として大きな争点となっているところであるので、物権行為と債権行為の峻別という視点から留意して学習してほしい。

(イ) 準物権行為

準物権行為とは、物権以外の財産権の変動を直接目的とする行為である。第3章（法律学におけるロジカルシンキング）で説明したように、**財産権**とは、その内容である利益が経済的価値あるいは財産的価値を有する権利である。民法上、たとえば、債権譲渡、債務免除、代物弁済などが物権以外の財産権の変動を直接目的とする準物権行為である。準物権行為の典型例である債権譲渡について様々な論点があるが、そもそも、それらの論点の理解の前提として、**債権譲渡**が債権行為ではなく、物権行為に類似する**準物権行為として位置づけられる**ことを理解しておくことが必要である。そして、特許権の譲渡や著作権の譲渡などの知的財産権の譲渡も、「物権以外の財産権の変動」であることから、準物権行為の例になる。以上で説明をした物権行為と準物権行為をあわせて**処分行為**（法律的処分行為）という。なお、ここでいう処分行為は、**法律的処分行為**を意味するが、処分行為には、ほかに事実的処分行為の場合がある。**事実的処分行為**は、目的物を変形・改造・破壊することをいい、たとえば、家屋の解体や立木の伐採行為等である。

(3) 民法典の条文の具体的配列

すでに説明をしたように、民法典は、五つの編から構成されている。第1編から第3編までが**財産法**と呼ばれる部分で、第4編と第5編が**家族法**あるいは**身分法**と呼ばれる部分である。ここでは、この財産法と呼ばれる第1編から第3編までの民法各編の内容についてみていくことにする。各編の至るところで、ロジカルシンキングの思考方法におけるフレームワークが応用でき、MECEのフレームワークで整理できることがわかる。

(a) 第1編「総則」

まず、民法第1編の「総則」は、本来的には、第2編から第5編までの総則として位置づけられるはずであるが、財産法と家族法とは原理的に異なった規律が必要となるため、民法第1編「総則」は、私人間の財産的関係につき物権と債権に分けて規定している第2編と第3編の財産法分野の総則として機能するものとして規定されている。

第1編「総則」は、「通則」「人」「法人」「物」「法律行為」「期間の計算」

「時効」の七つの章により構成されている。すでに説明をしたように、この第1編「総則」は、①**権利の主体**（第1編第2章「人」、第3章「法人」）、②**権利の客体**（同編第4章「物」）、③**権利の変動**（同編第5章「法律行為」、第6章「期間の計算」および第7章「時効」）から構成されており、このような現行民法典の条文の配置は、**民法の三大原則に対応する**ものである（**複数要素型**のMECEのフレームワーク）。

(b)　第2編「物権」

第2編「物権」は、10章により構成されている。第1章の「総則」から、第2章から第10章までに「占有権」「所有権」「地上権」「永小作権」「地役権」「留置権」「先取特権」「質権」「抵当権」が規定されている。それらに加えて、独立の章とはされていない物権として、入会権（263条・294条参照）がある。

まず、総則では、**物権法定主義**を定め（175条）、続く4か条は、物権の発生、移転、消滅、すなわち、**物権変動**を規定し（176条・179条）、その物権変動に関して、**対抗要件の問題**を規定している（177条・178条）（**順序型**のMECEのフレームワーク）。

次に、**物権の種類**が規定され、**占有権**は事実上の支配状態を保護するもので、占有権以外の他の物権と性質が異なる。物権の基本は、所有権である。**所有権**は、物に対して「使用、収益及び処分」をすることができる排他的・全面的な支配権である（206条）。それ以外の物権は、所有権の権能の一部が移譲されることにより構成されることで成立する。所有権の権能の一部が他に移譲されるとは、つまり制限物権が設定されるということであり、所有権の権能の一部が制限物権の権利者に移転するということである。そこで、所有権以外の物権は、部分的支配権にすぎず、**制限物権**と呼ばれる。これは、他人の所有権に対する制約・負担となる権利ということからの名称である（**原則・例外**〔対立概念型〕のMECEのフレームワーク）。

制限物権は、用益物権と担保物権に分かれる。**用益物権**（第4章～第6章）は、所有権の使用・収益権能に関するもので、使用価値の時限的または部分的支配に関する権能としての物権であり、**担保物権**（第7章～第10章）は、所有権の処分権能に関するもので、交換価値の支配に関する権能としての物権である（**対立概念型**のMECEのフレームワーク）（**図1**を参照）。

プラスα　**物権の典型である所有権の権能の構造と地上権・抵当権の設定**　所有権は、物に対する排他的な全画的支配を内容とする絶対性のある権利と定義さ

図2　地上権の設定の物権行為としての図

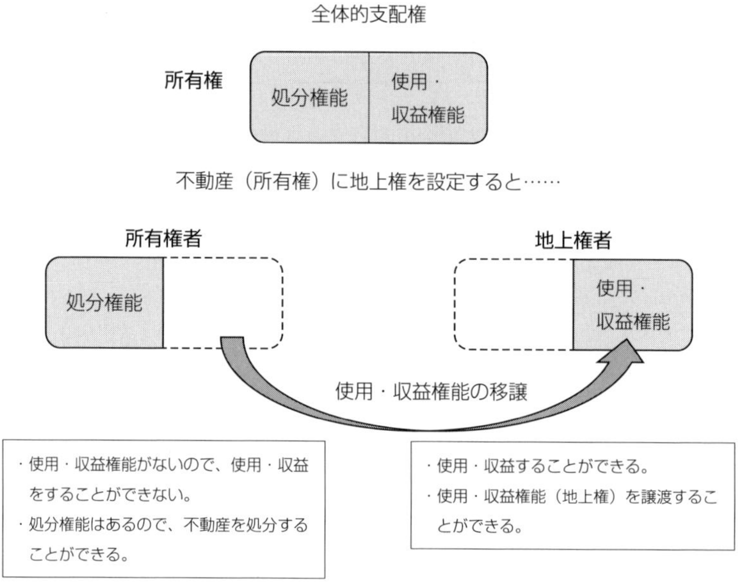

れ、民法上は「法令の制限内において、自由にその所有物の使用、収益及び処分をする権利」とされている（民法206条）。所有者は、物の使用価値を実現するために、それを「使用、収益」することができ（使用・収益権能）、また、交換価値を実現するためには、それを「処分」することができる（処分権能）。

用益物権の典型である地上権は、所有権者が持つ所有権の使用・収益権能を地上権者に移譲することで成立し、設定される物権で、その移譲の結果、所有権者は使用・収益権能を喪失することから使用・収益をする権限を持たないことになる。すなわち、所有権者は処分権能のみを持ち、地上権者は使用・収益権能を持つ状況になるのである（所有権の権能の分属状態）（図2）。

また、担保物権の典型である抵当権は、所有者が持つ所有権の処分権能の一部（交換価値の支配権）を抵当権者（債権者）に移譲することで成立し、設定される物権で、その移譲の結果、所有権者は使用・収益権能と処分権能の一部（交換価値の支配権以外の権能）を持つことになり、他方、処分権能の一部（交換価値の支配権）を持つ抵当権者（債権者）は、債務が弁済されない場合には、所有権者から移譲されたその処分権能を実現させることができる（＝抵当権の実行・優

図3　抵当権の設定の物権行為としての図

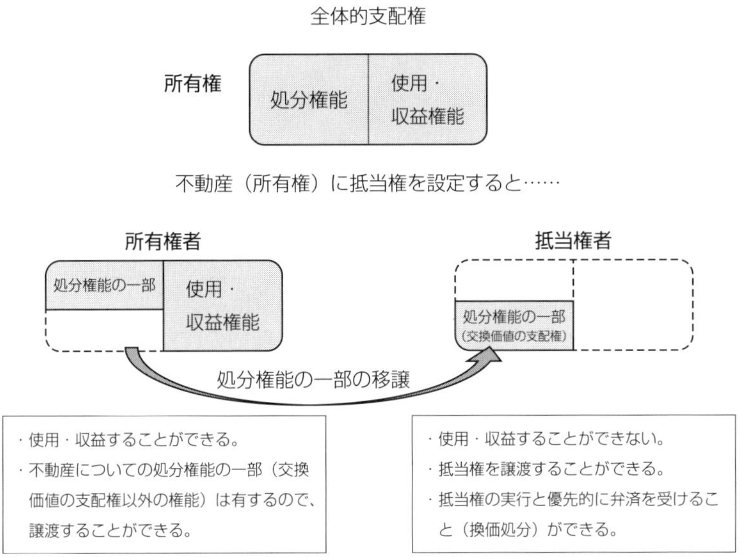

先弁済権の実現）（図3）。

このように、地上権や抵当権につき「設定」という言葉が使われるが、設定という法律用語は原則として物権行為に使用されるものであり、また、「設定」というと、所有権の上に用益物権や担保物権が付加される状況が想定されがちであるが、それは間違いで**所有権の権能の移譲のことを「設定」という言葉で表現している**ことに留意してほしい（図1参照）。

(c)　第3編「債権」

第3編「債権」は5章により構成されている。第1章「総則」、第2章「契約」、第3章「事務管理」、第4章「不当利得」、そして、第5章「不法行為」である。

まず、第1章の総則では、債権の発生原因とは切り離して、**債権の一般的な内容**を規定している。そして、総則は、七つの節に分かれ、**債権の目的**（第1節）、**債権の効力**（第2節）、**多数当事者の債権及び債務**（第3節）、**債権の譲渡**（第4節）、**債権の引受け**（第5節）、**債権の消滅**（第6節）、そして、**有価証券**（第7節）という構成となっている。債権の発生原因は、第2章以下で規定されることになるため、第１章には規定されていないが、条文の規定の順序は、基本的に、債権債務の発生を前提とし、その具体的な内容（債権債務関係の当事者が複数となっている場合を含めて）、そして、その移転、そして消滅という順に規定されている。条文が時系列で並べられているのである（**順序型**の MECE のフレームワーク）。

次に、第２章から第５章までのいわゆる**債権各論**の部分をみてみる（意思表示に基づく法律関係と意思表示に基づかない法律関係という**対立概念型**の MECE のフレームワークで構成されている）。まず、第２章「**契約**」は、14の節に分けられている。まず、第１節「総則」が置かれ、その後に、13節が設けられており、**13の契約類型**が規定されている。総則は、**契約の成立**、**契約の効力**、**契約上の地位の移転**、**契約の解除**、そして**定型約款**の五つの款に分けられている。ここでも、基本的に、条文は時系列で並べられている（**順序型**の MECE のフレームワーク）。

第３章「**事務管理**」は、事務管理制度、すなわち、一定の場合には、権限や義務のない者でも他人のために事務の管理（保存・利用・改良行為と一定の処分行為）をして差し支えないことを認め、そのような管理行為を適法なものとして、本人に対して、管理者の支出した費用の償還の義務を負わせることを認める制度を規定する。その費用の償還請求などについて、債権の発生が規定されている。

第４章「**不当利得**」は、不当利得制度、すなわち、法律上正当な理由がないにもかかわらず、他人の財産または労務から利得をあげ、これによって、その他人に損害を発生させた場合の利得を規律する制度を規定する。損失者の犠牲において、利得者が不当な利益を受けているのであるから、そのような場合、利得を受けた者は受けた利益を損失者に返還すべきであり、損失者は、利得者に対して不当利得返還請求権を有するとされている。不当利得がこのような請求権を発生させるので、債権発生原因の一つとして規定されている。

第５章「**不法行為**」は、不法行為制度、すなわち、事故などによって、不法に他人の権利または利益を侵害し、これによって損害を与えた場合の加害者・被害者間に生じる損害賠償をめぐる債権債務関係を規律する制度を規定する。損害賠償をめぐって債権債務関係が発生するため、債権発生原因の一つとして規定されている。

以上、民法の三大原則、信義誠実の原則と権利濫用禁止の原則、そして、民法典の構造について、ロジカルシンキングの考え方、特に、フレームワーク思考をふまえて説明した。

4　民法におけるMECEのフレームワーク

1から3までの民法・私法の基本原則の説明の中でもところどころで指摘してきたが、民法の学習をするにあたりMECEの手法をいかにフレームワークとして理解し、活用するかを説明する。

(1)　主体・客体・取引――民法の三大原則

1で詳しく説明をした民法の三大原則である権利能力平等の原則、所有権絶対の原則、そして、契約自由の原則の三大原則から、**主体・客体・取引**というフレームワークが導かれる（MECEにおける**複数要素型**）。

まず、権利能力平等の原則とは、すべての自然人は等しく権利義務の主体となる資格を有することを意味するが、この原則は、権利義務の**主体**（帰属主体）に着目した原則であることはいうまでもない。権利義務には**必ずその権利を有し、義務を負担する主体が存在する**ので、権利義務関係や法律関係は、**主体に着目して整理することができる**。

次に、所有権絶対の原則は、所有権が何らの拘束も受けず何人に対してもこれを主張できる支配権であることを意味する原則であり、所有権という権利の内容に着目し、その権利の客体である物をどのように処分することができるかという、**客体**に関する原則である。また、債権に関しても、その対象が物の所有権の移転や引渡しである場合があり、客体が存在する場合が多い。このようなことから、権利義務関係や法律関係は客体に着目して整理することもできる。

最後に、**契約自由の原則**とは、個人が自由意思に基づいて自律的に契約関係を中心とする法律関係を形成すること（**取引**）ができることを意味する。この契約関係に基づいて発生する債権の目的は、物の所有権の移転や引渡しに限られず、当事者で合意した行為（なすべき債務）であるなど多種多様である。しかし、権利義務関係や法律関係は、契約関係またはそこで発生する債権の内容という観点から、あるいは行為態様という観点から整理することができる。

このフレームワークは、必ずしも民法が問題となる場面に限られず、**権利義務や法律関係を規律する実体法においては、この観点が必ず問題となる**ことから、実体法を整理する際の重要なフレームワークである。

以上のようなフレームワークの民法の三大原則を覚えるには、以下のようなキーワードで覚えると覚えやすいかもしれない。まず。権利能力平等の原則は、人・人格（**P**erson, **P**ersonality）についての原則であり、所有権絶対の原則は、所有権（**O**wnership）や客体（**O**bject）についての原則である。そして、契約自由の原則は、取引（**T**rade, **T**ransaction）についての原則である。そこで、民法の三大原則を覚える際には、それぞれの英単語の頭文字を取り、**POTの原則（ポットの原則）**として覚えてもらいたい。

⑵　物権と債権

民法典は**物権と債権を区別**して構成しており（MECEにおける**対立概念型**）、この物権と債権の峻別論から**権利・法律関係の検討順序**に関するフレームワークが導かれる。権利義務関係・法律関係が問題となる場合、物権に基づく請求と債権に基づく請求は明確に区別される。

そして、検討の順序としては、**債権に基づく請求を考え、次に物権に基づく請求を考える**ことになる（契約法理＝特別法、物権法理＝一般法）。債権の発生原因は、民法上、大きく分類すれば、契約、事務管理、不当利得または不法行為であるが、主なものは契約であるから、ある請求を行う場合を考えてみると、まずは、どのような契約が締結されているのかという契約の有無を検討し、債権的請求権の有無を検討することになる。その後、物権に基づく請求を検討することになる。そして、物権は、所有権、占有権、用益物権や担保物権に分けられるので、まず、どのような物権を有するかを検討し、その物権が確認できた後に、当該物権に基づく請求の可否を検討することとなる。このように、**私人間において一般的に適用される一般法である物権法理よりも、契約関係にある私人間に関するルールである債権法理が特別法的に先に検討される**のである。

⑶　意思表示に基づく法律関係と意思表示に基づかない法律関係

物権と債権の区別のほかに、民法の問題を検討するにあたって重要なフレームワークとして、**意思表示に基づく法律関係**と**意思表示に基づかない法律関係**がある（図4）。意思表示に基づく場合は、意思表示を構成要素とする法律行為によるものであり、この**法律行為**は、1個または数個の意思表示を不可欠の要素とする法律要件で、法がその意思表示の内容に従って、私法上の効果を生ぜしめるものである。民法において重要なものとしては、2個以上の意思表示が合致して成立するところの法律行為である**契約**と一方の者の1個の意思表示だけで成立する法律行為で、契約の解除、取消しや遺言などの

図４　意思表示に基づく・基づかない法律関係

- 意思表示に基づく法律関係 ── 契約・単独行為・合同行為・決議による法律関係
- 意思表示に基づかない法律関係
  - 物権関係
    - ① 占有訴権（民 §197）
    - ② 物権的請求権（民 §202）
    - ③ 法定担保物権（留置権〔民 §295 以下〕・先取特権〔民 §303 以下〕）
    - ④ 添付（「付合」「混和」「加工」の３つの総称〔民 §242 以下〕）
    - ⑤ 時効（民 §144 以下）
    - ⑥ 相続（民 §882 以下）
  - 債権関係（法定債権）
    - ① 事務管理（民 §697 以下）
    - ② 不当利得（民 §703 以下）
    - ③ 不法行為（民 §709 以下）
    - ④ その他の債権
      - (ⅰ) 復代理人の権利・義務（民 §106 Ⅱ）
      - (ⅱ) 再寄託の場合の権利・義務（民 §658 Ⅲ）
      - (ⅲ) 転借人の義務（民 §613 Ⅰ）
      - (ⅳ) 債権の対外的効力（債権者代位権〔民 §423 以下〕・詐害行為取消権〔民 §424 以下〕）

単独行為がある（ほかにも複数の者による、同一の目的をもってなされた同一方向の意思表示が合致することによって成立する法律行為である**合同行為**や**決議**がある）。

以上のように意思表示に基づく法律関係とは、この法律行為により形成される法律関係であり、意思表示に基づかない法律関係とは、法律行為に基づかずに形成される法律関係である。すなわち、意思表示に基づく法律関係と意思表示に基づかない法律関係とは、主に、**契約当事者間の法律関係の問題か**、それとも、**契約当事者間以外の法律関係の問題か**ということであり、民法上の問題を考えるにあたって極めて重要な区分である。

⑷　静的安全の保護と動的安全（取引の安全）の保護

民法を中心とする私法において、条文の解釈や法律問題を検討するにあたっての重要なフレームワークの一つとして、**静的安全**と**動的安全（取引の安全）**のフレームワークがある（MECE における**対立概念型**）。この二つの概念は民法の学習をする際に常に意識をしなければならない概念である。

まず、契約自由の原則から、私人は自分の意思に基づいてのみ権利を取得し義務を負い、自分の意思に基づかない権利の喪失や義務の負担は認められない。したがって、いったん権利を正当に取得している者は、取引（契約）に関与していない以上、みだりに権利を奪われることはないのが原則である。**静的安全の保護**は、このように真の権利者あるいは取引（契約）に関与しない者がその意思に基づかずに権利の喪失などの損失を被ることがないようにすることである。これに対して、真の権利者（元々の権利者）の権利（既存の権利）を犠牲にしても取引関係に入った者を保護することを**動的安全の保護（取引の安全の保護）**という。法の一般原則としては、静的安全の保護が基本であるが、資本主義が発達して取引が活発に行われるようになったことから、立法や条文解釈の際に動的安全の保護に重点を置く必要性が強調されてきている。そこで、**静的安全の保護と動的安全の保護が衝突する場面においては、それらをどのように調整しうるかが問題**とされ、この調整が必要な場面が民法の学習の際に論点として出てくるのである。

ここで、静的安全と動的安全の保護の調整が問題となる二つのケースを取り上げる。一つ目は、権利者と取引した場合において、権利者に意思の欠《けん》缺《けつ》・不存在、制限行為能力、詐欺、強迫など無効・取消原因があれば、権利を取得できないのが原則であるところ（これは静的安全の保護である）、一定の場合に、**権利者の無効・取消主張を制限することで取引をした相手方を保護するケース**である。たとえば、民法第95条第３項において、錯誤のあった表意者に重過失がある場合には、表意者保護（権利者保護＝静的安全の保護）を貫徹するのではなく、取引の相手方保護（動的安全の保護）を考慮して、表意者は意思表示の取消しを主張できないことが挙げられる。二つ目は、**真実の権利関係を伴わない表象を信頼して取引関係に入った第三者の保護のケース**である。典型例として、民法第192条の動産の善意取得の規定を挙げることができる。また、民法第94条第２項において、通謀虚偽表示の無効は善意の第三者に対抗することはできないとされ、民法第93条第２項では、心裡留保による意思表示の無効（民法93条１項ただし書）は善意の第三者に対抗することができないとされていることが挙げられる。真の権利者（通謀虚偽表示をした者や心裡留保による意思表示をした者）の保護（権利者保護＝静的安全の保護）よりも第三者保護（動的安全の保護）が優先されているのである。

ここで、この二つ目のケースにおける**動的安全の保護についての第三者保護**のための重要な法理である**権利外観法理（外観理論・表見法理）**について説明をしておく[*14]。これは、ドイツ法に由来するものであり、「真の権利者に、自分以外の者が権利者であるかのような外観が存在することについて帰責性があるときは、その外観を正当に信頼した第三者は保護されるべきである」とする考え方である。そして、①権利の存在を表象する権利外観事実の存在（**外観の存在**）、②外観についての権利者の側の関与（**帰責性の存在**）、そして③外観に対する正当な信頼（**信頼**＝原則としては**善意・無過失**）が、その構成要素とされている。ただ、これは、法理論としての理念型・原則形態であることから、この法理で示されたところは外観・関与・信頼という大枠であり、これにより一定の指針が示されているのみということができる。結局は、民法において、問題となる条文・制度の意義をふまえて、外観の持つ公示力の強さと真の権利者の関与の程度を考慮しながら、第三者が保護されるための要件（善意で足りるか、無過失まで必要か）、さらには、第三者保護のあり方（効果）を個別的に決定しなければならない。

また、権利外観法理と同様に動的安全の保護のための法理として**禁反言の原則**（エストッペル）も重要である。これは、英米法に由来するものであり、表示者の表示を信じた者が、それに基づいて法律関係・利害関係を変動させた場合に、後に、表示者が、その表示した事実に反する主張をすることを禁止する原則である。**権利外観法理は、外観的事実を中心に構成されている法理論**で第三者保護を目的とするものであるのに対して、**禁反言の原則は、行為者の表示行為を中心として構成されている法理論**であり（矛盾行為を禁止する法理論であり、日本民法では、**信義則の発現形態の一類型**として位置づけられる）、第三者保護に限らず、**直接の相手方保護に関しても適用される法理**である。民法における動的安全の保護の規定のほとんどについて権利外観法理で説明をすることができるが、表示行為を中心に捉える点から、代理権授与の表示による表見代理（民法109条）、制限行為能力者の詐術（民法21条）または心裡留保（民法93条）などは、禁反言の原則による動的安全の保護の規定であると理解することができる。

⑸　財産権と非財産権[*15]

これは、**権利の内容である具体的な利益が経済的価値あるいは財産的価値を有するか否か**による区別であり（MECE における**対立概念型**）、民法全体を**財産法**と**家族法**（親族法・身分法）に大きく分けるフレームワークともなるもので

＊14　権利外観法理について、武川幸嗣『プラスアルファ基本民法』（日本評論社、初版、2019）1～21頁。

＊15　財産権と非財産権について、山野目章夫編『新注釈民法⑴総則⑴』（有斐閣、初版、2018）112～113頁〔吉田克己〕。

ある。

財産権とは、その内容である利益が経済的価値あるいは財産的価値を有するもの、いいかえれば、金銭的評価に耐えうるものを対象とする権利である。また、簡単にいえば、経済的取引の客体を目的とする権利ということができる。そして、一般的に、取引の目的となる前提の性質である譲渡性を有するものであり、また、相続性があるものである。

所有権、抵当権などの物権を金銭的評価しうることに問題はないので、物権が財産権であることには問題がない。そして、売買の売主の代金支払請求権や金銭消費貸借の貸主の貸金返還請求権などの債権も金銭的評価が可能であり、財産権である。財産権は物権と債権に限定されるものではなく、著作権や特許権などのいわゆる知的財産権も財産権に含まれる。

民法において「財産権」の用語が用いられている典型例は、民法第555条で、「売買は、当事者の一方がある**財産権**を相手方に移転することを約し、相手方がこれに対してその代金を支払うことを約することによって、その効力を生ずる」と規定されている（そのほかに民法163条・166条２項・205条などがあり、財産権という用語が人格権との対比で規定されている条文としては民法710条がある）。ここで、売買の対象は、所有権に限定されるものではなく、また、債権も対象となり（民法569条は、債権の売主の担保責任を規定しており、債権が売買の対象となることが明確に理解できる）、さらに、知的財産権も対象となる。この部分は、「物権行為」と物権以外の財産権を対象とする「準物権行為」という概念に関係するところであり、民法の基礎のポイントの一つである。

以上のような財産権に対して、**非財産権**とは、その内容である利益が経済的価値を有しない、すなわち、金銭的評価に耐えないものを対象とする権利である。これには、人格権と身分権がある。**人格権**とは、生命、身体、健康、自由、名誉、信用、氏名、肖像、私生活上の秘密・プライバシーなど、人格上の利益の総体で、人格上の利益を侵害されない権利である。いいかえれば、人格と切り離すことができない個性的なものを内容とする権利である。したがって、取引の目的とはならないものである。また、**身分権**とは、身分法（家族法）上の特定の地位にあることに基づいて法律上認められる権利の総称であり、夫婦、親子、親族などの家族的共同体の一員として有する地位（身分）に基づく権利である。したがって、その性質上、一身専属権であり、譲渡性や相続性は認められず、また、代行が許されず、さらに義務性が強く、放棄できないという性質が認められる。

(6)　故意と過失[*16]

民法における不法行為および債務不履行に関して、故意と過失の概念がある（MECE における**対立概念型**）。これも MECE の関係にあり、民法全体の理解のためのフレームワークとして押さえておかなければならない。

まず、**故意**とは、違法な結果（不法行為の場合には、損害の発生であり、債務不履行の場合には、債務不履行の結果である）の発生を認識しながら、これを認容することである。これに対して、**過失**とは、従来の通説では、違法な結果が発生すべきことを予見することが可能でありながら、不注意のために予見しないでその行為をするという「心理状態」（内心の意思）としているが（**主観的過失論**）、判例や現在の通説では、「過失」を、違法な結果の発生に関する行為義務（予見義務および結果回避義務）違反として捉え、「過失」につき、行為者の具体的な意思（主観）を離れ、客観的な行為義務違反（注意義務違反）であるとしている（**客観的過失論**）。

このような客観的過失論における過失は、抽象的過失と具体的過失に分類される。まず、**抽象的過失**とは、善管注意義務（取引上、問題となる場合に応じて普通人・平均人について一般に要求される程度の注意義務。契約その他の債権の発生原因および取引上の社会通念に照らして定まる）を欠くことであり（「善良な管理者の注意」〔民法400条・644条〕）、また、**具体的過失**とは、自己の財産に対するのと同一の注意（行為者その人の具体的注意能力に応じた注意）を欠くことであり、いいかえれば、当該行為者の具体的注意能力を基準として、その人が平常の注意を欠くことである（「自己の財産に対するのと同一の注意」〔民法659条〕。ほかに「自己のためにするのと同一の注意」〔民法827条〕や「その固有財産におけるのと同一の注意」〔民法918条〕）。この**具体的過失は、法律が過失責任を軽くするために定めたもの**である。

プラスα　民法第400条と民法第644条の「善良な管理者の注意」の意義　民法第400条は、特定物の引渡しの場合の注意義務の規定であり、債務者は、その引

＊16　両者について、近江幸治『民法講義Ⅵ　事務管理・不当利得・不法行為』（成文堂、第３版、2018）114～118頁、平野裕之『債権各論Ⅱ　事務管理・不当利得・不法行為』（日本評論社、初版、2019）148～149頁、加藤雅信『新民法大系Ⅴ　事務管理・不当利得・不法行為』（有斐閣、第２版、2005）140～152頁、野澤正充『事務管理・不当利得・不法行為〔セカンドステージ債権法Ⅲ〕』（日本評論社、第４版、2024）104～128頁、窪田充見『不法行為法』（有斐閣、第２版、2018）37～52頁。近江・前掲書は不法行為法における過失概念について詳細に説明し、加藤・前掲書は、過失概念について、特に具体的過失に関する近時の議論も検討しており、参考になる。

渡しをするまで、契約その他の債権の発生原因および取引上の社会通念に照らして定まる「善良な管理者の注意」をもってその物を保存すべきこと、すなわち、保存すべき債務の履行の際に善管注意義務を払うべきことを規定している。この民法第400条は、旧民法の沿革から、物の保管（行為義務＝債務）についての注意義務の基準のみを定める規定としてではなく、過失の内容につき善管注意義務違反＝抽象的過失であることを宣言する一般的規定と評価されている。

そして、民法第644条においては委任契約の受任者の委任事務処理義務（債務）の履行に善管注意義務が課されることが特に明記されている。まず、①民法第400条が有体物に関する規定であり、その善管注意義務の規定につき役務を対象とする委任に適用しにくいとも考えられることから、委任契約の受任者の債務にも善管注意義務があることを明示的に規定したこと、また、②委任契約は有償・無償を問わないことから無償委任の場合にも受任者の注意義務が軽減されないことを明示的に規定したことが理由である。そして、明示的に規定されている最も重要な理由は、③注意義務の標準である「善良な管理者の注意」について、委任契約においては委任事務処理義務（債務）の内容を決める機能があることを示すことにある。このように民法第644条の「善良な管理者の注意」にはいくつかの機能があることを理解してもらいたい。

不法行為や債務不履行で問題となる「過失」は、「抽象的過失」である。この抽象的過失は、一般的には、その人の職業、その属する社会的・経済的な地位などにある者として、取引社会生活上一般に要求される程度の注意を欠いたために違法な結果の発生を予見せず（結果予見義務違反）、したがって、違法な結果の発生を妨げるための適切な措置（結果回避措置）をとらなかった（結果回避義務違反）場合をいう。特に債務不履行についていえば、過失は、債務不履行という結果の発生を予見する義務および結果の発生を回避する義務の違反ということになる（**図5**）。

また、過失は、その注意義務違反の程度によって、軽過失と重過失の二つに分けられる（過失について、軽過失―過失〔一般的な過失〕―重過失の３種類があると誤解されることが多いが、**通常「過失」と呼ばれるものは「軽過失」のことである**）。注意義務違反の程度が甚だしい場合（ほとんど故意に近い著しい注意欠如の状態）が**重過失**（重大な過失）、それほどでもない場合が**軽過失**と呼ばれる（過失から重過失の場合を除外した場合がすべて「軽過失」と呼ばれるのであり、軽過失は広い概念である→消極的定義）。これらは、抽象的過失と具体的過失として、観念されるので、過失には、抽象的軽過失、抽象的重過失、具体的軽過失、

図5　注意義務と結果予見・回避義務の関係

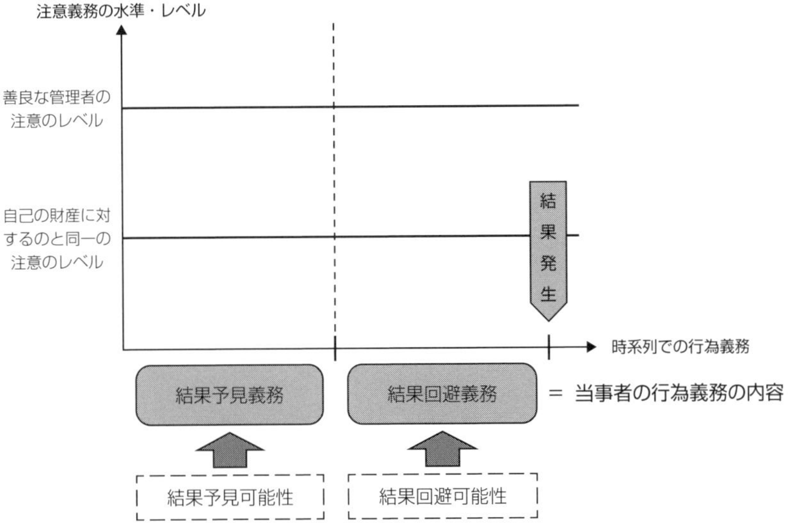

具体的重過失の4種があることになる（**図6**）。

民法で過失が要件とされる場合、多くは抽象的過失であり、そのうちの**抽象的軽過失**である。そして、責任軽減として具体的過失が要件とされる場合もあるが、具体的過失が要件とされるのは例外的である。そして、民法で重過失が要件とされることもあるが、ほとんどすべて**抽象的重過失**であり（民法の特別法である失火ノ責任ニ関スル法律では抽象的重過失が規定されている）、具体的重過失まで責任を軽減する規定はなく、具体的重過失が問題とされることはない。

過失の意義と分類を解説してきたが、消費者契約法などの民法特別法や商法で問題となる「重過失」の意義を詳しく説明する。

判例（最判昭和32・7・9民集11巻7号1203頁）では、重過失を「ほとんど故意に近い著しい注意欠如の状態」と表現している。そもそも過失は結果予見義務違反と結果回避義務違反と捉えられていることから、ほとんど故意に近い重過失における注意義務違反は、結果の予見が可能であり、かつ、容易であること、そして、結果の回避が可能であり、かつ、容易であることが要件とされる（東京高判平成25・7・24判時2198号27頁）。重過失は評価としては故意に近いものと位置づけられるが、過失である以上、上で述べたような結果予見義務違反と結果回避義務違反が要件とされ、また、重過失は故意と軽過

図6　故意・過失

- 故　意
- 過　失
  - 抽象的過失
    - 抽象的軽過失
    - 抽象的重過失
  - 具体的過失
    - 具体的軽過失
    - 具体的重過失

失の中間にあるものと位置づけられることになる。

なお、過失相殺（民法418条・722条２項）の「過失」は、不法行為の要件の過失あるいは債務不履行の帰責事由としての過失とは異なり、減額を適当とするような債権者側の事情という程度の意味であり、また、権利外観法理における「過失」も、善意との関係で説明するが、一般的な過失概念とは異なるものであることから、**過失概念にはここで説明した以外にもいくつかの意味がある**ことに留意しておいてほしい。

プラスα　善管注意義務の二つの意味――過失との関係と委任契約上の債務の意義　「善管注意義務」の用語には二つの意味がある。まず、善管注意義務違反が過失とされているように、過失（抽象的過失）について結果予見義務違反と結果回避義務違反の判断の基準となる注意義務の程度のことを意味する。これが通常の意味である。

もう一つは、委任契約における委任事務処理義務のことを善管注意義務と呼ぶ場合である。委任契約を定める民法第644条で「委任の本旨に従って事務を処理する義務」（委任事務処理義務。この義務の意味は「債務」である行為義務の意味）を履行するにあたり「善良な管理者の注意（善管注意義務）をもって」行わなければいけないと規定されている。

委任契約の内容は受任者の専門性や能力により多種多様であり、受任者がどのような委任事務処理義務を履行すべきか一義的に決まるものではない。そこで、一つ前の プラスα （民法第400条と民法第644条の「善良な管理者の注意」の意義）で説明をしたように、民法第644条では、委任事務処理義務という「行為義務」の内容を確定する基準が問題となり、受任者と同一のグループに属する平均的な人が合理的に尽くすべき注意（善管注意義務）がその基準となる。つまり

「善良な管理者の注意」（善管注意義務）という基準によって具体的に委任事務処理義務（行為義務）の内容が確定されるのである。

このように、民法第644条は「善良な管理者の注意」に委任事務処理義務の内容を確定する機能を与えるものであるから、委任契約では、善管注意義務によって具体的に内容が決められた委任事務処理義務自体のことも例外的に「善管注意義務」と呼ばれているのである。

善管注意義務の一般的な意味は「過失」の判断基準のことで、委任事務処理義務のことを善管注意義務と呼ぶことは特殊な用法である。この点は、通常の教科書では詳しく説明がなされておらず、理解している学生が極めて少ない。このように善管注意義務には、二つの意味があることを理解しておくことが大切である。

(7)　善意と悪意

次に、民法でよく出てくる善意と悪意のフレームワークを取り上げる（MECEにおける**対立概念型**）。取引安全の確保のために民法では第三者保護規定がいくつか設けられており（民法94条2項や96条3項など）、善意と悪意はよく見る用語である。ある当事者の主観的状態について善意と悪意が用いられるが、日常用語では、「善意」とは、「善良な心」や「他人のためを思う心」（広辞苑）を意味する一方で、法令用語として用いられた場合、**善意**とは「ある事実を知らないこと」を意味する。これに対し、法令用語としては、「ある事実を知っていること」を善意に対して**悪意**といい、これも日常用語としての意味である「他人に害を与えようとする心」（広辞苑）とは異なる意味で用いられ、道徳的・倫理的な意味を持たないものである。ただ、民法上、例外的に、悪意が倫理的要素を含む場合があり（離婚原因を定める民法770条1項2号および離縁原因を定める民法814条1項1号）、このように日常用語的な意味を包含する場合には、**害意**と呼ばれることがある。

以上が善意と悪意の一般的な説明であるが、善意にはいくつかの種類があるので、ここで整理する。

まずは、大きく2種類に分けられる。善意であっても、**知らなかったことに落ち度がない場合と落ち度がある場合**がある（ここでの「過失」概念は、すでに述べている「故意・過失」の場合の「過失」とは意味が異なる）。前者は、過失のない善意（**善意・無過失**）であり、後者は、過失のある善意（**善意・有過失**）である（これらもMECEの関係にある）。

そして、さらに、善意・有過失の場合は、さらに、**善意・軽過失**と**善意・**

重過失に分けることができる[*17]。通常、「善意・有過失」とされている場合は「善意・軽過失」の場合を意味している。

まず、すでに説明した「過失」は、過失責任主義（人は、自己に故意・過失がなければ損害の発生について責任を負わされないとの原則）で問題とされるもので、損害賠償といった責任を積極的に負担させる要件としての「過失」（権利侵害の結果を予見し回避する義務の違反）である。これに対し、取引安全のための第三者保護における「過失」については、「過失」の存在は、その第三者の保護が否定される理由になるものであり、むしろ「過失」の不存在、つまり無「過失」が、真の権利者の犠牲において善意の第三者を保護するための要件となっている。その「過失」の内容としては、本来的な法律要件である事実や権利関係の不存在を見抜くため調査すべき義務の違反と解されるものである。したがって、無「過失」というのは、そのような調査義務があるとして、社会通念上期待される調査を実施し、それでもなお、ある一定の事実・権利関係を見抜けなかった場合に認められることになる。民法における**第三者保護規定における「過失」概念は、過失責任主義における「過失」概念とは意味が異なる**のである[*18]。なお、ある者の無「重過失」が保護の要件とされている、逆にいえば、重過失がない限り保護されるという規定が置かれている場合がある（民法95条３項１号・466条３項・566条など）。

プラスα　取引安全の保護における「善意無過失」要件の「過失」の内容　取引安全の保護における「過失」では、外形・表示に対する信頼保護が問題とされ、外見・表示について調査すべき義務の違反の有無が検討される。第三者保護規定である権利外観法理や禁反言の原則における無「過失」は、そのような調査義務違反がない場合である。

具体例を考えると、権限外行為の表見代理（民法110条）の相手方保護要件である「正当な理由」につき、通説では相手方の無過失と解釈されており、たとえば、委任状に改ざんの跡がある場合に、調査義務を尽くさなかったときには正当な理由がない、すなわち、過失があるとされる。また、即時取得（民法192条）の要件である「過失がないとき」についても、取引の相手方の権利の有無に不審事由が存在するときは、取得者はその疑念を解明するためにどのような措置を講

＊17　善意・悪意と軽過失・重過失の関係について、加賀山茂『契約法講義』（日本評論社、初版、2007）79〜80頁。

＊18　権利外観法理・表見法理（第三者保護規定）における「過失」の意義について、清水恵介「権利外観法理における過失の意義」民事法情報167号（2000）125〜130頁。

図7　善意・悪意

	善　意			悪　意	
	無過失	軽過失あり（通常「過失あり」とされている場合）	重過失あり	単純悪意	背信的悪意
意義	知らないことに過失がない	知らないことに重くない過失がある（「軽過失」概念は「過失」から「重過失」の場合を除いたすべての場合を意味する）	知らないことに重い過失がある（民法の解釈において悪意と同視されている）	知っている	知っている ＋ 信義に反する事情がある
保護の有無	善意・無過失の者は保護されることが多い	善意・有過失（有軽過失）の者は保護されないことが多い	善意・重過失または悪意の者は、ほとんどの場合に保護されない		保護されない

ずるべきであったか（調査義務の存在と内容）、また、取得者がその措置を講じたかどうか（調査義務の懈怠の有無）で判断されるのである。

このように債務不履行や不法行為の場合の「過失」と取引安全の保護の場合の「過失」の内容は明確に異なるのである。

次に悪意について説明する。これも二つに分けることができる。「単純悪意」と「背信的悪意」である。**単純悪意**は、ある事情を知っていることで、通常、悪意は単純悪意の意味で用いられる。他方、**背信的悪意**とは、物権法の対抗要件の学習において問題となる「背信的悪意者」に関係するものであるが、「先行する物権取得者があることを知る悪意のうち、先行する物権取得者の登記の欠缺を主張することが信義に反すると認められる場合」である。

以上のように善意と悪意のフレームワークについて正確に理解しておくと、**取引安全のための善意者保護規定に関して統一的に理解することができる**。マトリックスでまとめておくと**図7**のとおりとなる。

5　民法におけるMECEを用いたフレームワークのまとめ

本章では、民法の三大原則、信義誠実の原則と権利濫用禁止の原則、そして、民法典の構造について、ロジカルシンキングの考え方、特に、フレームワーク思考を利用できることを説明した。また、それらをふまえて、民法の学習全体に役立つと考えられるMECEを用いたフレームワークの主なものを説明した。

ただ、民法典を、そのフレームワークに基づき、民法総則、物権法、担保物権法、債権総論、債権各論という順で個別に勉強することも大切であるが、それでは、様々な契約について時系列に沿った全体像が見えてこない。そこで、次章では、ロジカルシンキングのフレームワーク思考のうちの「順序型」のMECEのフレームワークに沿って、契約の成立から債権債務関係が履行されて完了するまでの「契約の一生」で問題となる事項を整理してみる。

第5章 時系列に基づく民法の体系

民法各論

Introduction

本章では、前章で説明をした民法の基本原理と民法典の構造をふまえて、契約自由の原則を応用していきます。ロジカルシンキングにおける「順序型」のMECEのフレームワーク（プロセス手法につながるもの）を利用することで、契約が成立するということがどのようなことか（**成立要件**）、そして成立した契約が有効か無効かの問題（**有効要件**）、有効に成立した契約が誰（**権利主体**）に帰属するか（**効果帰属要件**）、有効な契約の効力につき、無条件で発生するか、それとも条件が付されているのか（**効力発生要件**）、そして、契約の当事者間で有効に成立し、効力が発生しているとしても、契約当事者以外の第三者にその効力を対抗できるか（**対抗要件**）という課題につき、順を追って、詳しくみていくことにします。このような契約の成立要件から対抗要件までの要件を理解するには、日常生活における典型的な契約である**「売買契約」の締結を想定しながら、読み進めると理解しやすい**でしょう。

本章では契約の成立から対抗要件までを具体的に説明していきますが、検討する論点に関して、第１章から第３章で説明をしたロジカルシンキングを随所に利用していきますので、それがどのように利用されているかに留意しながら、読み進んでください。

1 はじめに――民法における成立要件から対抗要件

契約自由の原則の下で、契約がどのように成立し、履行され、そして、対抗要件が備えられ契約が完了するのかについて、民法典の体系に従い、民法総則、物権法、債権総論、債権各論と、個別に勉強をしていたのでは、契約の時系列に沿った全体像がみえてこない。そこで、時系列に沿って、契約の成立から債権債務関係が履行されて終了するまでの「**契約の一生**」として、問題となる条件を整理しておくことが必要である。ここでいう契約とは、債権行為としての契約を考えてもらえばよい。物権行為と準物権行為としての契約は履行行為として問題となり、債権行為として成立要件などがきちんと整っている場合には、物権行為や準物権行為独自に成立要件などの検討をする必要はほとんどないからである[*1]。

2 契約の成立要件[*2]

(1) 一般的成立要件――申込みと承諾

契約の一般的成立要件は、①**当事者の存在**と②法律行為を構成する**意思表示の存在**である。

通常、当事者の存在は問題とならず、一般的成立要件として重要なのは、法律行為を構成する意思表示の存在、そして、契約という法律行為については意思表示の合致の存在ということになる。

契約に関する規定は民法第３編第２章にあり、民法第522条第１項は、契約が申込みと承諾の合致によって成立することを規定している。ただ、申込みと承諾という意思表示の合致が、客観的な合致なのか主観的な合致なのか、ということについて、条文上規定されてはいないことから、この点については、様々な議論がされている。

まず、**意思表示**とは、法律効果の発生を欲するところの内心的な意思（**効果意思・内心的効果意思**）と、その内心的な意思を相手方に伝えるところの外形的な行為（**表示行為**）から構成されるものである（ただ、その間に内心的な意思を相手方に伝えようとする**表示意思**がある）[*3]。そして、申込みという意思表

＊１　契約の成立から消滅までについて、米倉明『プレップ民法』（弘文堂、第５版、2018）第１章、後藤巻則『契約法講義』（弘文堂、第４版、2017）、松尾弘『民法の体系――市民法の基礎』（慶應義塾大学出版会、第６版、2016）「Ⅳ権利変動論」以下。米倉・前掲書の第１章において、契約の全体像が示されている。民法の初学者を読者対象としている、と米倉教授は「はしがき」で述べているが、民法の勉強がある程度進んでいる学生にも読んでもらいたい内容を多く含む名著である。後藤・前掲書と松尾・前掲書の二つは、従来の教科書の体系とは異なり、契約の成立から終了までを民法の法典の体系とは別に構成して説明しているものであり、極めて参考になる。

＊２　平野裕之『民法総則』（日本評論社、初版、2017）（以下、平野・総則）114～117頁。

＊３　四宮和夫＝能見善久『民法総則』（弘文堂、第９版、2018）（以下、四宮＝能見）223～224頁、近江幸治『民法講義Ⅰ　民法総則』（成文堂、第７版、2018）（以下、近江・講義Ⅰ）183～186頁。その他、各自の民法総則の教科書を参照してほしい。

示と承諾という意思表示が合致することが契約の成立であると一応いえるが、主観的な合致である内心的な意思が合致することなのか、また、客観的な合致である外形的な行為（表示）が合致することなのかが問題となる（**主観・客観**〔対立概念型〕のMECEのフレームワーク）。

この問題は、場合分けが重要である。まず、①当事者の内心的な意思が合致する場合と②当事者の内心的な意思が合致しない場合である（**対立概念型**のMECEのフレームワーク）。①当事者の内心的な意思（表示に付与した主観的意味）が合致する場合には、その表示行為の客観的意味如何にかかわらず、その内心的な意思の合致した意味内容で契約が成立することに争いがない。しかしながら、②**当事者の内心的な意思が合致しない場合**について、**契約が成立すると考えるか**、それとも、**契約は不成立と考えるか**が争われている。

まず、古い裁判例では、あくまで当事者の意思を強調し（意思表示をした当事者の保護）、内心的な意思の合致がない限り、契約は不成立とするものがある（大判昭和19・６・28民集23巻387頁）。この点、旧民法財産編第304条においては、契約の成立要件として当事者の「意思の合致」が要求されていたところ、この意思の合致は、表示に付与された当事者の意思・理解の合致と考えられており、現行民法の起草者もその内容を変更する意図ではなかったことが明らかにされている[＊4]。

しかしながら、現在の通説では、契約の成立は、あくまでも表示行為の客観的意味によって判断されるべきものであり、**表示の客観的意味が合致していれば、契約は成立する**とされている。そして、契約内容とされた客観的意味と当事者の主観的意味との不一致は**錯誤**（民法95条）の問題として処理されるべきとされている。客観的な意味と異なる表示をした当事者には、そのような表示をした責任があるといえ、相手方当事者としては、その表示が通常の意味を持つものと理解し、信じるのが通常であることを考えると（取引の安全への配慮）、契約の成立は意思表示の客観的な意味内容の合致があればよいと考えることができる（二つの考え方について、**図１**に第６章〔条文解釈の方法〕で示す条文解釈のマトリックス手法に基づき記載しておく）。

このような契約の「成立」について、民法の第３編第２章第１節の契約総則の中の第521条の条文では「成立」という用語が用いられているが、第２

＊４　契約の成立に関する起草者の考え方について、鹿野菜穂子「契約の解釈における当事者の意思の探求」九大法学56号（1988年度上）91頁以下。

図1　契約の成立についての見解

	個別テキスト	関連テキスト
テキストのみ	文理解釈 民法第522条第1項 「締結を申し入れる意思表示（以下「申込み」という。）に対して相手方が承諾をしたときに成立」	論理解釈・体系的解釈 民法第95条（錯誤）との体系的整合性
立法趣旨	立法者意思解釈：意思主義 　利益衡量：意思表示をした当事者の保護 目的論的解釈（法律意思）：表示主義 　利益衡量：取引の安全	
解釈の技法	縮小解釈・制限解釈 主観的な「合致」（立法者意思解釈から意思主義的解釈）〔大審院判例〕 客観的な「合致」（目的論的解釈から表示主義的解釈）〔通説〕	

節以下の典型契約の条文では**「成立」の意味で「効力」という用語が用いられている**ことに注意が必要である。たとえば売買契約の民法第555条では「売買は、当事者の一方がある財産権を相手方に移転することを約し、相手方がこれに対してその代金を支払うことを約することによって、その**効力**を生ずる。」とされている。この点は、賃貸借契約の民法第601条などにおいても同様で、民法における典型契約の条文では「効力を生ずる」という表現が「成立する」という意味で用いられている。

そして、このように契約が成立すると、契約は有効といえ、直ちに効力を生ずるのが原則である。

次に契約の成立との関係で、予約について説明をしておく。**予約**とは、当事者間に将来本契約を締結する義務を生じさせる契約のことである。予約には、予約当事者の一方のみが本契約締結義務を負う**片務予約**と、予約当事者の双方が本契約締結義務を負う**双務予約**がある（**対立概念型**の MECE のフレームワーク）。このような予約契約において相手方が承諾しない場合、民法の原則によれば、相手方に対して承諾という債務の履行を求める訴えを起こし、意思表示に代わる判決を得て（民法414条１項、民事執行法177条）、本契約締結の効果を生ぜしめることになる。そして、相手方が応じなければさらに本契約上の債務の履行を求めて訴えを起こすことになる。

以上のような本来的な予約概念に対して、**予約完結権**は、一方的意思表示により本契約を成立させる権利である（**原則・例外**〔対立概念型〕の MECE のフレームワーク）。これは、権利者の一方的な意思表示で法律関係の変動を生じさせることができる権利である**形成権**の一種である。このような予約完結権について、一方の予約と双方の予約があり、**一方の予約**とは、一方当事者のみが予約完結権を有する場合であり、**双方の予約**とは、双方当事者が予約完結権を有する場合である（**対立概念型**のMECEのフレームワーク）。

このような予約完結権の一つとして、民法第556条第１項は、「売買の一方の予約は、相手方が売買を完結する意思を表示した時から、売買の効力を生ずる。」と規定し、売買の一方の予約を定めており、予約完結権者が予約完結権を行使することによって、他の当事者の意思表示を待たずして当然に売買契約が成立するとしている[*5]。

また、会社法で規定されている新株予約権も、予約完結権の一種である。この新株予約権は、株式会社に対して行使することによって、その会社の株式の交付を受けることができる権利である（会社法２条21号）。新株予約権の権利者は、権利を行使してもしなくてもよく、その意味でオプション（選択権）を有している。そして、新株予約権の権利行使により会社と新株予約権者の間には売買契約と同様の法律関係が生じるのである。

⑵　特別成立要件

民法は、意思表示の合致だけで契約が成立するという諾成契約を原則としているから、契約成立の要件としては、当事者の合意（**一般的成立要件**という）があれば足りる。極めて例外的な場合であるが、一般的成立要件では足りず、成立要件として他の要件（**特別成立要件**という）が追加されて成立する契約類型もある。このような類型の一つに要物契約がある。**要物契約**とは、契約の成立に当事者の合意のほか、物の引渡しなどの給付を必要とする契約である。たとえば、消費貸借契約における目的物の授受（民法587条。要物契約としての消費貸借契約）や、質権設定契約における目的物の交付である（民法344条。なお、動産質権の成立と効力について、要物契約であることを否定する学説〔有力説〕もある[*6]）。要物契約と理解されている契約類型に関して、民法の条文上「効力を生ずる」と規定されている場合でも、理論上「成立する」と

＊５　予約について、潮見佳男『新契約各論Ⅰ』（信山社、初版、2021）85～91頁、藤田寿夫「予約と本契約　予約にはどのような拘束力があるか。本契約と比較して論ぜよ」椿寿夫＝新美育文編著『解説 関連でみる民法 Ⅱ』（日本評論社、初版、2007）120～128頁。

＊６　質権設定行為の要物契約性についての引渡しの意義に関する学説について、山野目章夫『物権法』（日本評論社、第５版、2012）262頁、道垣内弘人『担保物権法（現代民法Ⅲ）』（有斐閣、第４版、2017）86～87頁、石田穣『担保物権法』（信山社、初版、2010）159～161頁。

理解すべきものであることには留意しておく必要がある。要物契約として、ほかには手付契約（民法557条）がある。

また、特別成立要件が必要となるほかの契約類型として、要式契約がある。**要式契約**とは、当事者の合意だけでなく、契約書の作成が契約の成立要件とされる契約である。たとえば、保証契約（民法446条２項）、書面でする消費貸借契約（民法587条の２第１項。要式契約としての消費貸借契約）、定期借家契約（借地借家法38条１項。書面によって契約することが必要）、任意後見契約（任意後見契約に関する法律３条。公正証書によって契約することが必要）、事業用定期借地権設定契約（借地借家法23条３項。公正証書によって契約することが必要）がある。

プラスα　要件事実論における冒頭規定説　法科大学院で学習する要件事実論において典型契約の証明責任の議論のスタートとなる要件事実（請求原因事実）を決める基準としては、冒頭規定説が通説である。これは、契約に基づいて請求をする者は、その契約の成立要件に該当する事実（要件事実）を主張・立証しなければならず、成立させられるべき契約が何らかの典型契約に属する場合には、民法のその典型契約の冒頭規定において示された成立要件を基礎づける事実が要件事実となるという考えである。

この冒頭規定説では、契約の成立要件（＝要件事実・請求原因事実）は、各契約の冒頭規定（民法555条・587条・601条など）に規定されていると解され、要件事実はそれらの規定から決定すべきとされている。この冒頭規定説においては、各典型契約の冒頭規定が極めて重要なものとなるが、各冒頭規定をみると、諾成契約か要物契約であるかを問わず、本文で記載したように理論的な契約の「成立」であっても、民法典の条文上は「効力を生ずる」という表現となっていることを理解しておくことが大切である。

3　契約の有効要件

(1)　契約の成否と有効要件の区別[*7]

契約が成立したとして、次に検討しなければならないのは、その契約が有効なのか無効なのかである（**契約の有効性**）。

契約の成立の問題と契約の有効・無効の問題は、まったく別問題である。契約の成否、すなわち、検討対象となる契約の存否をきちんと確定しなけれ

＊7　契約の成立と有効性の区別について、山野目章夫『民法概論１ 民法総則』（有斐閣、第２版、2022）231～234頁。

ば、そもそも契約の有効・無効に関して検討する余地がない。

この契約の成立と有効性の区別の点については、**刑法の考え方**を思い出してもらうとよい。刑法において犯罪の成否を検討する場合には、まず、構成要件該当性という定型的・外形的な判断を行う。次に、構成要件該当性があれば違法性は推定されるので、その後に違法性阻却事由があるかないかという、違法性の問題について検討することになる。このような**刑法の構成要件論と違法性論の論理構造をパラレル**に考えれば、民法においても契約が成立しているか否かという外形的な判断に基づく問題と、契約が有効か無効かという実質的な判断に基づく問題とが、別々に行われるということが理解しやすい（**形式・実質**〔対立概念型〕の MECE のフレームワーク）。

(2)　契約の有効性

契約が成立したことを前提として、次に、契約の有効性について考える。契約の有効要件の問題に関しては、当事者（主体）に関する有効要件（意思能力と行為能力）、そして、法律行為の内容に関する客観的有効要件と法律行為の構成分子たる意思表示に関する主観的有効要件の問題に分けることができる（**客観・主観**〔対立概念型〕の MECE のフレームワーク）。

なお、契約が有効に成立した場合などに発生する権利の具体的な効果・内容のことを一般に「**効力**」と呼んでいる。ただ、有効や無効について、「効力がある」、また、「効力がない」と表現することもあるので（この場合の「効力がある」「効力がない」というのは、効力発生要件において問題とされる「効力」の意味とは異なることに注意が必要〔5参照〕）、勉強するときには、常に、効力という用語が文脈の中でどのような意味で用いられているかを明確に意識することが必要である。

(a)　当事者に関する有効要件——意思能力と行為能力

意思能力とは、自己の行為の法的な結果を認識・判断することができる能力である。契約自由の原則の下で、自分の自由意思に基づく行為に拘束される前提として、その行為が自己の正常な意思決定に基づいていることが必要である。そこで、意思能力がない者（意思無能力者）が行った行為については、これを法的に有効と扱うことは適当でないので、無効とされている（民法3条の2）。

次に、行為能力に関する**制限行為能力者制度**は、意思無能力者の保護を確実にし、同時に取引の相手方に不測の損害を与えないようにすることを目的とするもので、意思能力が完全でない者を定型的に、未成年者（民法5条）、成年被後見人（民法7条）、被保佐人（民法11条）および被補助人（民法15条）に分類して、これらの者については独立して取引をする能力である行為能力が制限されるとする制度である。行為能力が制限された者が単独で行った行為は取り消すことができるとされ（民法5条・9条・13条・17条）、いったんは有効でも、取り消されることではじめから無効になる可能性があることになる。

(b)　客観的有効要件

契約の客観的有効要件の内容は、通説では以下の三つになる。

① 内容が不確定でないこと（内容の確定性）
② 内容が強行法規に反しないこと（内容の適法性）（民法91条）
③ 内容が公序良俗に反しないこと（内容の社会的妥当性）（民法90条）

まず、①**内容の確定性**が要件とされるのは、その内容が不明確であり、これに対応した法律効果を認めようがない場合には、契約として無意味なものとして無効とするほかないからである。たとえば、AとBが、「Aが所有する絵画をBに売却する」という内容の契約を締結した場合、Aが複数の絵画を所有しており、そのうちのどの絵画が売買契約の対象かについて、契約の解釈として確定（特定）できない場合には、その売買契約は、無効とされるのである。

また、②**内容の適法性**は、契約の内容が法律の精神に合致していることであり、これが有効要件とされるのは、前述のように、民法は契約自由の原則を認めているが、それは無制限に認められるわけではなく、そこには法秩序の許容する限界・範囲というものがあるからである（民法91条）。この限界・範囲を超える契約には、そのままの法律効果を認めることができないのである。契約が強行規定（強行法規）に反する場合には、契約の有効性は認められず、無効（**絶対的無効**）となる。民法第91条は、法律行為（契約）の当事者が、法令中の「公の秩序に関しない規定」（任意規定）と異なる意思表示をした場合は、その意思に従うとし、この規定の反対解釈として、法律行為の当事者が、法令中の「公の秩序に関する規定」（強行規定）と異なった意思を表示した場合には、その法律行為は無効とされる（法律行為の私法的効果を否定する規定を**効力規定**という。第3章〔法律学におけるロジカルシンキング〕1(2)参照）。ただ、問題は、どのような法律のどのような規定が強行規定であるか（**強行規定の確定**）である。議論があるが、一般的な基準を説明しておく（**対立概念**

型の MECE のフレームワーク)。

まず、**債権法の分野の規定**は、債権法が契約自由の原則により支配される分野であることから、**原則として任意規定**と考えられる。また、同時に、契約当事者が自ら定めなかった事項については、債権法の条文により補充されることになるので、それらの条文は補充規定として機能することになる。他方、**物権法の分野**（所有権絶対の原則を基礎として物に対する支配秩序を規定する分野）や**家族法の分野**における規定は、**原則として強行規定**と考えられる。そして、民法の特別法では、強行規定と解されるべき規定が多い。たとえば、経済的弱者のための強行規定が多く規定されているものとして、借地借家法や消費者契約法などが挙げられる。

最後に、**③内容の社会的妥当性**（公序良俗に反しないこと）とは、法律があらゆる事態を想定することはできないので、ある契約の内容が、著しく社会的妥当性を欠くような場合には、それが法律の明文の規定に違反しないからといって有効な契約として取り扱うことは許されないと考えなければならないということである。そのような契約は、契約自由の原則の枠外の問題であり、社会的に許容されないのである。民法第90条は、そのための一般条項（民法の個別の規定を修正して、より合理的で妥当な結論を導くための一般的・抽象的規定）として、「公の秩序又は善良の風俗に反する法律行為は、無効とする。」としている。そして、ここでの「無効」は、対世的に無効とされる絶対的無効である。

契約の成立について民法では「効力を生ずる」という理論的ではない表現が用いられている場合があるが、有効要件について民法第90条は明確に「無効とする」との文言が使用されている。

内容の社会的妥当性の問題については、次の２点が重要である。まず、いかなる契約が公序良俗違反となるかについて、解釈は時代とともに変化しており、明確な基準を示すことはできないが、判例などに現れた態様を基に、類型化されていることである。次に、契約自由の原則との関係であるが、契約自由の原則によって取引活動の自由が認められている分野において、一方当事者の窮迫、無知、無経験などにつけ込む過度の不公正な取引が暴利行為として公序良俗違反で無効とされたり、自由な経済活動の枠組みを阻害するような行為が公序良俗違反として無効とされ、また、社会の複雑化・福祉国家化の進展などの理由で、取引行為に対して行政的規制が増加しているところ、消費者などの保護を目的とする規制の違反行為が公序良俗違反と評価され、無効とされることが増えていることである[＊8]。

(c)　主観的有効要件

契約の構成分子である意思表示に関して、意思の不存在（欠缺）・瑕疵がないことに関しての主観的有効要件は、以下の四つになる。

①　**心裡留保**につき相手方が悪意または善意有過失でないこと（民法93条）
②　**虚偽表示**でないこと（民法94条）
③　**錯誤**による意思表示でないこと（民法95条）
④　**詐欺・強迫**による意思表示でないこと（民法96条）

民法は、私的な法律関係の形成について当事者の自由な意思に委ねている（契約自由の原則）。しかし、契約の当事者に、表示行為に対応する内心の効果意思がない心裡留保、虚偽表示や錯誤（意思を欠く錯誤）の場合（**意思の不存在**〔欠缺《けんけつ》〕）や表示行為に対応する内心の効果意思はあるが、内心の効果意思を形成する際の動機に他人の詐欺・強迫が作用したために、また、内心の効果意思を形成する際の基礎事情の錯誤があるために、意思表示の効力を維持するのが適当ではない場合（**瑕疵ある意思表示**）には、契約の有効性を否定するのである。

以上のような契約の有効要件については、民法総則の教科書の「法律行為」の部分を読むと、細かく説明されている。この契約の有効性の問題は極めて重要な問題である。

(d)　絶対的無効・完全無効と相対的無効

無効は、そもそも、文字どおり、契約が成立したとしても、その「効力が無い」という意味で、完全な純粋の無効（**絶対的無効・完全無効**）とは、次の内容を有する。

①　すべての者が利益を有する限り、無効の主張をすることができる。ただし、取消しにより無効とされる場合には、取消し後においてのみ主張をすることができる。
②　誰に対しても無効を主張できる。

＊8　公序良俗違反の類型化と近時の議論をふまえた公序良俗違反の問題について、四宮＝能見306～318頁、平野・総則128～141頁、加藤雅信『新民法大系Ⅰ　民法総則』（有斐閣、第2版、2005）225～240頁。

③　追認により有効とされることはない。
④　いつまでも無効を主張できる。

このような絶対的無効・完全無効の典型例は、客観的有効要件である「内容が公序良俗に反しないこと（内容の社会的妥当性）（民法90条）」に違反する契約の場合である。

しかしながら、民法で用いられている「無効」概念には、様々なものがあり、いくつかの基準により分類されている。無効概念の分類は、民法総則の教科書で整理されているので、ここでは、その詳細を説明はしないが、主観的有効要件に関係し、民法の様々なところで問題となる「相対的無効」の概念の整理だけをしておく（**対立概念型**のMECEのフレームワーク）。

相対的無効の意義につき、一般的な整理である広義の意味と狭義の意味で整理しておく。相対的無効の意義を考えるにあたり、無効主張の人的制限という視点から、①無効の主張権者が制限されるか（**無効の主張権者の制限の問題**）、また、②無効の対抗について人的制限があるか（**無効の第三者への対抗の問題**）、という判断基準がある。①の無効の主張権者の制限が問題となる無効が**狭義の相対的無効**である。制限行為能力者、錯誤、詐欺、そして強迫の無効は、表意者側が取消権を行使して無効を主張するか否かを選択でき、表意者が無効を主張しない限り、相手方や第三者が無効を主張しえない。これが、狭義の相対的無効の典型例となる。これに対して、**広義の相対的無効**とは、この①の無効の場合と、②の無効の対抗について人的制限がある場合を含めるものである。②の例としては、民法第94条第２項が挙げられる。そこでは、取引安全の保護とのバランスから無効の主張が制限され、虚偽表示の無効は、善意の第三者に対して主張することができないとされている＊9。

(e)　取消しの意義と無効との差異

主観的有効要件に関わる錯誤による意思表示と詐欺・強迫による意思表示の場合、契約は完全には有効ではなく、取り消しうる状態になっており、そのような意味で「錯誤による意思表示でないこと」また「詐欺・強迫による意思表示でないこと」が有効要件なのである。

この取消しについては、取消権者による取消しの意思表示があるまでは有効であり、取り消されれば遡及的に無効であったものとみなされることであ

＊9　絶対的無効と相対的無効について、平野・総則186頁。

る（民法121条）。また、遡及的に無効になることから、給付したものは不当利得返還請求権（民法703条・704条）または物権的返還請求権によって取り戻すことができることになる。もっとも、取消原因が当事者に関する有効要件である制限行為能力にあるときは、制限行為能力者の返還義務の範囲は、現存利益に軽減される（民法121条の２第３項）。そして、取消しは、単独行為であり、取消権者の一方的意思表示によって取消しの効果が生じる形成権の一つである。

このような取消しと無効（絶対的無効・完全無効）の根本的な差異は、まず、基本的効果について、無効の場合にははじめから契約の有効性は否定されている（民法119条本文参照。追認しても無効は有効に変わらない）のに対して、取消しの場合には、「取り消す」という取消権行使の行為がなされて初めて契約の有効性が否定される（民法121条）。別の言い方をすると、無効な行為は何もしなくても無効であるが、取消しの対象となる行為は「取り消す」という行為をしないと有効性が否定されない。したがって、錯誤、詐欺・強迫、そして制限行為能力に関して有効要件を満たしていない場合の効果は「取消し」であるというのは正確ではなく、厳密にいえば、**有効であるが「取消し可能」の状態である**ということである。

4　契約の効果帰属要件

契約が成立し、その契約が有効であると判断された場合には、次に効果帰属要件を検討することになる[*10]。

成立要件と有効要件は、契約についていかなる場合でも必ず検討が必要な要件であるのに対して、効果帰属要件と5で説明する効力発生要件は、代理人によって契約を締結したり、契約に条件・期限が付されていたりする場合に問題となる要件である。

まず、**効果帰属要件**とは、法律行為の効果が人に帰属し、または、物に及ぶために必要な一定の要件である。典型的なものは、代理権である。いわゆる**処分授権**（自己の名における行為によって他人効を生じさせることができる権限）もこれに分類されるが、処分授権は極めて例外的な事例で問題となるものであり、一般的には、代理権を覚えておくことで足りる。

まず、代理の種類としては、本人の委託に基づくものか否かという観点か

＊10　効果帰属要件について、四宮＝能見296～297頁、平野・総則295～296頁。

ら任意代理と法定代理に分けることができる。

任意代理とは、本人からの代理権を授与する意思表示によって代理権が付与される代理関係である（この代理権は任意代理権と呼ばれる）。民法はこれを「委任による代理」と称し（民法104条・111条２項）、私的自治を拡大する機能を有するものとする。

法定代理とは、財産の管理能力のない制限行為能力者の利益を保護するためのもので、私的自治を補完する制度として、本人の委託に基づかずに法の規定により一定の者が当然に、また、裁判所により選定された者が、代理人になる場合の代理である（この代理権は法定代理権と呼ばれる）。親族・相続法分野で親権者（民法818条・819条２項・824条）と後見人（民法839条以下）の代理権がある。

ここでは、民法の財産法分野における任意代理について説明する。

民法上、他人が本人の代理人と称して行った契約の効果が、本人に帰属するためには、行為者が本人との関係で代理権を有していることが必要である。いいかえれば、他人の代理人として契約をした者に代理権がなかった場合には、特に**表見代理の成立**が認められる場合を除き、その契約の効果については、本人に帰属しない。

本人に効果が帰属しない場合と、前述した有効要件を欠いた場合の効果とは厳密に区別されずに、無権代理行為は「無効」であるといわれることもある。しかし、民法第113条第１項は「本人に対してその効力を生じない」と規定していることから、「無効」とは区別し、本人に効力が生じない、という意味で「効果不帰属」と表現されるべきである（なお、効果帰属要件を欠く場合は**未確定〔的〕無効**または**不確定〔的〕無効**といわれることがある）。また、代理権に関する重要な論点である代理権の濫用の問題についての判例でも、「その行為の相手方が右濫用の事実を知り又は知り得べかりしときは、民法93条ただし書の規定を類推適用して、その行為の効果は子〔注：本人〕には及ばないと解するのが相当である〔傍点筆者〕」（最判平成４・12・10民集46巻９号2727頁）とされ、効果帰属の問題であることが明示されている。

代理権は、自己の行為によって他人に権利義務の変動を生じさせる地位ないし資格、あるいは、代理人の法律行為の効果が本人に帰属するための要件とされる。任意代理においては、このような代理権が発生する原因、すなわち**代理権授与行為がどのような性質を持つものであるか**について様々な議論がある。議論の中心は、代理権授与行為が、代理関係を生じさせることとなる委任、雇用、請負、組合などの契約関係（事務処理契約関係）（本人と代理人の間の契約関係）とどのような関係にあるかという点にある。

まず、代理権授与行為の独自性を認めて、代理権授与行為を、事務処理契約とは独立した法律行為（意思表示）と捉える立場があり、それを単独行為とする考え方（**単独行為説**）と代理人との合意によって成立する契約（民法典には規定されていない無名契約）とする考え方（**無名契約説**）に分かれる。そして、代理権授与行為の独自性を否定して、事務処理契約から直接に発生し、事務処理契約と融合しているとする考え方（**事務処理契約説・融合契約説**）がある。

これらのうち、単独行為説や事務処理契約説も有力であるが、多数説は、無名契約説である。本書では、代理権を効果帰属要件として独立させて検討しており、また、法科大学院で履修する要件事実論との関係では、代理権授与行為の独自性を肯定する方が代理の要件事実の問題を理解しやすくすると考えられるので、ここでは無名契約説について、より詳細な説明をしておく。

無名契約説は、代理権の授与を諸々の事務処理・内部契約関係とは独立した**授権行為**と捉え、単独行為ではなく、代理人の合意（承諾）によって成立する契約（**無名契約**）であるとする。代理権を授受する合意は、債務を負担させその反面として債権を発生させる債権契約である委任契約などの事務処理契約とは性質が異なり、事務処理契約と同時に意思表示がされていても、やはり理念的には別個の契約であり二つの契約が併存するとする考え方である。そして、無名契約である**代理権授与契約**は、代理権授与のみを目的とする契約（代理人に代理行為をする債務を負わせるものではない）であり、観念的には、代理権を授与する債務が問題とされず、代理権を授与することで履行が完了してしまうため、物権契約や準物権契約に類似する契約であると考えられることになる[*11]。

プラスα **処分授権**　代理に近い概念として「授権」の仕組みがある。**授権**とは、自己の名において法律行為をすることによって、他人効を発生させる権利・

＊11　代理について、拙著『民法でみる商法・会社法』（日本評論社、初版、2016）（以下、金井・商法）89〜111頁では、代理と類似する「代表」についても説明しているので読んでもらいたい。代理権授与行為の法的性質について、近江・講義Ⅰ241〜244頁、平野・総則261〜264頁。代理権の発生原因・代理権授与行為の議論の要件事実論との関係について、村田渉＝山野目章夫編著『要件事実論30講』（弘文堂、第４版、2018）308〜310頁〔髙橋文清〕。授権について、近江・講義Ⅰ237頁、平野・総則253〜254頁、金井・商法96〜98頁。

資格である。授権は、代理と同じように他人効を発生させるが、自己の名において行為するため、**顕名がないという点が代理と異なる。**この授権にはいくつかの種類があるが、代表的なものとして「処分授権」がある。

処分授権とは、①授権者の処分権の授与に基づいて（権限授与行為の法的性質は代理権授与行為の法的性質と同様）、②被授権者（法律行為を行う者）が、自己の名において授権者（本人）の権利に関する処分行為を行った場合、③処分効（物権的効果）のみが授権者の権利について直接発生（したがって、相手方との債権的関係は被授権者との間に発生）する、ということを認める授権の一形態である。この処分授権は、顕名がなくても本人と第三者間で物権的効果（他人効）を発生させるもので、民法上の規定はないが、判例・学説上、一般的に承認されている。

5　契約の効力発生要件

契約が有効に成立すれば、債権は有効に発生し、その債権の効果・内容は「効力」と呼ばれる。この効力は、債権が有効に成立すれば（その契約が代理人による場合には、さらに効果帰属要件が充足されていれば）、通常その時に発生する。しかし、この効力の発生が一定の要件にかからしめられることがある。これを**効力発生要件**と呼ぶ。そして、当事者の意思によるものか、法律上要求されるものかという観点から、「条件・期限」と「法定条件」に分けることができる。

条件・期限は、当事者の意思によって、法律行為の効力の発生・消滅ないしその時期が左右されるものである。まず**期限**とは、法律行為の効力の発生もしくは消滅または債務の履行を、将来到来することの確実な事実の生起にかからしめる法律行為の付款である（民法135条）。また、**条件**とは、法律行為の効力の発生または消滅を、将来の不確定な事実にかからしめる付款である（民法127条）。このうち、期限には、期限となる事実がいつ到来するか確定している**確定期限**といつ到来するか不明な**不確定期限**があり、条件には、それが成就することにより法律行為の効力が発生する**停止条件**（例：結婚したら自動車を贈与する）とそれが満たされることによってすでに発生している法律行為の効力が消滅する**解除条件**（例：進級できなかったら奨学金の支払がされない）がある。

以上のような当事者の意思に基づく条件・期限に対して、**法定条件**がある。これは有効に成立した法律行為につきその本来の効果を発生させるために法が特に一定の要件を要求する場合である。たとえば、農地の売買における農業委員会、知事等の許可（農地法３条・５条）、遺言における遺言者の死亡（民法985条）や受遺者の生存（民法994条）が挙げられる。

なお、有効要件と効力発生要件は、必ずしも民法全体で用語の使い分けが貫徹されていないが、民法上一応の用語の違いがある。有効要件とされる民法第90条や民法第93条などでは、「無効とする」と規定され、効力発生要件とされる民法第127条などでは「効力を生ずる」と規定されており、一応、使い分けられている。

プラスα 免責的債務引受の効力発生時期　免責的債務引受とは、従前は、債務をその同一性を変えることなく移転させ、第三者（引受人）が引き受けることとされてきたが、民法の改正で条文が設けられ、債務者が債権者に対して負担する債務と同一内容の債務をまず引受人が負担し、その後に債務者が自己の債務を免れることとされた（民法472条１項）。

債務は債権と異なり経済的にはマイナスのものであるから債務そのものの譲渡には意味がないが、免責的債務引受には債務の簡易な決済を行うことに資するという機能がある。

このような免責的債務引受は、三当事者の契約で行うことはもちろん、債権者と引受人の間の契約ですることができる。この場合、債権者と引受人の間で債務引受の合意と債務者を債務から免れさせる旨を合意し、債権者が債務者に対して債務引受契約をした旨を通知した時から免責的債務引受が効力を生ずるとされている（同条２項）。債権者からの通知（観念の通知）は免責的債務引受の効力発生要件となっているのである。

また、免責的債務引受は、債務者と引受人の間の契約でもできる。この場合、債務者と引受人の間で債務引受の合意と債務者を債務から免れさせる旨を合意し、かつ、債権者が引受人となる者に承諾をしなければならないとされている（同条３項）。その承諾の時に免責的債務引受の効力が生ずるとされていて、効力は債務者と引受人の合意時に遡らないものとされている。この承諾は債務を負担する者の変更という効果を生じさせる意思表示であるが、一種の効力発生要件となっているのである。

プラスα 契約上の地位の移転の効力発生時期と賃貸人の地位の移転との関係
民法第539条の２では、契約上の地位を移転させることを規定している。この契約上の地位の移転は、契約上の当事者たる地位の承継を目的とする契約であり、債権債務だけではなく、契約当事者が有する取消権・解除権もすべて引受人に移転される。すなわち、契約上の地位の引受人は契約当事者たる地位そのものを承継することになる。

契約上の地位の移転には免責的債務引受が含まれており、契約の相手方当事者である債務者が変更することに伴って責任財産の変更により生じる不利益から債権者である契約の他方当事者を保護するために、契約の他方当事者の承諾が必要とされる。この承諾をした時から契約上の地位の移転の効力が生ずるので、この承諾は効力発生要件となっている。

また、契約の当事者の一方が第三者との間で契約上の地位を譲渡する旨の合意をし、契約の相手方がその譲渡を承諾した場合に、契約上の地位の移転の効力が生じるのが原則であるが（同条）、常に契約の相手方の承諾が必要とされているわけではなく、契約の種類によっては相手方の承諾がなくても、契約上の地位が移転することがある。

まず、不動産賃貸借契約において、賃借権（賃借人の地位）が対抗要件（民法605条、借地借家法10条・31条など）を備えている場合、賃貸借の対象となっている不動産が譲渡（物権行為）されたときは、その不動産の賃貸人の地位は、譲受人に移転するものとされている（民法605条の２第１項）。また、賃借権（賃借人の地位）が対抗要件を備えていない場合、不動産の譲渡人が賃貸人であるときは、賃借人の承諾がなくても、譲渡人と譲受人との合意（準物権行為）によって、賃貸人の地位が譲受人に移転するものとされている（民法605条の３）。

このように賃貸人の地位の譲渡の場合、契約上の地位の移転の要件の特例として、契約の相手方当事者である賃借人の承諾は必要とされていないのである。

6　対抗要件

対抗要件の問題は、契約当事者以外の者との関係の問題であり、契約当事者間での問題である成立要件から効力発生要件の問題とは**異なるレベルの問題**である。

(1)　民法上の意思主義と対抗要件主義

民法は権利移転の原則として、**意思主義**と**対抗要件主義**を採っている。すなわち、物権・債権ともに、移転の合意のみによって契約当事者間では権利が移転するが、それを第三者に対抗するためには対抗要件という一定の手続を必要とするという考え方である（**内部・外部**〔対立概念型〕の MECE のフレームワーク）。

民法第176条は、「物権の設定及び移転は、当事者の意思表示のみによって、その効力を生ずる。」と規定し、物権変動については意思主義を採ることを明言している。また、債権譲渡については、明文規定はないが、同様に意思主義を採っていることに争いはない。このように意思主義を採った場合、当事者間ではその移転の効果が発生するとしても、それをそのまま世の中の当事者以外の他の人々に対しても主張することができるわけではない。契約は、有効に成立し、効果帰属要件や効力発生要件を充足しても、その効果は相対的なもので、当事者以外の者を拘束するわけではないし、何も知らない第三者にまでそのまま契約内容を主張できるものではない。

⑵ 物権変動における意思主義と公示の原則・対抗要件主義

⒜ 公示の原則*12

民法では、原則として、当事者の合意のみによって物権変動が生じる（民法176条）。この物権変動とは、物権の発生、移転、変更、消滅を意味し、これを権利者の側からみた場合、「物権の得喪及び変更」（民法177条）ということになる。そして、所有権の移転その他の物権変動については、公示の原則が採用されている。**公示の原則**とは、「物権の変動は、常に外界から認識しうる何らかの表象を伴うことを必要とする」という原則である。民法は、「動産に関する物権の譲渡は、その動産の引渡しがなければ、第三者に対抗することができない」（民法178条）とし、また、不動産に関する「物権の得喪及び変更は……その登記をしなければ、第三者に対抗することができない」（民法177条）とし、**物権変動について公示の原則を採用**している。

⒝ 公示の必要性

物権変動につき、この公示の原則が採用されるのは、物権の性質に基づく。物権は、物に対する直接的な排他的支配権であり、同一物につき他人の物権の成立を許さないという強力な権利であるから、その所在および変動は、物権者以外の者の利害に与える影響が大きい。そこで、物権取引の安全のために、物権の変動を第三者に公示する必要が出てくるのである。そこで、理論上、公示の原則とは、「物権の変動は、常に外界から認識しうる何らかの表象を伴うことを必要とする」という原則であると一般に説明されている。そして、その目的物の上に誰がいかなる物権を持っているのかを一般に知らせるようにしておくために定められた表象を**公示方法**と呼んでいる。ただ、公示方法としては、不動産登記（民法）や動産登記（動産債権譲渡特例法〔動産及

＊12　公示の原則について、河上正二『物権法講義』（日本評論社、初版、2012）46～53頁、千葉恵美子ほか『民法２――物権』（有斐閣、第３版、2018）348～350頁〔千葉〕。

び債権の譲渡の対抗要件に関する民法の特例等に関する法律〕）のように第三者に対する権利の公示としてほぼ十分な機能を有するものがある一方で、民法上の動産物権変動の対抗要件である「引渡し」は、簡易の引渡し、占有改定、および指図による引渡しという観念的な方法を含むものであり、公示としての機能を十分に果たしていない場合もある。そこで、公示方法が不十分である場合の取引の安全を確保する法制度として、権利の存在を推測させる徴表（登記、登録、占有等）は存在しているが、その徴表に対応する実体的な権利が存在しない場合に、その徴表を信頼して取引をした第三者の利益を保護するために、徴表どおりに実体関係があるとみなして、第三者に権利取得を認める原則である**公信の原則**が認められている（**原則・例外**〔対立概念型〕のMECEのフレームワーク）。民法では、不動産については公信の原則は認められていないが、**動産については公信の原則が認められている**（民法192条）。

(c)　公示の促進のための方策・公示の効力――対抗要件主義

物権変動には公示が必要であるといっても、日本民法の場合、物権変動は当事者間の意思表示だけで成立するから（民法176条）、物権を有する者が自ら進んで公示するとは限らない。そこで、公示を促進する方法を考えることが必要となる。この点、法制度としては公示しない者に罰金を科すといった直接的な強制の方法も考えられないわけではなく、また、公示がなければ物権変動には効力が生じないとして、公示を物権変動の成立要件あるいは効力発生要件とするという方法（効力要件主義）も考えられないわけでもないが、わが国では**公示を対抗要件とするという方法**が選択されている。すなわち、公示をしない物権変動に対して（第三者に対抗できない）不利益を与えることによって、**間接的に公示を強制**しているのである。

不動産取引の場合は登記に、また、動産の場合は引渡し（＝占有の移転）に**対抗力**という実体法上の効力を与え、公示をしなければ、紛争が起こった場合に、物権の存在・変動を第三者に主張できない。このような考え方を**対抗要件主義**と呼んでいる。

公示にどのような法的効果を与えるかについては、上で説明をしたとおり、立法政策上の問題であり、公示を①成立要件・効力要件とすること、あるいは、②対抗要件とすることが考えられる中で、民法は公示を対抗要件とする構成（対抗要件主義）を採用しているのである。

まず、民法上、**不動産**の物権変動の対抗要件は**登記**とされている（民法177条）。また、**動産**の譲渡についての対抗要件は**引渡し**とされている（民法178条）。

さらに、動産の対抗要件については、法人の行う動産譲渡等につき、動産債権譲渡特例法により、登記が対抗要件となる場合が認められているので、引渡しに加え、登記が認められている点に注意が必要である。

なお、民法での対抗要件主義を前提にしながらも、不動産登記法の改正により、令和6年（2024年）4月1日から相続登記の申請が義務化されている。相続（遺言を含む）によって不動産を取得した相続人は、その所有権の取得を知った日から3年以内に相続登記の申請をしなければならず、また、遺産分割が成立した場合には、これによって不動産を取得した相続人は、遺産分割が成立した日から3年以内に、相続登記をしなければならない。そして、いずれについても、正当な理由なく義務に違反した場合は10万円以下の過料（罰金とは異なる行政上の秩序罰）の適用対象になるとされている。

(d)　狭義の対抗要件主義と広義の対抗要件主義

まず、不動産物権変動における対抗要件の基本的ルールは、「登記をしなければ第三者に対抗することができない」ことであり、その典型例は、不動産の二重譲渡において先に登記をした譲受人が確定的に所有権を取得するといったように、競合する物権ないしそれに準ずる権利の取得を、登記の順位の先後によって決定する考え方である。このような基本的ルールが**狭義の対抗要件主義**である。民法第177条が典型的に想定しているのはこのような場合である。

これに対して、対抗要件を備えた賃借権付きの不動産の譲受人が賃借人に対して賃料請求や解約告知（解除）をする場合にも登記が必要とされており（後で述べる**権利行使要件**としての登記）、また、解除の条文である民法第545条第1項ただし書の「第三者」について、その「第三者」が保護されるためには登記が必要とされているが（後で述べる**権利〔資格〕保護要件**としての登記）、これらは競合する権利関係を争う関係を超えて、登記を要求する範囲を拡大するものであり、狭義の対抗要件主義のルールが変容されている場面である。「対抗」の考え方自体は非常に柔軟であり、利益衡量を取り込みながら、登記していない権利者を失権させるという問題処理の場面で広く登記の有無で問題が処理されている。これを**広義の対抗要件主義**という。以下では、広義の対抗要件主義の内容についてさらに検討してみる（**複数要素型**の MECE のフ

＊13　広義の対抗要件の機能および対抗要件の機能の種類について、池田真朗「対抗要件と権利保護要件・権利行使要件」池田ほか『マルチラテラル民法』（有斐閣、初版、2002）78～95頁。

レームワーク）。

(e)　対抗要件の機能の種類*13

(ア)　優劣決定機能（狭義の対抗要件主義）

(i)　両立しえない同一の権利の関係

対抗要件は、両立しえない同一の権利の取得を主張する者が複数現れたときに、そのいずれが権利者になりほかがなりえない、ということを決定しうるものでなければならない。このような、両立しえない権利の帰属をめぐって争うパターンを**対抗問題**と呼び、最も狭い対抗要件の問題はこのような対抗問題を処理する**優劣決定機能**である。

(ii)　他の権利により制約を受ける権利関係

甲・乙という権利は両立しうるが、甲は乙という権利の存在により制約を受けるという場合に、対抗要件を備えた限りで、その後に甲を取得した者はそれに拘束される。たとえば、抵当不動産の譲受人に対抗するための抵当権設定登記や、不動産賃貸物件の新所有者に対抗するための賃借人の登記・引渡しである（この賃借人の登記・引渡しの場合は、次で述べる**権利〔資格〕保護要件の問題**ともいえる）。

(イ)　権利（資格）保護要件

いわゆる第三者保護の規定の適用にあたって、当該第三者が保護されるために登記が必要とされる場合があり、この場合の登記などの具備を**権利（資格）保護要件**ということがある。

たとえば、解除と第三者のケースである。民法第545条第１項の解除の効果につき、通説・判例である直接効果説によれば、契約を解除すると契約は遡及的に消滅するので、取消しの場合と同様、解除の効果が当事者間だけでなく第三者にも及ぶはずであるが、民法は解除前に出現した第三者については、同項ただし書で解除の遡及効を制限して第三者の保護を図っている。このただし書の第三者として保護されるためには、通説は、第三者には登記が必要と解している（「第三者」につき、「登記または引渡しを備えた」という形容詞句を付加して、**制限解釈**をしていることになる）。このような登記は、「権利（資格）保護要件」としての登記と呼ばれる。

(ウ)　権利行使要件

新権利者としての権利行使に対抗要件が必要とされる場合の登記の具備につき、**権利行使要件**ということがある。もっとも、権利行使要件と分類するのではなく「権利（資格）保護要件」の一類型として説明されることもある。

法律行為（契約）の要件と対抗要件

⑴　**法律行為の成立要件（この要件については法律行為の成立、効果発生を主張する者が立証責任を負う）＝積極的要件**

　(a)　一般的成立要件　　①当事者の存在、②法律行為を構成する意思表示の存在

　(b)　特別成立要件（法律行為によっては一般的成立要件では足りず、成立要件として追加される他の要件が必要）

　　例：金銭消費貸借契約における目的物の交付（民法 587 条）〔要物契約〕

　　　　質権設定契約における目的物の交付（民法 344 条）〔要物契約〕

　　　　保証契約における書面の作成（民法 446 条 2 項）〔要式契約〕

　　　　金銭消費貸借契約における書面の作成（民法 587 条の 2 第 1 項）〔要式契約〕

⑵　**有効要件（この要件については法律効果の発生を否定する者が有効要件の不存在〔不充足〕につき立証責任を負う）＝消極的要件**

　(a)　当事者に関して

　　①　意思能力（民法 3 条の 2)、②行為能力（民法 5 条・9 条・13 条・17 条）

　(b)　法律行為の内容に関して（客観的有効要件）

　　①　内容が不確定でないこと（内容の確定性）

　　②　内容が強行法規に反しないこと（内容の適法性）（民法 91 条）

　　③　内容が公序良俗に反しないこと（内容の社会的妥当性）（民法 90 条）

　(c)　法律行為の構成分子たる意思表示に関して（主観的有効要件）

　　①　心裡留保につき相手方が悪意または善意有過失でないこと（民法 93 条）

　　②　虚偽表示でないこと（民法 94 条）

　　③　錯誤による意思表示でないこと（民法 95 条）

　　④　詐欺・強迫による意思表示でないこと（民法 96 条）

⑶　**効果帰属要件**　　①代理権、②処分権（処分授権）

⑷　**効力発生要件**　　①条件・期限、②法定条件

⑸　**対抗要件（物権行為と準物権行為で問題）**

　　①　狭義の対抗要件（典型的な二重譲渡のケース）

　　②　権利（資格）保護要件

　　③　権利行使要件

　この典型例は、新賃貸人の賃借人に対する権利行使の場合である。A が B に賃貸中の建物の所有権を C に譲渡したとき、新所有者 C が B に対して賃貸人の地位の取得を主張して賃料を請求したり、賃料不払いを理由に契約を解約告知（解除）したりするのに登記を必要とするかについて、登記を必要とするとされていることである（民法605条の 2 第 3 項)。このような場合の登記は、狭義の対抗問題のように権利の優劣を決定する役割を果たしているのではなく、C が、新所有者（新賃貸人）として、賃貸借契約の存在を認めたうえで、賃借人に対して権利を行使するための資格要件として機能している

＊14　債権譲渡における公示の原則・対抗要件制度について、池田真朗『新標準講義民法債権総論』（慶應義塾大学出版会、全訂 3 版、2019）162〜164頁。

図２　契約の成立要件から対抗要件の関係図

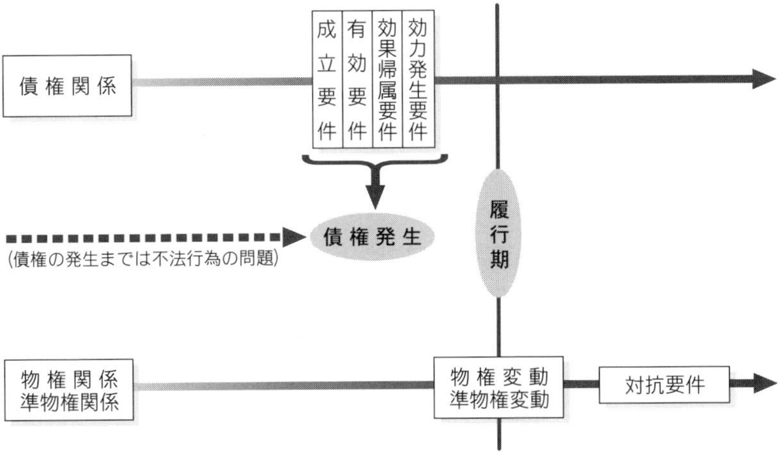

＊物権変動・準物権変動のために必ず物権行為・準物権行為がなければならないというものではない（通説では、物権行為の独自性は否定されている）。

（賃貸借契約の賃貸人の地位の移転〔契約上の地位の移転＝準物権行為〕の公示機能・対抗要件を、所有権移転に関する公示機能・対抗要件で代用していると評価しうる）。

(3)　債権変動における意思主義と公示の原則・対抗要件主義[*14]

民法は、債権変動の原則としても意思主義・対抗要件主義を採っている。すなわち、債権の移転についても、物権変動と同様に、観念的には、移転の合意のみによって当事者間では権利が移転し、ただそれを第三者に対抗するために一定の手続すなわち対抗要件の履践を必要とするのである。

(a)　意思主義

民法は、第176条において、物権変動についての意思主義を定めているだけで、債権譲渡について明文規定はないが、同様に意思主義を採っているとされる。

(b)　公示の原則

物権に関する公示の原則を、通常の説明では、物権の排他性から根拠づけている。しかし、この論理では、物権のように排他性がない債権の移転の場合には公示の必要性を説明することができない。債権の場合の公示の原則・対抗要件制度の必要性については、その移転において権利の所在（新債権者は誰か）の徴表が必要となることから、**対抗要件と結び付いた公示手段が必要**になる、と説明することができる。このような意味で、債権譲渡の対抗要件としての通知・承諾（民法467条〔第三者対抗要件としては同条２項で確定日付ある証書によってそれをする必要がある〕）については、不動産登記制度ほど公示方法として厳密なものではないが、一種の公示方法として説明されている。

(c) 対抗要件

債権譲渡における対抗要件制度は民法第467条で規定されている。まず、不動産・動産の物権変動における対抗要件主義の説明で行った狭義の対抗要件主義の機能のうち、優劣決定機能に関する場面として、債権の二重譲渡においては、民法第467条第２項で**確定日付ある証書によって行われる債務者に対する通知・債務者による承諾**が対抗要件とされている。

他方、民法第467条第１項は、債務者に対しては**確定日付ある証書によらない通知・承諾**を定めている。これも一般には「対抗要件」と呼ばれているが、実質は、譲受人が新債権者として債務者に対して債権を行使するための要件にすぎない。これは債務者に対する権利行使要件にすぎないのである。債務者に対する通知・承諾について確定日付ある証書に基づくという同条第２項の要件まで満たして初めて、優劣決定機能を果たす狭義の対抗要件となる。

また、債権の譲渡に関しては、民法で規定されている対抗要件制度の特例として、法人が行う金銭債権の譲渡等につき、債権譲渡登記がされたときは、その債権について民法第467条の通知があったものとみなされる（動産債権譲渡特例法４条１項）。このように、債権の譲渡に関しても、動産譲渡と同様に、民法の特別法がある。

プラスα **免責的債務引受と契約上の地位の移転の対抗要件**　免責的債務引受の成立要件は民法で規定されており（民法472条１項）、別途、対抗要件が問題となりうる。しかし、免責的債務引受についての理論的理解が民法改正時に分かれたため、対抗要件制度の規定が設けられていない。

また、契約上の地位の移転（民法539条の２）の対抗要件が問題となることもある。契約上の地位が二重譲渡された場合の第三者対抗要件や、契約の相手方の承諾が不要であるとされている場合のその相手方に対する対抗要件である。民法改正時に契約上の地位の移転の対抗要件一般について、制度の創設が検討された。しかし、移転される契約の類型によって考慮すべき要素や対抗要件となるべきものが異なり、判例も契約の類型によって異なる判断をしていることから、民法上、対抗要件制度は創設されていない。

そこで免責的債務引受や契約上の地位の移転の対抗要件については、学説・判例に委ねられている。

7 まとめ

以上が、契約の成立要件から対抗要件までのまとめである（**図2**を参照）。これらの整理は、契約の成立要件から対抗要件までの事項を時系列で整理したものである（**順序型**の MECE のフレームワークであり、**プロセス手法の適用例**である）。前述した内容は、民法総則から債権各論（契約各論）までの教科書に散在している。契約の成立要件から対抗要件までの項目を一度時系列で、勉強してみてほしい。多くの論点に共通の事項があることに気づくはずである。

COLUMN ①

教科書の読み方

本書では、ロジカルシンキングの基礎理論の説明をしていますが、具体的にどのように法律の教科書を読むかという実際上のテクニックについては、本文では触れていませんので、教科書の読み方について、筆者の方法を一例として説明しておくことにします。

■ ラインマーカーの引き方

・教科書の通読に必要な心構え

教科書を読むときに、重要なところにラインマーカーを引くと思いますが、**「重要」とはどのようなことか**を考えなければいけません。教科書を読むときの「重要性」の基準は「客観的」に重要なこと（①基本概念・用語の定義、②試験に出る部分など）ですが、筆者が法学部や法科大学院で講義をしていて気づくことは、ほとんどの学生が、「主観的に」重要な点と思ったところにラインマーカーを引いていることです。

初めて勉強する法律分野の教科書を読んで、試験に出る部分がわかる人はいません。まず、特定の法律を勉強する際に重要なのは、**基本概念や用語の定義を理解し、覚えること**です。そこで、教科書を1回目に読む場合には、法律の基本概念・用語の定義だけを気にしながら、それらを覚えるためにそれらの部分にラインマーカーを引くことが大切です。

次に、2回目の通読において重要なのは、1回目の通読でラインマーカーを引いた基本概念・用語の定義とそれらを前提とした論点となっている部分（通常このような部分が試験に出る部分となる）の確認です。そこで、教科書を2回目に読む場合には、裁判例や学説の内容を理解し、覚えながらラインマーカーを引いていくことが大切です。

このように、教科書を読む際には、ただ漠然と読むのではなく、**読む度に目的を決め、それにあわせてラインマーカーを引くことが重要**です。このように目的を決めて教科書を読むことにより、理解し、記憶する対象が明確となるため、記憶に定着しやすくなり、また、後日の勉強の際に定義を拾って読むことも可能となります。

・具体的なラインの引き方
（1回目の通読の際）

基本概念や用語にラインマーカーを引く場合、具体的にラインマーカーによって**色分けをすることが後日の勉強のために有用**です。色分けの方法は自由ですが、筆者の方法を述べると、教科書で、「○○○とは、……である」と定義されている、「○○○」（法律用語、たとえば、「申込み」や「承諾」など）のところには、ピンクのラインマーカーを引き、「……」の部分にはグリーンのラインマーカーを引いています。

そのようにしておくと、ある用語の意味を調べるために、教科書の索引をみて、該当のページを開くと、その探している基本概念・用語には、ピンクのラインマーカーが引いてあり、その定義の部分には、グリーンのラインマーカーが引かれているため、すぐに基本概念・用語の定義をみつけることができることになります。

ただ、ラインマーカーは、1度引いてしまうと消すことができないため、教科書を1回目に読む際には、ラインマーカーの使用を避け、間違いがあっても消しゴムで消すことができるよう、○○○という基本概念・用語の部分に赤色の色鉛筆や消せるボールペンで「○○○」とカギカッコを付けて、……という基本概念・用語の意味の部分には、緑色の色鉛筆や消せるボールペンで「……」とカギカッコを付けておくと良いと思います。しかし、これからはデジタル化された教科書を使うことも増えると思います。デジタルの場合、紙と比べて容易に間違い部分を消せるため、このような問題はなくなると思います。

・具体的なラインの引き方

（2回目の通読の際）

次に、2回目の通読においては、争点・論点となっている部分に注意して教科書を読むことが必要です。ここでのラインを引くことの目的は、教科書における**論点の構造が一目でわかるようにすることにより、争点や論点の構造を理解し、記憶の定着を図る**点にあります。

たとえば、「○○○に関しては争いがあり、判例では……とされているが、学説上は批判があり、……と解するのが通説である」などと説明されている部分があるとします。

ラインを引く目的は、教科書をみたときに、論点の構造がわかるようにすることにありますので、そのためにラインの色分けをすることになります。色分けの方法は自由ですが、筆者の方法を述べると、まず、問題・論点の指摘がなされている部分を、【　】で囲む、あるいは、「Q」（Question）または「I」（Issue）のマークを付けておき、争点・論点であることがわかるようにします。

次に、判例の見解が記載されている部分に青色のラインを引く、あるいは、その最初の部分に青色の★印を付けます。また、通説の部分には、赤色のラインを引く、あるいは赤色の★印を付け、他の学説がある場合には、緑色のラインを引く、あるいは緑色の★印を付けます。

このように判例や学説の分類ができたら、次は、理由の部分についてのラインの引き方や印の付け方です。判例の理由には、青色で、一つ目の理由には①、二つ目の理由には②を付け、また、通説の理由には、赤色で、一つ目の理由には①、二つ目は②、というように、判例や学説の色による分類にあわせて、理由のところに、①……、②……、③……、とします。理由は英語で Reason ですので、R①……、R②……、R③……、とすることもわかりやすいと思います。また、判例や学説に対する批判も記載されていることがあれば、判例や学説に対する批判には、その判例や学説に付けた色で、批判については、〈1〉、〈2〉というように、山カッコを付けます。

筆者の方法は以上のようなものですが、印や色の使い分けは趣味の問題ですから、使いやすいように自分流にアレンジしてください。

■ **資料の一元化の方法**

基本概念・用語について、ラインを引き、判例や学説に色分けをすることで、教科書は格段に読みやすくなるはずですし、教科書がどのような構造で記述されているかが理解できるはずです。

しかしながら、1冊の教科書だけで、様々な資格試験の合格に十分な内容を理解できるとは限りません。教科書では、教科書の筆者が研究対象としているか否かなどの理由で、どうしても教科書の中で説明に濃淡があるため、自分が使用している教科書で説明が不十分な部分は他の教科書で補充する必要があります。

そして、その補充の具体的な方法ですが、同じ科目について異なる教科書を何冊も読むよりも、記憶の定着という観点からは、**何度も同じ教科書を読みこなす方が良い**でしょう。自分の教科書にあまり書かれていないけれど他の教科書や参考書に記載のある内容については、自分の教科書の該当箇所に他の教科書などのコピーを貼る、あるいは、余白にメモを書いておくなどの作業をして、**情報の一元化を図る**ことが重要です。

資格試験の合格に「これ一冊で十分！！」という教科書はありません。しかし、やみくもに何冊も教科書を読む必要もありません。一つの科目について基本書とする教科書を決めたら、**その教科書を補充して、自分用にカスタマイズした教科書を作成することが良い**と思います。これからはデジタル化された教科書を使うことで、従前よりも容易に教科書をカスタマイズすることができると思います。

第6章
法律の構造と条文の読み方
条文の形式的な意味

Introduction

本章では、法律の構造や民法の条文を中心にした法律の条文の読み方について、ロジカルシンキングで説明をしてみることにしましょう。

法律学は基本的には**法令の条文の解釈学**です。一般に**法令**とは、国会が制定する法律と国の行政機関が制定する命令を意味するもので（地方公共団体の条例や規則、最高裁判所の規則等の各種の法形式のものを含める場合もあります)、皆さんが法律学の勉強をする法学部や法科大学院の法律科目の講義内容では、その科目の対象となる法令の条文の学習が基本となっています。法令の条文は社会生活のルールですから、小説などのように読み手の感性で様々に意味内容が捉えられるようなことは想定されておらず、**基本的に誰が読んでもその内容を正確に理解できる**ように、**一定のルールに基づき規定**されています。そこで、そのルールを理解しておけば、条文の構造を明確化することができ、条文の意味内容を容易に理解できることになります。

しかしながら、学生の中には、条文が規定されるルール、逆にいえば、その読み方を理解せずに、いきなり論点の勉強だけをして、法律学の勉強を暗記や記憶と誤解してしまう学生もいます。

そこで、本章では、法律学の学習の基礎的フレームワークの一つとして、法令のうち、特に、法律の構造、そして、法律を構成する個々の条文の読み方を、第4章（民法・私法の基本原則と民法典の体系）・第5章（時系列に基づく民法の体系）において大枠を学習した「民法」を例に説明します。具体的には、**法律がどのようなルールで構成されていて、その法律を構成する個別の条文がどのようなルールに基づいて規定されているか**を説明します。

第3章（法律学におけるロジカルシンキング）において、法的三段論法における大前提となる法規範に関する法解釈が、①条文の文言、②立法者意思解釈・目的論的解釈（法律意思）＋利益衡量という判断基準、③解釈方法、という判断内容で成り立つことを説明しています。第2章（論理的思考と図表作成の方法）において法律学における「形式・実質」のMECEのフレームワークを説明しましたが、本章では、法律学における基礎的な「形式」の問題として、①を理解するための技術を説明し、次章の第7章（条文解釈の方法）では、「実質」の問題として、法律の実質的意味内容の確定のために、②と③について説明します。

1 法令・条文の形式的意味の理解の必要性[*1]

(1) 日常生活での文章理解との差異

まず、イヌが好きな人でなければイメージが湧かないかもしれないが、以下に記載するイヌについての文章を読んでほしい。

① 「チワワ、ブルドッグ及びコーギーは、……」という記載
② 「チワワ並びにブルドッグ及びコーギーは、……」という記載

ここで、「及び」と「並びに」という接続詞を用いているが、これらは、条文構造を理解するために必要な法令用語のうち、最も基本的な接続詞である。「及び」や「並びに」という法令用語は、法律を少しでも勉強したことがあれば、必ず目にしたことのある典型的なものだが、日常生活の文章では「及び」と「並びに」を区別して使用することがないため、それらの正確な使用法を理解している学生は極めて少ない。

まず、「チワワ」は、世界一小さなイヌで、体高12cm前後、成犬になっても2kgほどの大きさの小型犬の愛玩犬である。「ブルドッグ」は、体高40cm前後、また、体重23～27kgで、頭部が大きく、鼻が低くあごが大きく角ばっていて、顔にはしわがある中型犬の愛玩犬である。最後の「コーギー」は、胴長で短足、骨太、非常に短い尻尾を持つイヌで、体高約25～

＊1　以下に説明する、法令の構成や法令用語について、長野秀幸『法令読解の基礎知識』（学陽書房、第1次改訂版、2014）、吉田利宏『ビジネスマンのための法令体質改善ブック』（第一法規、初版、2008）、同『元法制局キャリアが教える　法律を読む技術・学ぶ技術』（ダイヤモンド社、改訂第3版、2016）、外山秀行『法令実務基礎講座』（同文舘出版、初版、2017）、林修三『法令作成の常識』『法令用語の常識』（いずれも日本評論社、初版、1975）を参照。

30cm、体重は11～17kgの中型犬で牧畜犬である。

最初の①「チワワ、ブルドッグ及びコーギーは、……」というイヌの文章は、「及び」の接続詞が1回しか使用されておらず、単に、イヌが並列に並べられているだけで、文章において、その3種類のイヌについて、**特に分類を意識していない**ときのイヌの並べ方である。

これに対して、②「チワワ並びにブルドッグ及びコーギーは、……」という記載では、「及び」と「並びに」の二つの接続詞が使用されている。これら二つの接続詞が使用されているということは、イヌについて何らかの**分類が意識されている**ということになる。二つの接続詞が使用されていることに気づいたら、すぐに「何か区別・分類がされている！」と思わないといけない。

②「チワワ並びにブルドッグ及びコーギーは、……」では、法令用語上、チワワと、ブルドッグとコーギーの2匹をまとめたものに大きく分けられていることになる。それぞれの犬種を説明したが、チワワは小型犬で、ブルドッグとコーギーは中型犬であるから、イヌの大きさを基準にして「並びに」という接続詞のところで区分している記載であるということができる（愛玩犬or牧畜犬の分類であれば、「チワワ及びブルドッグ並びにコーギーは」となる）。

このように、「並びに」が用いられていれば、「チワワ」「ブルドッグ」「コーギー」について何らかの区別がされていることが形式的に明らかになり、「及び」と「並びに」の接続詞の使われ方から、形式的に文章の構造・含意を理解することができる（2(3)(a)参照）。

通常の文章においては、このような厳密な意味を込めて接続詞が使われることはほとんどないが、条文においては、その条文の意味を形式的に確定するために、厳密に使い分けがなされているので、その用いられ方には注意を払わなくてはならない。

(2)　条文解釈の二面性――形式的意味の確定と実質的意味の確定

イヌの並べ方を例に、日常生活での文章と法律の条文の文章でのルールの違いを簡単に説明したが、理解できたであろうか。まずは、**日常生活での文章**と**法律の条文の文章**では、接続詞などの**ルールが異なる**ということを認識してほしい。法律の条文の読み方には特殊なルールがあるのである。

「条文解釈」とは、そもそも、条文（規範）の実質的意味について検討し、その適用範囲を確定することである。ただ、論理的には、その前提として、条文（規範）の**形式的な意味が確定できなければ、規範の実質的意味と適用範**

囲を正しく確定することができない（条文解釈の内容分析につき、**形式面・実質面**という MECE による検討である）。

したがって、本章においては、(1)で例を挙げて説明をした条文の読み方のルール、すなわち、**条文の形式的意味を確定する方法**について説明する。この条文の形式的意味を確定するためには、法律の構造、条（法律を構成する条文）の構造、そして法令用語を理解する必要がある。

2 条文の形式的意味の理解のために必要な知識

個々の条文の形式的意味の理解のためには、個々の条文により構成される法律の構造を理解しなければならない。そこで、まず、法律の構造について解説し、その後に、個別の条文の構造と法令用語について解説する。

(1) 法律の構造

法律全体の構造を理解していると、問題となっている条文の位置づけを理解することができ、その条文の解釈に役立つ（ロジックツリーによる理解）。「木を見て森を見ず」という諺があるように、枝葉末節にとらわれず、まずは全体構造を理解したうえで、その後に細かい部分を理解することが重要になる。「マクロからミクロへ」という視点が重要である（フレームワーク思考）。

(a) 本則と附則

法律は、大きく本則と附則によって構成される。**本則**は、法律の本体部分であり、本則には、その法律の目的を実現するための規定が置かれる。そして、**附則**は、本則に定められる諸規定に伴い必要となる付随的・経過的な規定（施行期日、経過規定、および関係法令の改廃などに関する規定）が置かれる部分である。さらに、本則は、①総則規定（総則的規定）、②実体規定（実体的規定）、そして、③雑則規定（補足規定）に分けられて規定が置かれている（私法分野の法律は基本的にこのような体系となっている）。そして、罰則があれば、最後に④罰則規定が置かれることになる。

本則において条文が多い場合には、章や節などに区分したうえで、条文が配置される。通例としては、第一次的には、**章**が用いられ、章に区分するだけでは足りず、その下にさらに小区分を設ける必要がある場合には、まず**節**に区分し、節を区分する場合には、**款**を、款を細分化する場合には、**目**を用いる。ただ、特に条文の多い法令の場合には、章の上に**編**が置かれる（編→章→節→款→目という順序になる）。いわゆる六法のうち、憲法を除き、民法、商法、刑法、民事訴訟法、刑事訴訟法の法律では、編の区分が設けられている。

(b)　本則の内容

本則における**総則規定**（総則的規定）は、主に、目的規定、趣旨規定、定義規定というその法律全体に関係する**原則的・基本的事項また共通事項**を内容とする。

まず、**目的規定**は、その法律の立法目的を簡潔に表現したもので、その法律全体の解釈・運用の指針となるものである。法律の目的規定の多くは、法律の目的とその達成手段が規定されている（「この法律は、……することにより、……することを目的とする。」などと規定される。これはロジカルシンキングの基本原則である目的・手段の考え方の表れである）。たとえば、民法の特別法である消費者契約法の第１条が目的規定である。

また、**趣旨規定**は、その法律の内容を簡潔に要約した規定である（「この法律は、……〔必要な事項を〕定めるものとする。」などと規定される）。たとえば、借地借家法の第１条、電子消費者契約に関する民法の特例に関する法律の第１条、また、一般社団法人及び一般財団法人に関する法律の第１条が趣旨規定である。

そして、**定義規定**は、その法律において基本的かつ重要であると考えられる用語について、その意味内容を明確にする規定である。これは、法律において使用されている用語の意味内容が不明確であると法律の解釈が確定できず、法律の適用が困難となるために置かれる規定である。たとえば、借地借家法の第２条や消費者契約法の第２条が定義規定である。

以上のような総則規定のうちの目的規定や趣旨規定については、その法律の学習をするにあたり、まず、最初に理解することが必要である。そして、その法律の個別の条文の学習が終わった後に、再度、それらの目的規定や趣旨規定の内容をみてみると、その法律の理解が深まる（これは**演繹的な学習**と**帰納的な学習**という MECE による思考方法である）。

次に、総則規定の後に置かれる**実体規定**とは、その法律の**中核をなす規定**であり、**立法目的を達成するために必要な規定**である。法律における実体規定の部分には、その立法目的を達成するために必要な規定が論理的に矛盾なく配列されている。この論理的な配列とは、原則として、**時系列で規定することができるものは、時系列に沿って並べられる**ことである。特に、手続的な内容の規定については、ほとんどが時系列に沿って整理されて並べられている（民事訴訟法の条文が時系列で配列されているのが典型例である。これは**プロセス手法**の適用の一例である）。時系列で配列されている具体的な条文の例につき、

図1　会社法の構造

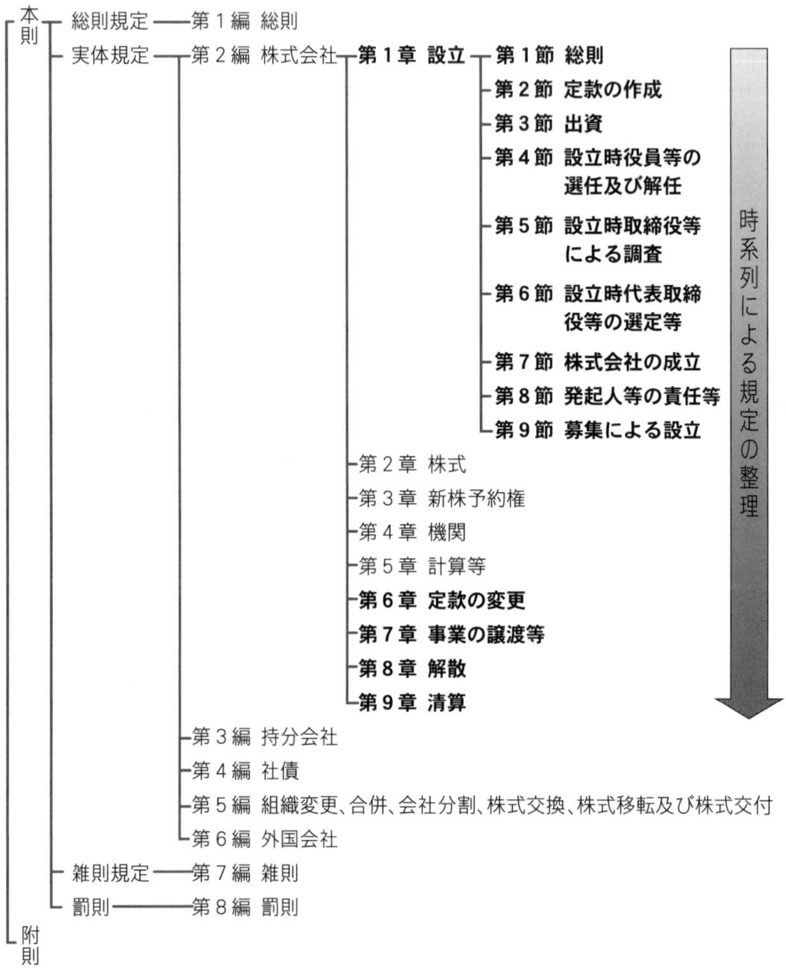

民法の法人規定の特別法である**会社法の構造**を参考にしてみてみる（**図1**を参照）。

会社法において、実体規定は五つの編に分けられて規定されている。その中の第2編「株式会社」の中は、具体的には、第1章「設立」から始まり第9章「清算」で終了している。ここでは**会社が設立され、消滅するまでの事項が時系列**（プロセス）**で配列**されているのである。

そして、**雑則規定**（補足規定）とは、総則規定とするには適しないが**実体規**

定に付随する各種の共通事項や技術的・手続的な事項に関する規定である。

以上で解説した法律の構造を簡単なロジックツリーで示すと**図2**のようになる。

図2　本則・附則

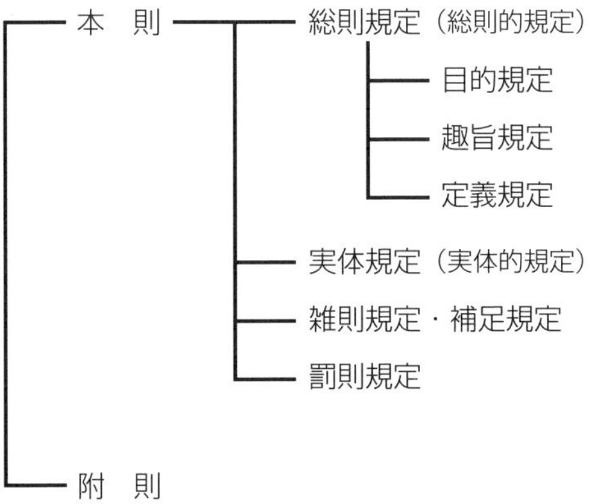

法律の構造は、ロジックツリー手法で整理でき、実体規定の配列は基本的には時系列（プロセス）になっている。したがって、法律の構造を理解し覚える場合には、ロジックツリーとプロセスを基本にして頭に入れることが重要になる。

⑵　条の構成とそれらの名称

総則規定、実体規定、雑則規定などの各規定は、小説のように文章が連続して記載されているわけではない。内容を把握しやすいように、意味内容から一区切りと考えられる単位（一文の場合も複数の文の場合もある）を基礎とした箇条書きの形式がとられており、その内容によって条という単位で区切られている。そして、この条も複数の要素によって構成されることが多いので、以下では、条の構成要素とそれぞれの名称について説明する。

(a)　条

㈠　見出しと条名

条とは、法律を構成する構成単位の一つである。そして、この条には、原則として、**見出し**と**条名**（「第○条」という部分）が付けられている。たとえば、民法第94条は以下のようになっている。

> （虚偽表示）
> **第94条**　相手方と通じてした虚偽の意思表示は、無効とする。
> 2　前項の規定による意思表示の無効は、善意の第三者に対抗することができない。

この例では「（虚偽表示）」の部分が本条における「見出し」に当たり、「第94条」の部分が「条名」に当たることになる。

次に、それぞれの具体的な意味についてみると、まず、**見出し**とは、要するに**条文の内容を要約したもの**である。民法第94条のような条文については、「見出し」がなくても内容を理解することは容易かもしれないが、まだよくわかっていない法律を検討しなければならない場合に、その法律にはどのような条文があるのかを把握するときや問題となっている事項に関係する条文を探すときは、見出しをみていくことで**検索が容易**になる。

(イ) 共通見出し

(ア)のように、見出しと条名は、一つの条ごとに付けられることが原則であるが、例外的に、通常の見出しと区別される**共通見出し**が付けられる場合がある。この共通見出しは、複数の条文で、ある一定の同一の内容を定めている場合にみられる。

たとえば、民法第243条には次のように見出しが設けられているが、これに続く第244条には見出しがない。

（動産の付合）
第243条 所有者を異にする数個の動産が、付合により、損傷しなければ分離することができなくなったときは、その合成物の所有権は、主たる動産の所有者に帰属する。分離するのに過分の費用を要するときも、同様とする。
第244条 付合した動産について主従の区別をすることができないときは、各動産の所有者は、その付合の時における価格の割合に応じてその合成物を共有する。

民法第244条は、第243条で認められる動産の付合に関して、付合した動産の主従の区別をすることができない場合について定めているから、前条と関係する同一の事項を定めるものである。そこで、民法第243条において共通見出しを設け、第244条には見出しを設けていないのである。

(ウ) 枝番号

見出しと条名は、一つの条文ごとに付けられることが原則であるため、条名は１条から順番に付けられるが、条名に**枝番号**が用いられる場合がある。民法の根抵当権の規定（民法398条の２～398条の22）、債権者代位権の規定（民法423条の２～423条の７）、また、個人根保証契約の規定（民法465条の２～465条の５）が典型例である。

本来、法律改正の際に条を追加する場合には、その後ろの条を繰り下げることが原則である。しかし、**大幅な条の移動を行った場合**、条名の変更によってある条を引用している他の規定についてまで改正が必要になることがあるため、例外的に、枝番号が付けられることになる。なお、枝番号は、後で説明する**「項」には付けることができず、「条」と「号」については付けることができる**とされている。

(b)　項

項とは、一つの条において別の行で区分された一つの段落である。項は、その定義からもわかるように、**一つの条の内容を区切る必要**があるときに使われる。

そして、この項の順序に応じて、順に、「第１項、第２項、第３項、……」と呼ばれる。法律の書き方としては、原則として、第１項には、項の番号が付されず、第２項以下の項目から、「２、３、４、……」というように項番号が付される。項番号は、項の順番を調べ探す便宜のために付けられた符号であると考えられ、項名ではないことから、項のうちの**第１項に当たる部分には１という項番号を付けない**こととされており、また、条名と異なり**枝番号を付けることができない**とされている。なお、市販されている六法全書をみると第１項にも「１」や「①」のように、項の番号が付けられていることがあるが、これは読者の利用の便宜のため編集上付けられたものである。

(c)　号

号とは、条や項の中で、**複数の項目を列挙して並べる必要**がある場合に、これに番号を付けて列挙したものである。「号」には、「一、二、三、……」と漢数字の号名が付される。たとえば、 民法第111条をみると以下のように規定されている。

（代理権の消滅事由）
第111条　代理権は、次に掲げる事由によって消滅する。
　一　本人の死亡
　二　代理人の死亡又は代理人が破産手続開始の決定若しくは後見開始の審判を受けたこと。
2　委任による代理権は、前項各号に掲げる事由のほか、委任の終了によって消滅する。

さらに、「号」の中をさらに区分して箇条書きにするときは「イ、ロ、ハ、……」が使われ、さらにその中を区分して箇条書きにするときは、「(1)、(2)、

(3)、……」が使われる。これをさらに細分化するときには、「(i)、(ii)、(iii)……」が使われる。

そして、各号で列記された部分以外の部分は、「各号列記以外の部分」という。この部分は、いわゆる**柱書**《はしらがき》といわれる部分である。柱書という名称は、正式名称ではないがよく使われる用語である。

(d) 前段・後段

数個の文章で一つの条や一つの項が構成される場合がある。このような場合、一つ目の句点（「。」）までの文を**前段**、二つ目の句点までの文を**後段**という。たとえば、民法第604条第1項は以下のように規定されている。

> （賃貸借の存続期間）
> **第604条**　賃貸借の存続期間は、50年を超えることができない。契約でこれより長い期間を定めたときであっても、その期間は、50年とする。
> 2　……

この例では、「……超えることができない。」までの文を前段といい、「契約でこれより……50年とする。」までの文を後段という。ただ、刑法では、句点で区切られていなくても、前段・後段という表現が用いられる場合があるので注意が必要である。たとえば、刑法第130条は以下のように規定されている。

> （住居侵入等）
> **刑法第130条**　正当な理由がないのに、人の住居若しくは人の看守する邸宅、建造物若しくは艦船に侵入し、又は要求を受けたにもかかわらずこれらの場所から退去しなかった者は、3年以下の拘禁刑〔2025年6月1日施行〕又は10万円以下の罰金に処する。

この刑法第130条では、文章が句点で区切られていないが、条文の中で、二つの構成要件が選択的に結合されて規定されており、それぞれの犯罪が単独で別々に成立することから、実務上また講学上、文頭の「正当な理由がないのに、人の住居若しくは人の看守する邸宅、建造物若しくは艦船に侵入し」「た者は」の部分の罪について、第130条前段の罪（住居侵入罪）とされ、また、文頭の「正当な理由がないのに、」と「又は」以下の「要求を受けたにもかかわらずこれらの場所から退去しなかった者は」の部分の罪について、第130条後段の罪（不退去罪）とされている。

また、一つの条や項が三つの文で構成されている場合、句点ごとに区切られた文章を、前の文章から順番に「前段」、「中段」、「後段」といい、四つの文で構成されている場合には、前の文章から順番に「第一段」、「第二段」、「第三段」、「第四段」という。なお、法令用語ではなく、正式な言い方ではないが、ドイツ法などの外国法や条約で用いられていることから、句点ごとに区切られた文章を、前の文章から順番に「第一文」、「第二文」、「第三文」……ということもある。

(e)　本文・ただし書

条または項が、「ただし」によって二つの文章に分かれている場合がある。このうち「ただし」の前の文章を**本文**といい、「ただし」以降の文章を**ただし書**という。ここでは、あくまでも**本文の規定が原則**であり、**ただし書の規定は例外**であることに注意が必要である。この点についての理解は、ただし書の規定の文言を解釈する際に重要である。本文とただし書で規定されている原則と例外の関係を逆転するような解釈は認められないからである。

本文とただし書が用いられているものとして、民法第93条第１項がある。

（心裡《り》留保）

第93条　意思表示は、表意者がその真意ではないことを知ってしたときであっても、そのためにその効力を妨げられない。ただし、相手方がその意思表示が表意者の真意ではないことを知り、又は知ることができたときは、その意思表示は、無効とする。

2　……

なお、ただし書は、古い立法例では、条文の本文で述べた内容を補足する場合に用いられていることもある。しかし、最近の立法例では、前段と後段の両者の論理的関係が原則と例外である場合には、本文とただし書として規定され、二つの文を「ただし」でつなげるものとされており、他方、後段が前段の説明的な内容となっている場合には、二つの文を「この場合において」の句でつなげることとされている。たとえば、平成16年（2004年）の「民法の一部を改正する法律」による改正前の民法典における条文では、原則と例外の関係に立たないにもかかわらず、前段と後段の二つの文を「ただし」

でつなげている例が多数存在していた（旧27条１項・32条１項・106条など）。しかしながら、民法典を現代語化する平成16年の改正の際に、それらの条文は「前段＋後段」の関係に改められており、現在の民法においては、条文の本文で述べられている内容を補足する場合、ただし書は使用されていない[*2]。

(3) 条文の構造を把握するために必要な法令用語

次に、条文の形式的な意味を把握するために必要とされる法令用語のうち、条文構造を理解するために必要なものについてみていくこととする。

(a) 「及び」と「並びに」

本章の導入部分におけるイヌの分類を具体例として検討した「及び」と「並びに」は、いずれも複数の語句を**併合的に結び付ける場合**に用いられるものであり、英語の「and」の意味を有する点で共通するが、すでに簡単に説明したように、両者は用いられ方において区別される。

及びは、「A 及び B」、「A、B 及び C」というように、**単純に語句を併合的に結び付ける場合**に用いられる（この場合、「A 及び B 及び C」とされることはない）。

これに対して、**並びに**は、「及び」で結び付けられた語句（のグループ）をさらに**上位の段階で他の語句**（のグループ）**と併合的に結び付ける場合**に用いられる（ロジックツリー手法により整理された内容で、これらの法令用語により文が作成されている）。いいかえれば、「及び」は下の接続の段階で使われ、「並びに」はその上の接続の段階で使われるのであるから、「並びに」が出てくれば、その部分でグループ分けがあるというサインなのであり、「及び」が必ず使用されていることに注意して条文を読むことが必要になる。

そこで、単に語句を選択的に結び付けようとする場合に、「A、B 並びに C」とするのは、日常用語での用法としては問題ないが、法令用語の用法としては正しくないことになる。

たとえば、「A 及び B 並びに C 及び D」を図表化すると**図３**のようになる。

それでは、「及び」と「並びに」が用いられている民法第598条第２項を例にみてみる。

＊２　現代語化前の民法典における本文とただし書の問題について、池田真朗編『新しい民法——現代語化の経緯と解説』（有斐閣、初版、2005）30頁〔池田〕。

図３　及び・並びに

並びに＞及び

ex.「Ａ及びＢ並びにＣ及びＤ」

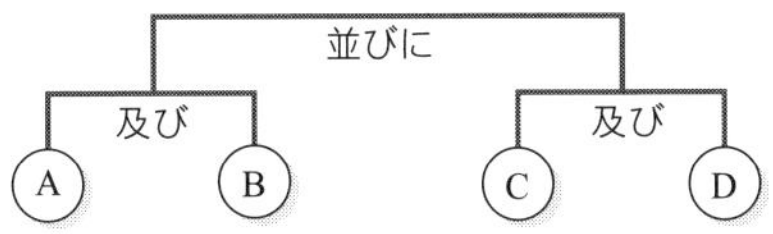

※単一の場合は、「及び」のみ使用

（使用貸借の解除）

第598条　……

2　当事者が使用貸借の期間並びに使用及び収益の目的を定めなかったときは、貸主は、いつでも契約の解除をすることができる。

3　……

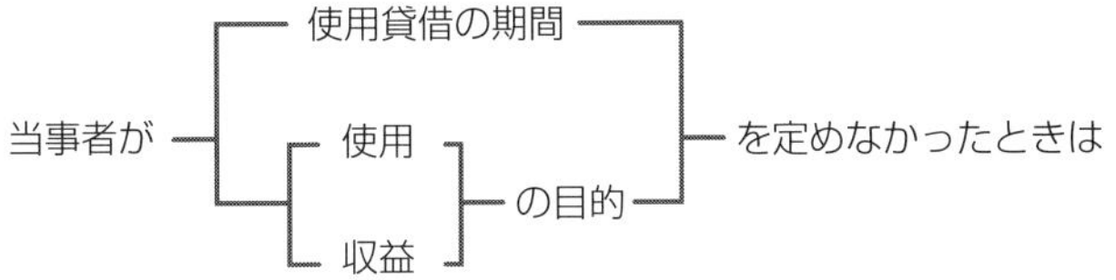

第２項を読むと、まず先に「並びに」という語が出てくるので、この時点で、何かグルーピングがあると気づかなければならない。そして、その前の語とその後の語を分けて読むと条文内容が理解できる。

なお、接続の段階が２段階ではなく、さらに複雑になり３段階以上にもなる場合には、１番小さい接続にのみ「及び」を用い、それ以外の大きい接続にはすべて「並びに」が用いられることになっている（並びに→並びに→及び）。

(b)「又は」と「若しくは」

「又は」と「若しくは」は、いずれも複数の語句を**選択的に結び付ける場合**に用いられるものであり、いずれも英語の「or」と同じ意味である点で共通する。

しかし、両者は用いられ方において区別される。**又は**は、「Ａ又はＢ」、「Ａ、Ｂ又はＣ」というように、**単純に語句を選択的に結び付ける場合**に用いられる。

これに対して、**若しくは**は、「又は」で結び付けられたそれぞれの語句の中を**細分化してさらに語句を結び付ける場合**に用いられる（ロジックツリー手法で整理された内容が明確になるようにこれらの法令用語が用いられる）。そこで、

図4　又は・若しくは

又は>若しくは

ex.「A若しくはB又はC若しくはD」

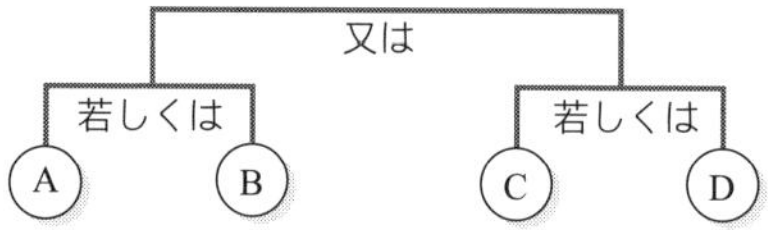

※単一の場合は、「又は」のみ使用

単に語句を選択的に結び付けようとする場合に、「A、B、若しくはC」と記載することは、日常用語での「若しくは」の使用法としては間違いではないが、法令用語の用い方としては正しくなく、法律ではそのような用いられ方はされていない。法令用語としては、「又は」を使用していない文において「若しくは」が使用されることはないのである。

したがって、「若しくは」と「又は」の使用法を理解しておけば、条文中で「若しくは」が用いられていれば、必ず「又は」も用いられていることがわかるから、まず「又は」を探して、上位の接続の段階（「A又はB」）を確認し、次にそれぞれのグループ（Aの語句のグループとBの語句のグループ）の中で、「若しくは」で結び付けられている語句（Aの語句のグループの中のa_1やa_2など）を探し出すことで条文の構造を理解することができる。長々として読みにくい条文もスムーズに理解できることになる。

たとえば、「A若しくはB又はC若しくはD」を図表化すると**図4**のようになる。

次に、民法第436条で「又は」と「若しくは」をポイントに、下線部分の構造をロジックツリー手法で整理してみる。

（連帯債務者に対する履行の請求）

第436条　債務の目的がその性質上可分である場合において、法令の規定又は当事者の意思表示によって数人が連帯して債務を負担するときは、債権者は、その連帯債務者の1人に対し、又は同時に若しくは順次に全ての連帯債務者に対し、全部又は一部の履行を請求することができる。

数人が連帯して債務を負担するときは、債権者は、

その連帯債務者の1人に対し ／ 同時に・順次に 全ての連帯債務者に対し ／ 全部・一部 の履行を請求することができる。

まずは、「又は」という語を探し、その前の文章とその後の文章、または、その前の語とその後の語を分けて読むと条文構造が理解できる。

なお、「又は」により分けられ、さらに「若しくは」で結び付けられたそれぞれの語句の中を細分化してさらに語句を選択的に結び付ける場合も「若しくは」が使用されることとなっている（又は→若しくは→若しくは）。

(c)　「場合」、「とき」と「時」

日常用語で「時と場合によっては」という慣用句を使用するときがあるが、この慣用句の「時と場合」の意味は、「その時その時の事態」や「その時期と場所柄」を意味している（広辞苑）。このような慣用句を日常で使用するとき、「時」（とき）と「場合」について厳密にその意味の違いを考えることはないと思うが、法令用語としては厳密な違いがある。

まず、**場合**は、**仮定条件を表す場合**に用いられるものであり、英語の「if」の意味を有する。

次に、**時**は、**一定の期間や特定の時点を表す場合**だけに用いられ、英語の「when」の意味を有する。仮定条件を示す際には、「時」が使用されることはない。

また、平仮名書きされる「**とき**」は、「時」のように特定の時点に限定した意味に用いられるものではなく、「場合」のように**仮定条件を表す場合**に用いられる。

このように、「とき」は、「場合」と同様に仮定条件を表すためにも用いることができるため、一つの条文の中で一つの仮定条件を規定する場合、「とき」と「場合」のいずれを用いるかはその文脈の中における語感に委ねられている。たとえば、民法第95条第1項においては、「意思表示は、次に掲げる錯誤に基づくものであって、その錯誤が……に照らして重要なものであるときは、……」と仮定条件を規定しているが、これを「……に照らして重要なものである場合は」と定めても、法令用語の用法としては誤りではない。

しかし、**一つの条文の中で、複数の仮定条件を規定**し、大きな仮定条件と

図５　民法第96条第２項の構造

大きな仮定条件	第三者が詐欺を行った	
小さな仮定条件	相手方当事者が知っていた又は知ることができた	相手方当事者が知らなかった（知ることができなかった）
効　果	取消し可	取消し不可

小さな仮定条件を規定するときは、**大きな条件には「場合」**を、**小さな条件には「とき」**を使わなければならない。

たとえば、民法第96条第２項は、「第三者が詐欺を行った場合」で「相手方がその事実を知り、又は知ることができたとき」の二つの仮定条件を規定している。

（詐欺又は強迫）
第96条　詐欺又は強迫による意思表示は、取り消すことができる。
2　相手方に対する意思表示について第三者が詐欺を行った場合においては、相手方がその事実を知り、又は知ることができたときに限り、その意思表示を取り消すことができる。
3　……

そして、「場合」と「とき」に着目すると、民法第96条第２項は**図５**のように、マトリックス手法によりマトリックスとして図表化できる。

次に、「場合」、「時」および「とき」の三つの法令用語が同時に使用されている例として、民法第566条がある。

（目的物の種類又は品質に関する担保責任の期間の制限）
第566条　売主が種類又は品質に関して契約の内容に適合しない目的物を買主に引き渡した場合において、買主がその不適合を知った時から１年以内にその旨を売主に通知しないときは、買主は、その不適合を理由として、履行の追完の請求、代金の減額の請求、損害賠償の請求及び契約の解除をすることができない。ただし、売主が引渡しの時にその不適合を知り、又は重大な過失によって知らなかったときは、この限りでない。

図6　その他・その他の

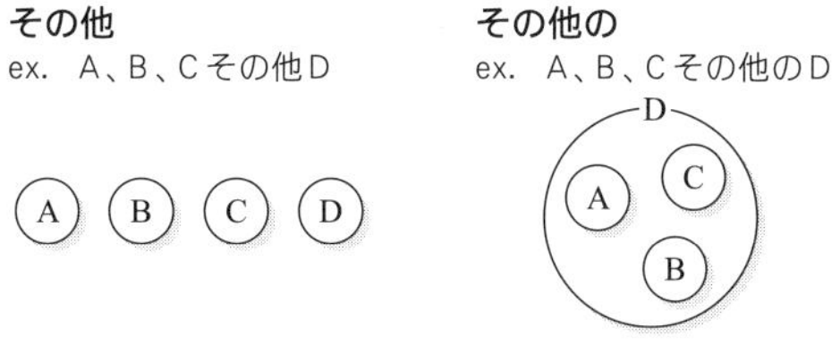

民法第566条は、目的物の種類または品質に関する担保責任の期間に関する条文として、よくみることがあると思うが、この条文は、「場合」、「時」そして「とき」の三つの法令用語の使用法を理解していないと読みこなすことができない。

(d)　「その他」と「その他の」

「その他」と「その他の」は、語句の最後に「の」が付くか付かないかの差異しかなく、日常用語としては使い分けられていないが、法令用語としては、二つの語句は厳密に異なるものとして使用されている。まず、一般に、**その他**は、その前にある語句とその後ろにある語句とが**並列の関係にある場合**に用いられる。これに対して、**その他の**は、「その他の」の**前にある語句がその後ろの語句の例示となる場合**に用いられる（「の」は、高校時代に学習した集合論での包含記号⊂の意味であると考えておけばよい）。たとえば、「A、B、Cその他D」と「A、B、Cその他のD」といった場合、A、B、C、Dの関係は図6のように図表化することができる。

民法において、「その他の」が典型的な使用法で何回か使用されている条文として、民法第33条がある。

> （法人の成立等）
>
> **第33条**　法人は、この法律その他の法律の規定によらなければ、成立しない。
>
> 2　学術、技芸、慈善、祭祀《し》、宗教その他の公益を目的とする法人、営利事業を営むことを目的とする法人その他の法人の設立、組織、運営及び管理については、この法律その他の法律の定めるところによる。

第1項をみると、「この法律〔注：民法のこと〕その他の法律」と規定されており、「その他の法律」の中に民法が含まれることが示されている。

また、第2項の構造は大きくは、「A（学術、技芸、慈善、祭祀、宗教その他の公益を目的とする法人)、B（営利事業を営むことを目的とする法人）その他のC(法人)」と理解でき、AとBの法人は、法人の例示であることがわかる。そして、Aの中には、「公益」の例示として、「学術」、「技芸」、「慈善」、「祭祀」、そして、「宗教」が示されていることが理解できる。

次に、「その他」が使用されている例として、物権法における隣り合った土地間の法律関係である相隣関係の条文である民法第225条第2項を挙げてみる。

（囲障の設置）

第225条　2棟の建物がその所有者を異にし、かつ、その間に空地があるときは、各所有者は、他の所有者と共同の費用で、その境界に囲障を設けることができる。

2　当事者間に協議が調わないときは、前項の囲障は、板塀又は竹垣その他これらに類する材料のものであって、かつ、高さ2メートルのものでなければならない。

民法第225条第2項では、「板塀又は竹垣その他これらに類する材料のもの」と規定されており、「その他」の前後の語句について、前の語句である「板塀」や「竹垣」と「これらに類する材料のもの」とは並列関係になっている。「板塀」などは、「これらに類する材料のもの」の例示ではなく、包含されているものではない。

以上のように「その他」と「その他の」は一般的には法律上区別して使用されているが、実際には、「その他」が、語感、語調等の関係で、「その他の」と同様に前の語句が後ろの語句に包含されている場合に用いられている例もあることには留意しておく必要がある。たとえば、憲法第21条第1項に規定されている「言論、出版その他一切の表現の自由」である。「その他」の後ろの文言に「一切の」という語句があり、意味を考えれば、「部分」と「全体」の関係になっているので、本来であれば、「その他の」を使用すべきであるが、語感、語調等の関係で「その他」が使用されている。**「その他」の後ろに包括的な内容の語句が規定されている場合**には、その「その他」は**「その他の」の意味で用いられている**と考えられるので留意しておいてほしい。

具体的に、民法で「その他」が「その他の」の意味で使用されている例を挙げてみる。

> （保証債務の範囲）
> **第447条**　保証債務は、主たる債務に関する利息、違約金、損害賠償その他その債務に従たるすべてのものを包含する。
> 2　……

この場合、「利息」、「違約金」、「損害賠償」の後ろに規定されている語句は、「その債務に従たるすべてのもの」（従たる債務）であり、意味を考えれば、部分と全体の関係であるので、「利息」などは、「その債務に従たるすべてのもの」と並列ではなく例示ということになる。

(e)「前項の場合」と「前項に規定する場合」

「前項の場合」と「前項に規定する場合」とは、一見すると、その意味にはそれほど違いがないと思われるが、法令用語として用いられる場合、大きな違いがある。

具体的には、**前項の場合**は、**当該条項の前項全体**を受け、前項の意味を補足するために用いられるが、**前項に規定する場合**は、当該条項の前項において規定されている「～の場合」や「～のとき」で示される**条件を指す場合**に用いられる。

「前項の場合」と「前項に規定する場合」とを読み違えると、条文の意味の理解がまったく異なるので、注意すべきである。

たとえば、民法第401条第2項は、「前項の場合」を用いて以下のように規定されている。

> （種類債権）
> **第401条**　債権の目的物を種類のみで指定した場合において、法律行為の性質又は当事者の意思によってその品質を定めることができないときは、債務者は、中等の品質を有する物を給付しなければならない。
> 2　前項の場合において、債務者が物の給付をするのに必要な行為を完了し、又は債権者の同意を得てその給付すべき物を指定したときは、以後その物を債権の目的物とする。

本条第2項は、「前項の場合」と規定しているため、前項の定める「債権の目的物を種類のみで指定した場合」という条件を受けているのではなく、

「民法第401条第１項で定める場合」という意味に理解しなければならない。

また、民法第246条は、「前項に規定する場合」を用いて以下のとおり規定されている。

（加工）

第246条　他人の動産に工作を加えた者（以下この条において「加工者」という。）があるときは、その加工物の所有権は、材料の所有者に帰属する。ただし、工作によって生じた価格が材料の価格を著しく超えるときは、加工者がその加工物の所有権を取得する。

2　前項に規定する場合において、加工者が材料の一部を供したときは、その価格に工作によって生じた価格を加えたものが他人の材料の価格を超えるときに限り、加工者がその加工物の所有権を取得する。

本条第２項は、「前項に規定する場合」と規定し、「他人の動産に工作を加えた者……があるときは」という条件を受けているものであるから、第２項の読み方としては「他人の動産に工作を加えた者……がある場合において、加工者が材料の一部を供したときは……」と読むこととなる。

以上のように、「前項の場合」と「前項に規定する場合」は法令用語としては、厳密に異なるものとして使用されている。民法では、これらが出てくるところは少ないが、会社法では、数十箇所でこれらの法令用語が使用されているので、会社法の条文を読む際には、これらの違いを思い出してもらいたい。

⑷　条文の構造にかかわらないが重要な法令用語

条文の形式的意味を把握するためには、条文の構造にかかわらない法令用語についても、重要なものについては、法令を正確に理解するために、理解しておきたい。そこで、民法を含めた法律の解釈のために重要と思われるいくつかの用語を解説する。

⒜　「物」、「者」と「もの」

これらは、いずれも「もの」と読まれる。「物」と「者」とは、その意味において明らかに区別できるが、これらと「もの」も区別されている。法令上は、「もの」といったときには、「物」と「者」とも違った意味で用いられている。

まず、**者**とは、**権利義務の帰属主体**を意味する。具体的には、自然人と法人を意味し、それ以外の人格のない社団・財団は原則として含まれない。

次に、**物**とは、権利の客体である外界の一部をなす物件を表すものとして使用され、具体的には、**有体物**（民法85条）を意味する場合に用いられる（ただ、法令用語としては、例外的に、有体物には限られていない例もあるようである）。

最後に、**もの**とは、主体につき、**自然人・法人以外の主体**（人格のない社団・財団）を指すときや**自然人・法人とこれら以外の主体を含めて指す**ときに用いられる。また、行為や権利義務の客体につき、**有体物以外**の客体を指すときや、**有体物と有体物以外のものを含めて指す**ときに用いられる。例としては、民法第708条で用いられている「もの」が挙げられる。

（不法原因給付）
第708条　不法な原因のために給付をした者は、その給付したものの返還を請求することができない。ただし、不法な原因が受益者についてのみ存したときは、この限りでない。

さらに、**関係代名詞的な用法**（「……で……もの」「……であって……もの」）で使われ、**あるものにさらに要件を重ねて限定する場合**がある。すなわち、「者」または「物」の語で表される法律上の人格者または物件をさらに限定しようとする場合である。この場合の「もの」は、説明のための「もの」で、外国語の関係代名詞に相当し、人格を表す「者」または外界の一部をなす物件を表す「物」ではないために、仮名書きの「もの」とされる。例としては、会社法第1編第3章第2節「会社の代理商」の条文である第16条が挙げられる。

（通知義務）
第16条　代理商（会社のためにその平常の事業の部類に属する取引の代理又は媒介をする者で、その会社の使用人でないものをいう。以下この節において同じ。）は、取引の代理又は媒介をしたときは、遅滞なく、会社に対して、その旨の通知を発しなければならない。

以上みたように、意味の違うこれらの法令用語の読み方も区別し、通常では、すべて「もの」と読むところ、「物」を「ぶつ」と読み、また、「者」を「しゃ」と読むことにより区別することもある。

(b) 「等」

「等」は、その直前に掲げられた事項以外にまだほかのものがあることを表す場合に使われるものである。たとえば法令では、「○○、▲▲、××等」という使われ方をしている。法令での「等」の読み方としては「とう」であり、慣用的な「ら」や「など」とは読まない。そして、「等」は日常用語と同じ意味であると思われがちであるが、法令用語としては「等」には何らかの意味が込められている。

したがって、法令解釈においては**「等」が何を意味するのかを考えることが大切**である。法令においては、通常、以下のような「等」の具体的な内容が明らかである場合に限って用いられている。

① 法令、章・節等、または条の内容を簡潔に示すために、題名、章名・節名等、または見出しの中で用いられる場合
② 長い表現の繰返しを避けるために、略称や定義語の中で用いられる場合

民法において「等」が使用されている条文は多いが、前記①の例として「等」を用いた見出しがある民法第97条を挙げてみる。

(意思表示の効力発生時期等)
第97条 意思表示は、その通知が相手方に到達した時からその効力を生ずる。
2 相手方が正当な理由なく意思表示の通知が到達することを妨げたときは、その通知は、通常到達すべきであった時に到達したものとみなす。
3 意思表示は、表意者が通知を発した後に死亡し、意思能力を喪失し、又は行為能力の制限を受けたときであっても、そのためにその効力を妨げられない。

この民法第97条の見出しに「意思表示の効力発生時期等」とある。条文を読むと、この「等」は第2項と第3項の規定内容を意味していることがわかる。この条文では「等」の意味内容につき条文自体から理解することができる。

後者②の例として、略称や定義語のなかで、長い表現の繰返しを避けるために「等」が用いられる場合で「等」が使用されている民法の条文を挙げてみる。

（付合、混和又は加工の効果）

第247条　……

２　前項に規定する場合において、物の所有者が、合成物、混和物又は加工物（以下この項において「合成物等」という。）の単独所有者となったときは、その物について存する他の権利は以後その合成物等について存し、物の所有者が合成物等の共有者となったときは、その物について存する他の権利は以後その持分について存する。

この民法第247条の条文では、長い表現の繰返しを避けるために定義語の作成にあたり「等」が用いられた「合成物等」という用語が作成されている。

しかし、上で挙げた二つの例とは異なり、法令において「等」の意味内容が、その法令の条文から明確にわからない場合もある。この場合には解釈によって「等」の意味を考える必要があるが、列挙されている事項とその規範的価値において同じ性質を有する重要なものを示す、言い換えると、「その他これに類する事項」というように解して「等」の内容を考えることになる。

(c)　「前」・「次」

法令において、条、項、号等を引用する場合に「前条」や「次条」などのように「前……」や「次……」を用いることがある。

まず、条についていえば、「前条」は、ある条においてその直前の条を指示する場合に用いられる。「前二条」や「前三条」は、ある条において、その直前の先行する２条または３条を指示する場合に用いられる。法令の条文では、序数（first, second, third,……）には必ず「第」が付き、「第」が付いていないということは、序数ではなく基数（one, two, three, ……）であることになる。そこで、上の「前二条」や「前三条」は「前に出てくる第二条」や「前に出てくる第三条」という意味にはならないのである。

指示する条が直前に先行するすべての条で、かつその条数が４条以上のときは、「前各条」を用いる。すなわち、「前四条」という言い方はないのである。また、指示する条が直前に先行する条の一部であり、かつその条数が４条以上の場合には「第○条から前条まで」とされる。

これらのことは項や号についても同様であり、項について民法で使用されている例を挙げてみる。

（詐欺又は強迫）

第96条　詐欺又は強迫による意思表示は、取り消すことができる。

2　相手方に対する意思表示について第三者が詐欺を行った場合においては、相手方がその事実を知り、又は知ることができたときに限り、その意思表示を取り消すことができる。

3　前二項の規定による詐欺による意思表示の取消しは、善意でかつ過失がない第三者に対抗することができない。

第３項を見ると、「前二項」と規定されており、この場合には、第１項と第２項を指しているものとなる。第２項のみを指しているのではない。

そして、「次条」、「次条から第○条まで」についても、「前条」、「第○条から前条まで」の用法に対応して直後の条を示すときに用いられる。しかし、「次二条」や「次三条」という表現は用いられない。このことは、項や号についても同様である。

(d)「適用する」と「準用する」

適用するとは、その規定が**本来対象としている事項**について、その**規定を当てはめる**ことであるが、この「適用する」に似たものとして、「準用する」がある。**準用する**とは、本来対象とする事項にしか適用のない規定を、その事項に**類似する事項**について、**多少の読み替えを加えつつ適用**させることである。この準用は、条文が複雑になることを防ぐために用いられる。「準用する」が使われる場合、一般的には、「○○の規定は、……に（ついて）準用する。」という構文になっている（このような規定は準用規定といわれる）。

民法における準用の例は多くあるが、抵当権の規定である民法第372条や売買契約の規定である民法第559条などが典型例である。

（留置権等の規定の準用）

第372条　第296条、第304条及び第351条の規定は、抵当権について準用する。

（有償契約への準用）

第559条　この節の規定は、売買以外の有償契約について準用する。ただし、その有償契約の性質がこれを許さないときは、この限りでない。

しかしながら、法律において、準用をすることでかえって条文が複雑になっていると指摘される場合もある。これは、準用には、多少の読み替えが必要となることや、準用の際には、準用する条名（条番号）のみが指定されているにすぎないことから、指定された条文も合わせて読む必要があるからである。そこで、会社法の制定に際しては、旧商法において多く用いられていた準用規定はなるべく用いないよう配慮されている。

なお、条文の解釈において、類推解釈（類推適用）につき、時には、「準用」といわれることがあるが、これは正確には「解釈上の準用」というべきものである。

(e)「推定する」と「みなす」

推定するとは、ある事柄について、法令の取扱い上、**一定の事実状態にあるものとして取り扱う**ことを意味する。この「推定する」に似たものとして、「みなす」がある。**みなす**とは、ある事柄と性質は異なるが、**その事柄と同一視して、その法的効果を生じさせる**ことである。このように両者の意味は、一見すると同じにみえるかもしれないが、両者は、**証拠を挙げて否定することができるか否か**という点で根本的に異なる。つまり、「みなす」とされた場合は、証拠を挙げることによっても、みなされた法的効果を覆すことができない。

たとえば、民法において「みなす」が用いられている条文として、民法第121条が挙げられる。

（取消しの効果）
第121条　取り消された行為は、初めから無効であったものとみなす。

このことは、取消しは遡及的無効であり、一般的な「無効」と異なるところがないことを意味することになる。

しかしながら、「推定」という用語が使用されている場合、多少注意が必要である。まず、**推定**とは、一般にある事実から他の事実を推認することであり、これには二つの場合がある。一つは、**事実上の推定**であり、推定が裁判官の自由心証主義の一作用として経験則を適用して行われる場合で、二つ目は、**法律上の推定**であり、ある権利あるいは法律効果の発生を容易にする目的で、その経験則があらかじめ法規（推定規定）化されており、その規定の適用として行われるものである*3。民法上問題となるのは、法律上の推定である。そして、法律上の推定には、事実推定と権利推定がある。ただ、法律上の推定の用語は、狭義では、事実推定の意味で用いられる。

事実推定は、ある法規でＡという法律効果の法律要件（要件事実）とされている乙事実につき、他の法規（推定規定）で「甲事実（前提事実）があるときは、乙事実（推定事実）あるものと推定する」と定められている場合である。たとえば、民法第186条第２項である。

> （占有の態様等に関する推定）
>
> **第186条**　占有者は、所有の意思をもって、善意で、平穏に、かつ、公然と占有をするものと推定する。
>
> 2　前後の両時点において占有をした証拠があるときは、占有は、その間継続したものと推定する。

民法第162条が占有の継続（20年・10年）を所有権の時効取得の法律効果を発生させる要件としているところ、この民法第186条第２項は、「前後の両時点において占有」が主張・立証できる場合は、その間の占有が継続した事実を推定することとしている。この推定がされると、時効取得を争う者が、占有が継続しなかった事実を主張・立証しなければならなくなるのである。

次に、**権利推定**であるが、これは、Ａなる権利（法律効果）の発生原因事実たる乙事実とは異なる甲事実につき、「甲事実あるときはＡ権利（法律効果）あるものと推定する」と定められる場合である。たとえば、民法第188条である。

> （占有物について行使する権利の適法の推定）
>
> **第188条**　占有者が占有物について行使する権利は、適法に有するものと推定する。

これは占有の事実から占有物の上に行使する権利の適法性を推定しているのである。

＊3　法律上の推定について、中野貞一郎＝松浦馨＝鈴木正裕編著『新民事訴訟法講義』（有斐閣、第３版、2018）406～407頁。

ほかに、民法上使用されている「推定」の語は、**法律上の推定以外の意味**でも用いられていることがある。(i)意思表示の解釈規定と解される場合と、(ii)証明責任の転換を図るための、いわゆる「暫定真実」を規定すると解される場合である。前者の**意思表示の解釈規定**とされる例としては、民法第136条第１項、第420条第３項や第569条第１項がある。

（期限の利益及びその放棄）
第136条　期限は、債務者の利益のために定めたものと推定する。
2　……

（賠償額の予定）
第420条　……
2　……
3　違約金は、賠償額の予定と推定する。

（債権の売主の担保責任）
第569条　債権の売主が債務者の資力を担保したときは、契約の時における資力を担保したものと推定する。
2　……

後者の**暫定真実**とは、前提事実なしに無条件に一定の事実を推定することによって、その規定の要件事実の不存在の証明責任を相手方に負わせる立法技術で、ただし書で規定するのと同様の意味を持つ。例としては、前述の民法第186条第１項で、占有者の所有意思・善意・平穏・公然の推定は他の規定でこれらを要件事実と定めている場合（民法162条・163条・192条）に関して、その証明責任を転換するものである。「推定」の概念について少し細かく説明をしたが（**図７**にまとめてある）、これは要件事実論と密接な関係を有し、少なくともここでは法令用語の読み方とともに難しい問題があることに留意してほしい。

図7　推定

- 推　定
  - 法律上の推定
    - 事実推定
    - 権利推定
  - 法律上の推定以外
    - 意思表示の解釈規定
    - 暫定真実

[3] 条文の形式的意味の確定から実質的意味・適用範囲の確定へ

本章において、民法の条文を中心にして、条文の形式的意味の確定を行うために、条文の構造や条文で使用されている法令用語を解説した。条文の解釈を行う前提として、まずは、正確に条文の構造を理解し、そこで用いられる法令特有の用語を正確に理解しておくことが大切である。これらを理解しないで法律の学習をすることは、英文法や基礎的な英単語を学習せずに英語を学習しようとするようなものである。

条文の形式的意味を確定したうえで、条文の実質的意味・適用範囲を解釈によって確定するという作業（この具体的な説明は次章で行う）を行うことになるが、この考え方は、「形式論」から「実質論」へ思考を進めるという法律を考える際の基本的なフレームワークでもある。形式論から実質論という基本的な考え方が、どのようなものであるかについて頭に入れつつ、次章へ読み進めてほしい。

第7章
条文解釈の方法
規範の実質的内容の検討

Introduction

法学部や法科大学院の講義では、法律の解釈が争われている様々な論点を勉強していると思います。それらの論点は、ある特定の条文における文言の解釈、そして、その条文の適用範囲についての判例や学説の争いです。その条文の解釈は、法的三段論法における大前提たる法規範の解釈の問題ですから、法的三段論法におけるその位置づけを理解したうえで、正しい条文解釈の方法に基づくものでなければなりません。

法学部や法科大学院の学生であれば、初年度の法学の講義等で法的三段論法や条文解釈の方法について説明を受けているはずですが、それらを漠然とは理解していても理論的にきちんと理解している学生は必ずしも多くありません。そして、理解していても、その後、各法律の論点の学習において、それらを使わなければならないことを忘れてしまう学生が多いように思います。また、法学部や法科大学院卒業以外の法律学習者は、法的三段論法や条文解釈の方法について細かい説明を受けたことのない方がほとんどでしょう。

そこで、前章において条文の形式的意味の把握のために必要な法律の構造や法令用語について説明しましたので、本章では、次のステップである**条文解釈の方法（規範の実質的内容の検討）**について説明しましょう。

法律の勉強をしているときには、まず、**フレームワーク思考**により、**マクロ的にみて、自分が今、全体の中のどこの部分の勉強をしているのか**を理解することが大事です。たとえば、民法の財産法では、総則・物権・債権総論・債権各論という民法の編別の議論ではなく、契約・法律行為全体の時系列・構造でマクロ的に全体を把握して、その中で議論の位置づけを考えていかなければなりません。そして、その**全体の中での個別の論点**について、本章で説明する**条文解釈の方法を具体的に適用**するのです。そこでは、具体的に**どの条文のどの**

文言の問題か、どのような解釈手法に関する問題か、また、具体的に**どのような解釈技法の適用問題か**に分割したフレームワークの中で問題を考えることが重要です。

[1] 法解釈と条文解釈の意義

本章で「条文解釈の方法」という用語を使用しているが、その前提として、類似の用語である「法解釈」・「法の解釈」（以下、**法解釈**という用語を使用する）の意義を説明する。「法解釈」という用語は、いくつかの意味で用いられるが、「条文解釈の方法」とは、その中の一つである[*1]。そして、この「法解釈」には、主に三つの意味がある。

第一に、法源から法規範を引き出す作業・プロセスであり、いいかえれば、法律の条文の意味内容を明らかにする作業・プロセスの意味で用いられる。第二に、作業・プロセスで用いられる具体的な解釈の手法・技法という意味（＝条文解釈の方法）で用いられる。そして、第三に、法の適用、すなわち、法規範に事実を当てはめて結論を出すという作業・プロセスの意味で用いられる。

そして、あまり多くはないが、法解釈は、条文解釈の方法を用いて行われた作業・プロセスの結果として生じた法命題（解釈命題）を意味すること、また、規範と規範の抵触・矛盾を解決して、全体として整合的な法体系を示そうとする法の体系化の作業・プロセスを指すこともある。

本章が対象とする「法解釈」は、第二の意味での「法解釈」である。

[2] 法的三段論法と条文解釈

法的三段論法と法律の条文解釈の方法は、法律学の基本であり、条文解釈は法的三段論法の一部と位置づけられる。

法的三段論法とは、すでに第３章（法律学におけるロジカルシンキング）で説明をしたように、①法規範・法命題、②証拠により認定された事実の当てはめ、③当てはめた結果としての法律効果、として論理的に構成されるものである。法的三段論法において、**大前提**となる法規範・法命題は、**通常は法律**

＊1　法の解釈とその多義性について、山川一陽＝船山泰範＝根田正樹編著『新法学入門』（弘文堂、第２版、2012）（以下、山川ほか）154頁、大村敦志『基本民法Ⅰ　総則・物権総論』（有斐閣、第３版、2007）（以下、大村）361～363頁。

の条文になる（ただ、法律の個々の条文ではなく法律学の一般理論のこともある）。そこで、**条文解釈**は、法的三段論法の大前提である①法規範・法命題を構成する**法律の条文の意味を確定する作業**として、**法的三段論法の一部**と位置づけられることになる。

3　法律要件と法律効果

このように法律の条文の解釈は、法的三段論法の大前提である法規範・法命題となる条文の意味内容を確定する作業であると位置づけられることから、次に、その法律の条文の構造を理解することが重要になる。民法の条文の構造をみると、民法のほとんどの条文は、「○○ならば××である」という形をとっている。この「○○ならば」という部分を**法律要件**といい、「××である」の部分を**法律効果**と呼んでいる。いいかえれば、民法は、一定の法律要件を満たせば、一定の法律効果が生じるという形で規定されており、たとえば、「詐欺又は強迫による意思表示は、取り消すことができる。」（民法96条１項）では、「詐欺又は強迫による意思表示は」という部分が法律要件に当たり、「取り消すことができる」という部分が法律効果に当たる。

このように**民法での法律効果とは、一定の権利義務の発生・変更・消滅を意味する**。そこで、どのような法律要件を満たすと、どのような物権や債権が発生し、変更し、または、消滅するのかを分析することが民法の解釈学である。そして、民法を中心とする実体法の条文の法律要件の分析を基に、裁判における証明責任の分配などを検討する法律学の分野が法科大学院の講義で学習する要件事実論である。

4　条文解釈の身近な具体例

民法の条文のほとんどは法律要件と法律効果によって構成されており、民法の解釈学はそれらの内容を確定することを目的とする。そして、民法の法律要件・法律効果に関する解釈手法・技法[*2]は、法律学全体における条文の解釈手法・技法につながる。まずは身近な具体例として、「公園内に犬を連れて入った者は、以後、公園の利用が禁止されるものとする。」という公園管理事務所が定めた民事的な公園管理規則を考えてみよう。

この例では、「公園内に犬を連れて入った者」が法律要件となり、「以後、公園の利用が禁止される」ということが法律効果となる。ここで、文理・文言上、公園内に「犬」を連れて入ってはいけないことは明確である。

⑴　「犬」以外の動物を連れて入れるか――反対解釈と類推解釈

それでは、この公園に犬以外の動物を連れて入った場合、この公園規則が適用されるか。まず、「ウサギ」について考えてみる。講義の中で、このような規則について受講生に質問をすると、二つの考え方が出てくる。まず「犬」について規定しているのであるから、「ウサギ」については適用されないとする考え方である。これは、「犬」という文言を前提として、**反対解釈**をしているといえる。これに対して、「ウサギ」も公園内に連れて入ってはいけないと解釈する考え方も出る。この考え方は、「犬」という文言に「ウサギ」は含まれず、当該規則が「ウサギ」には適用されないとしたうえで、この公園管理規則を**類推解釈**し、「ウサギ」に類推適用しているといえる。

これらの反対解釈と類推解釈は、**常に論理的な法解釈として並存**しうるから、次に、法解釈として**どちらが妥当であるかを確定する必要**がある。この点を確定するためには、公園管理事務所がこの公園管理規則を制定した目的（いわゆる**条文の趣旨・制度趣旨**）を考えなければならない。

⑵　なぜ公園に「犬」を連れて入ってはいけないのか
――条文の趣旨・制度趣旨

まず、公園管理事務所としては、公園管理規則の制定目的につき、公園内は幼児がよく遊んでいるので、幼児を守るために公園の中には幼児に危害を加える可能性がある犬を連れて入ることを禁止しているとする。

このような制定目的からすれば、幼児に危害を加えることが通常考えにくい「ウサギ」を連れて公園に入ることは、この公園管理規則を反対解釈する

＊2　民法の解釈方法について、大村359頁以下、星野英一『民法概論Ⅰ（序論・総則）』（良書普及会、改訂版、1981）48〜64頁、高乗正臣＝奥村文男編著『プラクティス　法学実践教室Ⅰ』（成文堂、第5版、2015）68〜78頁、斎藤和夫編『レーアブーフ民法Ⅰ（総則）』（中央経済社、第3版、2007）21〜34頁、山川ほか160〜170頁、米倉明『民法の聴きどころ』（成文堂、初版、2003）98〜113頁、前田達明『民法の“なぜ”がわかる』（有斐閣、初版、2005）165〜173頁、同「法の解釈について――民法の解釈例として」法セミ660号（2009）36頁以下・661号（2010）42頁以下、外山秀行『法令実務基礎講座』（同文舘出版、初版、2017）36〜58頁。大村・前掲では、民法の解釈について図表を使用しながら簡潔明快に説明している。星野・前掲は条文解釈の方法を明快に解説しており、一般の法学のテキストでは概略しか触れられていない解釈の方法が民法の条文を例として詳しく説明されているので、ぜひ読んでもらいたい。また、米倉・前掲では条文の解釈を行うにあたっての基本的な考え方が要領よく的確にまとめられているので、参考にしてほしい。前記各文献を読む際に様々な解釈方法に関する用語につき、必ずしも共通の意味内容が付与されているとは限らず、筆者によって用語の使用方法が多少異なる場合があるので注意して読んでもらいたい。

ことにより、許されるとすることが妥当であり、類推解釈をすることは妥当ではないと考えられるであろう。

(a)　どんな「犬」も連れて入ることができないのか
　　——縮小解釈・制限解釈

前述のように公園管理規則の制定目的を考えた場合、次に、「犬」の一種類である「チワワ」（世界一小さなイヌで、成犬になっても2kgほどの大きさ）を連れて公園内に入ることが禁止されるかどうかを考えてみる。

まず、公園管理規則の文理解釈からすれば、当然「犬」である「チワワ」を公園に連れて入ることは禁止される。しかしながら、「チワワ」は、性格的におとなしい小型の愛玩犬（抱きイヌ）であり、このような小型の愛玩犬が幼児に危害を加える可能性が低いことを考えれば、「チワワ」を公園内に連れて入ることは許されるべきという判断もありうる。このような判断からすると、「犬」には様々な種類の犬がいるところ、「公園内に犬を連れて入った者」という規則の「犬」について、「幼児に危害を加える可能性があるような大型の」という形容詞を「犬」に付加し、犬の範囲を限定して、「幼児に危害を加える可能性があるような大型の『犬』」というように、**縮小解釈**（**制限解釈**）をすることになる。とすると、当該規則が適用されるのは、シベリアン・ハスキー（成犬では、体高約50～60cm、体重約15～25kgになる大型犬。好奇心が非常に強く、いたずら好きで力の強い犬種）のような大型犬に限定され、チワワには適用されないことになる。

(b)　どこまでを「犬」と考えるのか——拡張解釈と類推解釈

それでは、極端な例として「キツネ」はどうか。通常の用語の意味で考えれば、「イヌ」概念の中に、「キツネ」は含まれない。しかしながら、伝統的な動物学上の分類単位では、ネコ目（食肉目）のネコ亜目の中の「イヌ科」として、「イエイヌ」と並び、「キツネ」が含まれている（**図1**）。そうすると、「犬」を「イヌ科の動物」と解釈すれば、「キツネ」は「犬」に含まれることになるから、キツネを連れて公園に入ることはできないと解釈（**拡張解釈**〔狭義〕）する余地がある。そして、キツネが幼児に危害を加える可能性があるのであれば、この公園管理規則を拡張解釈（狭義）することに妥当性があるといえる。しかしながら、「キツネ」を「犬」に含めることは通常の用語の意味内容から相当程度の乖離があるので、このような場合、拡張解釈ではなく、文理上、この公園管理規則は適用できないとしたうえで、類推解釈により、「キツネ」にもこの公園管理規則を類推適用するということが妥当な解

図1　ネコ目

- ネコ目（食肉目）
  - 裂脚《れっきゃく》亜目（ネコ亜目）
    - レッサーパンダ科：1属1種（レッサーパンダ）
    - イヌ科：13属35種（オオカミ、イエイヌ、**キツネ**、ジャッカル、ヤブイヌなど）
    - ⋮
  - 鰭脚《ききゃく》亜目（アシカ亜目）
  - ⋮

釈方法になろう。すなわち、**問題となる用語を通常の意味内容の最大限の範囲で理解する場合が拡張解釈（狭義）**である。そして、その用語につき通常の意味内容の最大限の範囲を超える理解をすることは拡張解釈を超えるものであり、その場合には、類推解釈をすべきことになるのである。

(c)　異なる制定目的として検討した場合

それでは次に、公園管理事務所がこの公園管理規則を制定したのは、犬が公園内でフンをするので、そのことが公園の美観を害し、また、幼児が遊ぶ公園としては不衛生であるからだとする。

このような制定目的からすれば、最初に例として挙げた「ウサギ」が公園内でするフンの量は少量であり、美観や衛生上問題とする程度のものではないと判断するならば、「犬」の文言には明確に「ウサギ」は含まれていないのであり、規則に記載がない動物である「ウサギ」には公園管理規則は適用がないと反対解釈すべきであろう。これに対し、フンの量は少量といえるが、美観や衛生上無視しえないと判断するのであれば、公園管理規則の「犬」の文言に「ウサギ」は含まれないが、規則の制定目的からすれば、類推解釈を行い「ウサギ」に対して類推適用すべきであろう。そして、このように制定目的を考えた場合、チワワとシベリアン・ハスキーのように、犬種により適用される場合とされない場合を区別する縮小解釈を採る必要もないことになろう。

以上の例からわかるように、「犬」という文言を含む規則の適用について、「ウサギ」、「チワワ」、また「キツネ」について個別に考えていくと、論理上、いくつかの解釈が成り立ちうる中で、反対解釈、類推解釈、縮小解釈（制限解釈）等の法解釈をすることになる。この際に重要なことは、その公園管理規則の制定目的（法律であれば条文の**立法趣旨**）を常に考えなければならないということである。つまり、条文解釈で重要なことは、**法律の条文の立法趣旨を考えること**であり、立法趣旨を考えることなしに解釈はできないということである。

5　条文解釈の一般理論[*3]

(1)　条文解釈の全体構造

以上、公園管理規則での「犬」という文言を題材にして、条文解釈の具体例を検討してみたが、次に、もう少し詳細に条文解釈の方法論を検討してみる。

図2は、条文解釈の方法に関するマトリックスであるが、このマトリックスの順番に従って、以下に条文解釈の方法を解説していくことにする。

(2)　ステップ１――テキストの文理解釈（文言解釈）と論理解釈

(a)　文理解釈（文言解釈）

まず、条文解釈のスタートラインは、条文の文章（テキスト）を条文の文言によってのみ解釈する条文解釈の方法である。これは**文理解釈（文言解釈）**といわれるものであり、用語の通常の意味に従い、あるいは、法令用語（たとえば、「及び」や「並び」）や法律用語（たとえば、「善意」）の特殊な意義を考慮するとしても、文章を文法に従って解釈することである。法令用語や法律用語には法律には定義こそないが、前章（法律の構造と条文の読み方）で説明をしたように、テクニカルターム（専門用語）としてある程度決まった意味内容を持つ用語があるので、それらは、文理解釈にあたって非常に重要となる。

第２章（論理的思考と図表作成の方法）でロジカルシンキング（狭義のロジカルシンキング）の思考方法・手法を説明したように、法律学の基本的思考法として、「形式論」から「実質論」の順番で議論を進めることが必要である。そして、条文解釈に際しても、「文理解釈」からスタートするのは、**「形式論」から「実質論」へのMECEのフレームワークに沿って考えている**ものである。

＊3　より詳しく解釈方法について勉強したい読者は、下記の文献も読んでもらいたい。長谷川彰一『法令解釈の基礎』（ぎょうせい、改訂版、2008）、長野秀幸『法令読解の基礎知識』（学陽書房、第１次改訂版、2014）、潮見佳男「民法の学説とは――学説を学ぶことの意義」法セミ617号（2006）27頁以下。

図2　条文解釈の方法

	個別テキスト	関連テキスト
テキストのみ	文理解釈（文言解釈）	論理解釈（体系解釈）
立法趣旨	目的論的解釈（広義） ①立法者意思解釈（歴史的解釈）〔主観的解釈〕 ②狭義の目的論的解釈（法律意思解釈）〔客観的解釈〕 ※広義の目的論的解釈の前提論理として 利益衡量・価値判断、比較法的考慮などがある	
解釈の技法	①文理解釈（文言解釈） 〔法令の規定の文言の縮小や拡張〕 ②縮小解釈（制限解釈） ③狭義の拡張解釈（拡大解釈） 〔法令の規定に直接書いていない事項への対応〕 ④反対解釈 ⑤類推解釈（個別類推・総合類推） ⑥勿論解釈	

(b)　論理解釈

まず文理解釈を行うが、文理解釈の際には同時に**論理解釈（体系解釈・体系的解釈）**も考慮しなければならない。これは、たとえば、民法を一つの論理的体系に構成し、各法規をそれぞれ然るべき地位において調和するような内容を与えようとする解釈方法であり、より全体をみれば、日本一国の法体系も一つの論理的体系をなしており、なるべく矛盾がないように解釈されるべきと考える解釈方法である。具体的には、不法行為の条文である民法第709条の「過失」という文言を論理解釈する場合、「過失」は民法の別の場所にも（民法95条・109 条など)、他の法律である刑法などにも出てくるので、これら全体に共通する意味がないかを探求する解釈である。

また、不当利得の民法第703条の条文「法律上の原因なく他人の財産又は労務によって利益を受け、そのために他人に損失を及ぼした者（以下この章において「受益者」という。）は、その利益の存する限度において、これを返還する義務を負う。」においては、文言上、「受益者」としか規定されていないため、本条だけをみた場合、本条の適用を特に「善意」の受益者の場合に限定する必然性はない。しかし、民法第704条「悪意の受益者は、その受けた利益に利息を付して返還しなければならない。この場合において、なお損害があるときは、その賠償の責任を負う。」は、明確に「悪意の受益者」と規定していることから、この条文との対比で、民法第703条は善意の受益者に関する条項と理解するべきことになる（論理解釈を考慮することにより、民法703条につき制限解釈をしている）。

条文の解釈においては、条文の内容が明確であり、文理解釈（あるいは論理解釈）のみで、法解釈が完結することも極めて多い（その結果、問題となっている事実に当該条文を適用しないことになれば、それは反対解釈をしていることになる）。すなわち、**民法の論点とされている法解釈上の議論は、文理解釈だけでは、意味内容が確定できないような、または、妥当な結論を出すことができないような条文において問題となる**のである。

なお、「論理解釈」という用語は多義的な用語であり、ここでは体系解釈（体系的解釈）の意味で用いている。ただ、ほかに文理解釈（文言解釈）と対立する概念として、法律の規定の文字以外の趣旨・目的などを補って解釈することを意味し、次に述べる「広義の目的論的解釈」と「解釈の技法」（縮小解釈や拡張解釈など）を含むものを意味する場合、また、それよりも狭く、「解釈の技法」のことだけを意味する場合もある。

(3)　ステップ２――条文の立法趣旨

次のステップとして、法律の条文の文言・文理（テキスト）に加えて、条文の立法趣旨（α）というものを考えなければいけない（テキスト＋α）。この条文の立法趣旨の理解には、大きく分けると二つある。一つは広義の目的論的解釈であり、もう一つは、利益衡量・価値判断による解釈である。

(a)　広義の目的論的解釈――立法者意思解釈と狭義の目的論的解釈

そもそも、条文の立法趣旨を理解する際の中心課題は、**広義の目的論的解釈**である。この広義の目的論的解釈には、①立法者意思解釈（歴史的解釈）と②狭義の目的論的解釈（法律意思解釈・客観的解釈）の二つがある。まず、①**立法者意思解釈**は、歴史的解釈であり、起草・立法の資料などによって、立法当時の目的・意味を明らかにして、それを中心に条文を解釈する立場である（ただ、この立法者意思解釈において、条文の起草時において、起草・立法にあたった具体的な起草者・立法者がどのように考えてその条文を起草・立法したのかを重視する立場と起草・立法にあたって用いられた客観的な資料・データなどからその条文がどのような意図の下で起草・立法されたのかを重視する立場の二つがある）。もう一つは、②**狭義の目的論的解釈**であり、法律意思解釈、客観的解釈、あるいは合目的的解釈ともいわれる。これは、現在の社会状況を前提として、法規の制定されている目的を探求し、もし立法者がその目的に従って現在立法したとすればどのように立法するであろうかを推測して解釈する立場である。いいかえれば、制定法は、制定と同時に、立法者の主観的な意思から独立した客観的存在になるとして、法規の意味内容は客観的に法規自体に内在するものとして解釈すべきであるとする立場である。

(b)　利益衡量・価値判断による解釈

また、広義の目的論的解釈以外の解釈方法として、利益衡量・価値判断による解釈が挙げられることがある。この**利益衡量・価値判断による解釈**は、ある法律の条文が、どのような利益をどのような利益に優先させ保護しようとしているのか、さらには、どのような価値をどのような価値に優先させ保護しようとしているのか、といった視点から解釈する立場である。利益衡量・価値判断による解釈は、広義の目的論的解釈と対比されることもあるが、広義の目的論的解釈と利益衡量・価値判断による解釈は対立する、あるいは、排他的な解釈方法ではなく、広義の目的論的解釈の前提には、利益衡量・価値判断による解釈が存すると考えられる。

(c)　立法者意思の不変性と条文の目的の変化

広義の目的論的解釈のうちの立法者意思解釈は、起草・立法の資料などによって、法規の立法当時の目的・意味を明らかにして法律の条文を解釈するのであるが、法律の立法趣旨は、起草者・立法者の考えた利益衡量・価値判断の結果を探索して確定できるものである。しかしながら、法律は、先ほど述べたように、目的論的解釈（狭義）の視点からすれば、制定後独立した存在となり、法規を解釈する際に、必ずしも法律制定時の立法者の意思だけに拘束されることにはならない。そして、社会や時代は常に変化するから、どのような利益・価値をどのような利益・価値に優先させ保護するべきなのか、ということは常に問い続けられなければならない。

したがって、法律の条文解釈に関する立法趣旨の把握・理解について、**立法者意思は不変**であるが、目的論的解釈（狭義）による法律の**条文の目的の把握・理解は、社会・時代の変化によって変遷しうる**ものである。

(d)　立法趣旨の解釈

以上を前提にすると、目的論的解釈（狭義）の結果として把握・理解した立法趣旨にはいくつか異なるものが生じることになる。すなわち、法律が制定された後の社会や時代の変化により、ある法律の条文に関する利益衡量や価値判断について、学者による目的論的解釈（狭義）の結果が異なり、立法趣旨に対する認識が異なってくるということになる。目的論的解釈（狭義）による条文の立法趣旨の理解、すなわち、利益衡量・価値判断の結果に関する理解が複数生じると、その中でどのような立法趣旨の捉え方が妥当であるかにつき、公権的な判断を行う裁判所が決定しなければならない。そのようにして出された最高裁判所の判決（決定）が当該条文の解釈の先例として重要なものとなる。ここで、注意が必要であるのは、そのような**裁判所の判断は、あくまでもその時点における社会で多くの人から支持されていると考えられる利益衡量・価値判断である**ことである。だからこそ、裁判所の判断、そして、最高裁判所の判例でさえも、判例変更がされることがあるのである。

ここで「**判例**」という用語を解説しておくと、一般に判例とは、先例となる（将来の裁判についての拘束力を持つ）判決（決定）またはその法的判断を意味するものであり（民事訴訟法318条１項・337条２項または刑事訴訟法405条・410条２項)、先例となるものは最高裁判所の判決（決定）で「**最高裁判例**」とも呼ばれる。また、下級審の判決（決定）は、先例とはならないもので、裁判例（下級審裁判例）といわれる。

⑷　ステップ３――解釈の技法

以上までの条文の立法趣旨の認識・確定の結果として、どのような解釈技法を使用して条文を具体的に解釈するかが決められる。

文理解釈の後での、広義の目的論的解釈における法律の条文解釈の基本は、立法者意思解釈である。立法者意思解釈により、立法当時の当該条文の立法趣旨が確定され、現時点においても、立法者の行った当該条文に関する利益衡量・価値判断が妥当であると評価されるような条文の場合、当該条文について文理解釈を前提として、条文に規定されているケースだけに当該条文を適用すれば足りる。より詳しくいえば、「類似したAB二つの事実のうち、Aについてだけ規定がある場合に、Bについて A と反対の結果を認めるとする解釈技法」である反対解釈を採ることになる。民法の条文で特に議論がない条文の場合には、このような解釈技法だけで解釈が処理されている。

これに対して、立法者意思の内容は不変であるが、前述のように、社会・時代の変化により、私人間の紛争が複雑化し、問題となる条文の立法当時における利益衡量・価値判断が、現時点においては妥当ではないと評価されることもある。そうすると、当該条文に関して、立法者意思解釈ではなく、目的論的解釈（狭義）により条文の立法趣旨を認識・確定することが必要となる。

目的論的解釈（狭義）により当該条文の立法趣旨を認識・確定する場合、立法者の行った利益衡量・価値判断とは異なる利益衡量・価値判断を行うので、当該条文の文理解釈では目的論的解釈（狭義）による利益衡量・価値判断を実現することが困難となる場合が出てくる。そこで、当該条文について縮小解釈や拡張解釈をするか否か、そして類推解釈をするか否かの検討を行わざるをえないことになる。

(a)　縮小解釈（制限解釈）

縮小解釈（制限解釈）は、法律の条文の文言につき、一般的意味内容よりも狭く解釈することである。これは、条文の文言をそのまま解釈して適用する場合よりも、当該条文の適用範囲を縮小させようとするもので、条文の立法趣旨（利益衡量・価値判断）を狭義の目的論的解釈に基づき修正し、条文の適用範囲を縮小することである。

たとえば、不動産物権変動に関する対抗要件を定めている民法第177条「不動産に関する物権の得喪及び変更は、不動産登記法（平成16年法律第123号）その他の登記に関する法律の定めるところに従いその登記をしなければ、第三者に対抗することができない。」の「第三者」の解釈がある。通常「第三者」とは「当事者またはその包括承継人ではない者」（当事者以外のすべての者）を意味し、この「第三者」につき、そのような意味に捉える見解（文理解釈による見解であり、無制限説といわれる）もかつては存在していた。しかしながら、このような解釈では、不法占有者や不法行為者も民法第177条の第三者として保護されることになってしまう。そこで、現在では、民法第177条の「第三者」については、通常の意味の第三者のうち「不動産物権の得喪および変更の登記欠缺を主張するに正当の利益を有する者」というように制限して解釈をするのが判例・通説であり（制限説）、「第三者」という文言に形容詞句を付加して、第三者の対象・外延を限定する解釈を行っているのである。

(b)　拡張解釈

(ア)　広義の拡張解釈

目的論的解釈（狭義）により、立法者意思解釈による利益衡量・価値判断とは異なる立法趣旨の理解をし、立法者により想定されていたケースよりも広い範囲に当該条文の適用を行おうという利益衡量・価値判断をする場合がある。このような場合には、**広義の拡張解釈**が行われるべきことになる。この広義の拡張解釈には、①狭義の拡張解釈（拡大解釈）と②類推解釈がある。この点、立法者意思解釈により法規の目的の歴史的意味内容を確定した後、その意味内容に従った当該法規の適用の結果が現在における民事紛争の処理として妥当でないと判断される場合、まずは、目的論的解釈（狭義）により①**狭義の拡張解釈**を考えて当該法規の適用を試み、それで対応できないのであれば、問題とされる事項について法規が欠缺していることになるから、それを補充するために②**類推解釈**（類推適用）の可否が問題となる。

(ｲ)　狭義の拡張解釈（拡大解釈）

狭義の拡張解釈（**拡大解釈**）は、条文の中の言葉の意味を、法規で使われるその言葉の法律用語としての通常の意味内容を超えて、それが普通に持っている意味にまで拡張すること、あるいは、その言葉の最大限の概念にまで意味内容を拡張することである。

たとえば、生命侵害の被害者の近親者の慰謝料請求権を定める条文である「他人の生命を侵害した者は、被害者の父母、配偶者及び子に対しては、その財産権が侵害されなかった場合においても、損害の賠償をしなければならない。」（民法711条）の解釈がある。ここで規定されている「配偶者」につき、法律的には婚姻関係にある者を意味するが、この「配偶者」の中に、正式な婚姻関係のない内縁の夫あるいは妻が含まれるとする民法第711条の拡張解釈が挙げられる。

以上のような縮小解釈と狭義の拡張解釈は、概念の異なる事実についての問題ではなく、**同一概念・用語の枠内における事実評価の問題**（概念・用語の意味内容の広狭の問題）であることに注意すべきである。

(c)　類推解釈・反対解釈

類推解釈は、類似したABの二つの事実のうち、Aについてだけ規定のある場合に、Bについても同様の効果を認めることである。たとえば、(b)(ｲ)で例として挙げた生命侵害の被害者の近親者の慰謝料請求権を定める民法第711条には「父母」、「配偶者」および「子」が規定されているだけであるから、本来、文理上、「兄弟姉妹」には民法第711条を適用することができないが、「兄弟姉妹」も同じように精神的な損害を被るので慰謝料請求権を認めるために、民法第711条を類推解釈し、類推適用するという考え方がある。

また、所有者と登記名義人の間での通謀や事後の承認がある仮装の移転登記に関して、民法第94条第２項の類推適用の可否の論点がある。この場合、同条第１項では「虚偽の意思表示」と規定されているところ、「仮装の登記」は「虚偽の意思表示」ではないが、同等に評価されるべきで、その仮装の登記に対する第三者による信頼を保護すべきとされている。このような場合には、民法第94条第２項をそのまま適用することができないために、類推解釈（類推適用）という解釈技法が使用され、第三者が保護されている。

また、裁判例では「趣旨の類推」、「法意に鑑み」、「法意に照らし」などの用語が使用されることもあるが、これらは、類似の程度が低く、単なる「類推解釈」というには困難な場合、また、ある条文の趣旨を他の条文の解釈にも利用するような場合（下で説明する「総合類推」の場合）に多く用いられているようである。

なお、類推解釈には、①個別類推と②総合類推の２種類がある。**個別類推**は、前述したように一つの条文の類推解釈であるが、**総合類推**は、複数の規定による類推解釈である。総合類推の例として、「民法110条および同112条を類推適用し」と判示し、表見代理を認めた判例（最判昭和45・12・24民集24巻13号2230頁）や「民法94条２項、同法110条の法意に照らし」と判示する判例（最判昭和43・10・17民集22巻10号2188頁）がある。

以上のような類推解釈と対立する解釈方法が**反対解釈**であるが、類推解釈と反対解釈は、縮小解釈・拡張解釈が同一概念の枠内における事実評価の問題であるのとは異なり、**概念の異なる事実に対して、規範を及ぼすか否かの問題**であることに留意しておくべきである。ただ、これらの解釈方法は、民事法の条文の解釈方法であり、「公園内に犬を連れて入った者は、１万円以下の罰金に処する。」という公園管理規則の場合、刑事法の条文となるが、このような**刑事法の条文解釈では、人権保障の観点から類推解釈は禁じられている**ことに留意しておいてほしい。

(d)　勿論解釈

ある事項について規定があるのに、他の事項について規定がない場合、後者についてはあまりに当然のこととして、規定が置かれていないとする解釈技法を**勿論解釈**という。これは、類推解釈とは別の解釈技法とされることもあるが、類推解釈を採りうることが極めて明白な場合の解釈であることからすれば、類推解釈の一種であると考えられる。民法における勿論解釈の例は、物権的請求権の根拠に関して、占有という事実状態でさえも占有訴権（民法197条以下）が認められている以上、明文の規定がなくても、本権である所有権などの物権には、もちろん、物権的請求権が発生する、とする解釈である。

以上、(a)〜(d)をまとめると、**図3**のようなツリー図に表すことができる。

(e)　準用

類推解釈との関係で、**準用**についても説明しておく。これは、第６章（法律の構造と条文の読み方）でも説明をしているが、法律上、明文で「〜のとき、

図３　解釈技法

- 縮小解釈（制限解釈）
- 拡張解釈（広義）
  - 拡張解釈（狭義）（拡大解釈）
  - 類推解釈（広義）
    - 勿論解釈
    - 類推解釈（狭義）
      - 個別類推
      - 総合類推
- 反対解釈

第〇条を準用する。」とされている場合、甲に関する規定を、甲と本質の異なる乙について、必要があれば修正をしながら当てはめることである。これに対して、類推解釈とは、法規に明定されていない場合に解釈で準用が試みられることである。そこで、時には、類推解釈につき準用といわれることがある。ただし、この場合、正確には、「解釈上の準用」というべきである。

(f)　転用

転用という言葉が用いられる場合があるが、これは、拡大（的）適用や便宜的借用ということであり、条文の本来の趣旨・適用範囲を超えて適用すること（ただ、条文の文理・文言につき狭義の拡張解釈や類推解釈をしているのではなく、あくまでも文理・文言につき特別な解釈方法を採らずに適用できる範囲内の場合）を意味する。

例としては、債権者代位権の民法第423条（第１項「債権者は、自己の債権を保全するため必要があるときは、債務者に属する権利（以下「被代位権利」という。）を行使することができる。ただし、債務者の一身に専属する権利及び差押えを禁じられた権利は、この限りでない。」）の転用がある。そもそも、債権者代位権制度の趣旨からすれば、その本来の適用の場面は、債権者の債権、すなわち被保全債権が金銭債権の場合で、債務者が無資力となったためにその債権を保全する必要が生じた場合である。しかしながら、文言上「自己の債権」と規定されており、「金銭債権」とは規定されておらず、「金銭債権以外の債権」を含めることに文理・文言上問題がないことから、それらの債権の保全のためにも民法第423条が適用されており、本来の適用範囲を超えていることから、転用と呼ばれているのである。ただ、2017（平成29）年の民法改正により従前から認められていた登記・登録請求権を被保全債権とする転用の場合については明文化されている（民法423条の７）。

⑸　条文解釈のステップのまとめ

以上をまとめると、条文の解釈については、ステップ1としては、文理解釈（文言解釈）を前提として、立法当時にされた利益衡量・価値判断に基づいて条文を解釈する立法者意思解釈を考え、その利益衡量・価値判断で問題がなければ、文理解釈だけで済んでしまう（ただ、同時に反対解釈をすることもある）。しかし、社会が変化し、時代が移り変わることで、新しい課題、たとえば、ある利益を保護すべき、または、ある行為を規制すべき、との課題が生じた場合（法解釈における、いわゆる**「必要性」といわれる課題が生じた場合**）、既存の法律の条文について、立法者による利益衡量・価値判断、すなわち、法律制定時の立法者意思に基づく解釈（文理解釈）では、それらの課題を解決できないことがある。そこで、ステップ2として、次に考えるべきことが、狭義の目的論的解釈（法律意思・客観的解釈）により条文を解釈することでそれらの課題に対応できないかを検討することである。そして、ステップ3として、狭義の目的論的解釈による利益衡量・価値判断によって、問題となる条文に対して何らかの解釈技法（縮小解釈、拡張解釈、類推解釈等）を使用することで、狭義の目的論的解釈による利益衡量・価値判断を実現することを考えることとなる。すなわち、狭義の目的論的解釈による利益衡量・価値判断によって問題となる条文に対して何らかの解釈技法を駆使することで、必要性がある事柄（たとえば、利益保護または行為規制）をその条文の解釈として実現できるかが検討されることになる（法解釈における、いわゆる**「許容性」といわれる課題の検討**）。何らかの解釈技法（縮小解釈、拡張解釈、類推解釈等）を用いることで対応の必要性がある課題に対処できる場合、法解釈として許容性が認められるということになる。ここまでのステップが条文解釈の基本である（以上をフローチャートとしたものが**図4**である）。他方、解釈技法では対処できない場合、すなわち、許容性を超える場合には、条文解釈の枠を超えるものであり、立法論の議論となるのである。

以上の内容を理解して条文解釈の論理的なステップを理解することが大切である。一度これらを理解してしまえば、民法の条文に限らず他の法律の条文を理解するにあたって、同じ論理構成を応用できることになり、法律の勉強の基礎理論が共通していることが実感できるようになるはずである。論点についての判例・学説の考え方をこのような論理的なステップを踏んだ解釈方法に基づいてまとめれば、判例・学説の理解が深まり、自然と記憶に定着する。法律学の学習が単なる暗記ではなく、法律学が論理の学問であるとい

図４　法律解釈のフローチャート

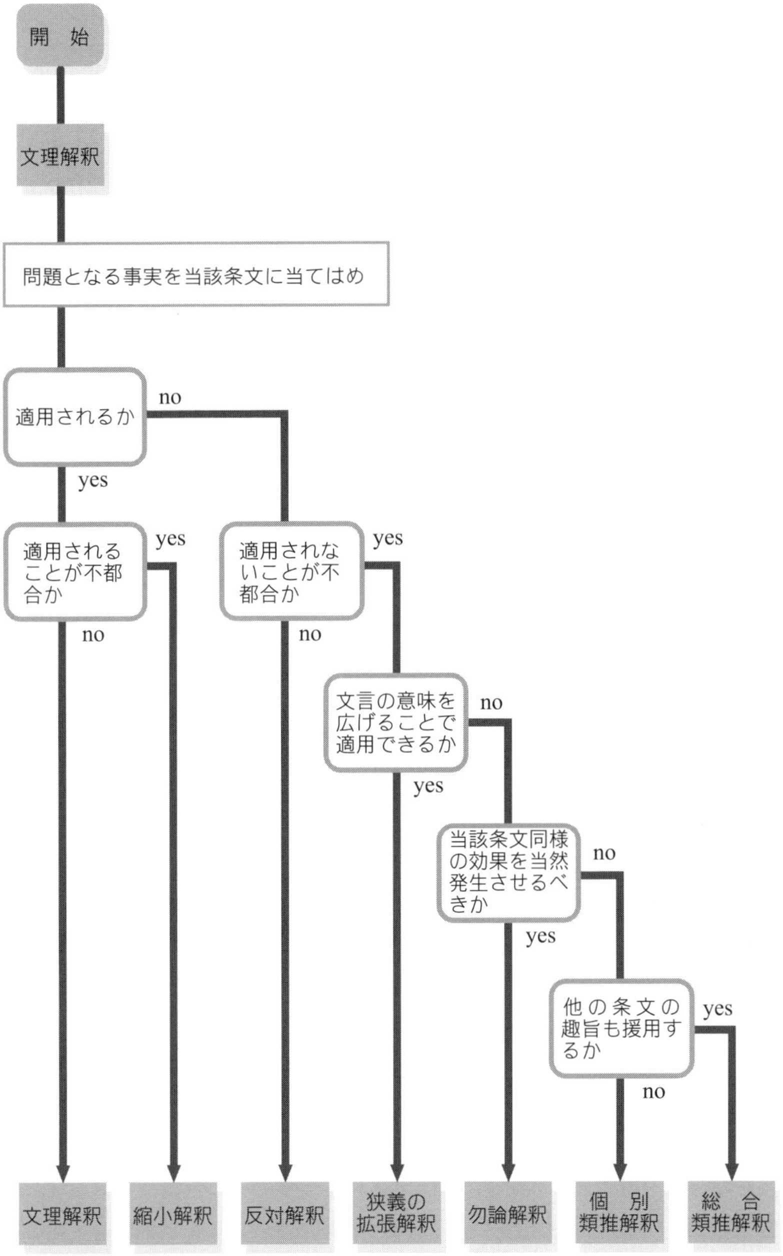

われていることが実感できるはずである。

(6) 典型論点での具体的な検討

以上で説明した条文解釈のステップを前提として、**民法第96条第３項**「前二項の規定による詐欺による意思表示の取消しは、善意でかつ過失がない第三者に対抗することができない。」**における「第三者」として保護されるためには、善意・無過失の第三者として、対抗要件**（登記または引渡し）**を備えなければならないか**、という論点について具体的に考えてみる。

この論点について、対抗要件不要説と必要説が対立しているが、学生の議論を聞いていると、単に対抗要件不要説と必要説という覚え方をしているように見受けられる。しかし、条文の解釈のステップを前提とし、この条文を文理解釈すると、民法第96条第３項の文言は、単に「善意でかつ過失がない第三者」とのみ規定されており、“対抗要件（登記または引渡し）”を備えた“善意・無過失の第三者”とは規定されていない。そこで、立法者が制定した条文の文理からすれば（詐欺による被害者保護と第三者保護〔取引の安全確保〕の利害関係の調整に関する利益衡量・価値判断として、第三者は「善意・無過失」でありさえすれば保護すべきとの利益衡量・価値判断をしたもの)、第三者が「善意・無過失」であれば、その者は保護されるということになる。そこで、対抗要件不要説は、民法第96条第３項の文理に忠実に、立法者の利益衡量・価値判断を尊重した、文理解釈のみの解釈方法に基づく考え方ということになる。

これに対して、対抗要件のない単なる「善意・無過失の第三者」まで保護してしまうことは、詐欺による被害者の利益・保護を看過し、過度に取引の安全確保を重視しすぎるものであるとの価値判断も成り立ちうる。すなわち、対抗要件を備える程度の利害関係を有することになった「善意・無過失の第三者」のみを保護することで、取引の安全の確保と被害者の利益保護のバランスがとれるという利益衡量・価値判断もありうる。そうすると、「善意・無過失の第三者」には、対抗要件を備えていない者と備えている者があり、“対抗要件を備えた”「善意・無過失の第三者」のみを保護するべきという判断になる（なお、この場合の対抗要件は、第５章〔時系列に基づく民法の体系〕で説明をした、いわゆる「権利資格保護要件」として機能する対抗要件である)。このように対抗要件が必要であるとする説は、民法第96条第３項の「善意でかつ過失がない第三者」という文言に関して、対抗要件の必要性につき立法者とは異なる利益衡量・価値判断を行い、条文の解釈上、「善意でかつ過失がない第三者」という文言に“対抗要件を備えた”という形容詞句を加え、当該条

図5　民法第96条第3項についての学説

	A説〔通説〕 対抗要件不要説	B説〔少数説〕 対抗要件必要説
条文の文言 （問題となる条文の解釈）	善意・無過失の第三者 （文理解釈・文言解釈）	**対抗要件を備えた** 善意・無過失の第三者 （縮小解釈・制限解釈）
論理的整合性・ 論理性	対抗要件は、基本的には、二重譲渡の場合の優劣決定のためのものである。	対抗要件を二重譲渡の場合の優劣決定機能を超えて、権利資格保護要件として機能させる。
結果の妥当性 （利益衡量）	第三者に対抗要件までも要求することは、第三者の利益の犠牲の下に詐欺の被害者を不当に保護することになるおそれがある。	詐欺にあった者は被害者であり、取引の安全を考えるとしても、第三者を保護する場合は相当程度、限定されるべき。

文が適用される範囲を限定する縮小解釈をしている。いいかえれば、解釈技法としての縮小解釈を用いることで立法者とは異なる利益衡量・価値判断を実現しているのである（図5）。

この点を以下のようにまとめることができる。

対抗要件不要説：文理解釈→立法者意思解釈→文理解釈のまま
対抗要件必要説：文理解釈→狭義の目的論的解釈→縮小解釈

民法の論点の勉強は法律の解釈技法の訓練の場であることからすれば、民法第96条第3項の論点に関して、単に、対抗要件不要説と対抗要件必要説が存在するという理解では不十分である。**対抗要件不要説は文理解釈説**、そして、**対抗要件必要説は縮小解釈説**と理解しておくことが重要であり、このような整理をすることが、様々な条文を理解していくうえで重要なことになる。

以上、民法の条文の解釈方法・ステップを説明したが、これらの方法・ステップは、民法以外の法律の解釈を行うすべての場合に利用できるロジックである（**形式的意味の確定から実質的意味の確定**というMECEのフレームワークの手法）。法解釈において、解釈の結論は、どの「解釈の方法」を採用したかが問題となり、その結果として定立された法規範である。そのための理由づけとしては、通常の法律学の学習においては、「テキスト＋α（広義の目的論的解釈）」のαの部分だけを教科書や参考書などできちんと理解しておけば問題ない。ただ、研究論文などを書くレベルでは、そのαの部分について、立法者意思解釈・狭義の目的論的解釈（それらの前提としての利益衡量）のより深い検討が必要である。たとえば、明治時代に制定された民法の立法者意思解釈といっても、起草者が３人（穂積陳重・富井政章・梅謙次郎）いるわけで（COLUMN②参照）、それぞれがどのように考えていたか、また、法典調査会でどのような議論がされていたかなどの細かいことも検討対象として必要になり、また、外国の立法においてどのような動向があるかなどの比較法的要素も検討対象となる。これらの点についても、一応、留意しておいてほしい。

普段の法律の勉強の中で、教科書や参考書における論点の説明においては、常に法律の条文解釈の方法を意識してもらいたい。

COLUMN ②

民法の歴史と民法を作った人々

立法者意思解釈は、条文の立法趣旨を理解する際の基本的な立場であり、立法の資料などによって、法規の立法当時の目的・意味を明らかにして法律の条文を解釈するもので、**歴史的解釈**ともいわれます。そこで、民法の条文に関する立法者意思解釈を理解するにあたり、民法制定の歴史的経緯の概略を理解しておくことが大切になります。

■ 旧民法

わが国では、明治政府が樹立された後、江戸幕府が諸外国と締結した不平等条約の改正交渉にあたり、私法典を含む西洋的法制度の不存在が障害の一つとなっていました。そこで、欧米の先進国にならい法典を編纂する必要が生じました。そのような状況の中、民法典については、江藤新平（後に司法卿）が、1870（明治3）年9月18日に太政官制度局内で民法会議を開きました。これが民法典編纂作業の開始とされています。江藤は、フランス民法典（ナポレオン法典〔1804年〕）を範として日本民法典を制定することを企図し、箕《み》作《つくり》麟祥《りんしょう》に「誤訳も亦妨げず、唯、速訳せよ」とフランス民法典などの翻訳を指示し、それに若干の修正を加え、日本民法典にしようとしました。その結果、箕作麟祥の民法典草案はフランス民法典の誤訳的民法典ともいわれるレベルでした。

その後、「お雇い外国人」の1人としてフランスから招かれていたボワソナード（来日時はパリ大学アグレジェ〔正教授待命教授〕で正教授への昇格を待つ身分）（1825年～1910年）を中心に、民法典の立法作業が進められました。旧民法典のうち、財産法の部分はボワソナードにより起草され、身分法（家族法）の部分は日本人委員により起草されました。これが「旧民法典」であり、わが国初の近代民法典です。

そして、完成した旧民法典は、1890（明治23）年に公布され、1893（明治26）年1月1日から施行される予定でした。ところが、いわゆる「法典論争」が勃発し、「延期派」と「断行派」との対立が生じました。延期派は、旧民法典（特に身分法）が伝統的な家族道徳を破壊し、日本の「国体」に悪影響を及ぼすことなどを主張しました（当時帝国大学の憲法講座の教授であった穂積八束の「民法出デテ忠孝亡ブ」という論文が有名です）。法典論争の結果、旧民法典は、修正のために施行が延期されることになり、修正の作業のため

「法典調査会」が設置されることとなったのです。

■ 現行民法典

法典調査会の招集により、旧民法典の修正による現行民法典の起草が始まりました。その際に修正案の起草担当者として主導的役割を果たしたのが、穂《ほ》積《づみ》陳重《のぶしげ》（延期派。イギリス・ドイツに留学。なお、陳重は穂積八束の兄である）、富《とみ》井《い》政章《まさあきら》（延期派。フランスに留学）および梅謙次郎（断行派。フランス・ドイツに留学）の３名（いずれも帝国大学法科大学教授）です。

法典調査会の任務は、旧民法典のどこがいけないかを検討することであり、現行民法典は、内容的にはフランス民法典に基づく旧民法典の規定につき、ドイツ民法その他を参照して一部修正したほかはほとんど引き継ぐものになりました。ただ、それらの規定の整理・修正にあたって、ドイツ民法典（当時、ザクセン民法典）にならい、「総則」を冒頭に据え、「物権」、「債権」、「親族」、「相続」編と続くスタイル（パンデクテン方式）に並び替えました。

そして、現行民法典のうち、総則・物権・債権の３編が1896（明治29）年４月に公布され、親族・相続の２編が1898（明治31）年６月に公布されました。そして、民法全体が1898年７月16日から施行されたのです。これが旧民法典との対比で現行民法典といわれるものです。

■ 現行民法典に対するフランス法の影響の強さ

以上のような歴史的経緯で現行民法典は制定されたのです。したがって、当然のこととして、現行民法典にはフランス法の強い影響が残っているのです。しかし、1960年代くらいまでは現行民法典はドイツ民法の影響が強いという誤解がありました。近時は、その誤解がなくなり、旧民法典の再評価、そして、民法典の解釈には立法者意思としてのボワソナードの考え方が重視されるようになっています。

■ 現行民法典の約120年ぶりの改正

現行民法典は、制定から約120年が経過した最近まで、ほとんど改正がされていませんでした。しかし、現行民法典の制定以来の社会・経済の変化への対応が求められ、また、約120年の間に裁判を通じて条文の外に形成された多くの判例ルールを明文化することなどが求められました。そこで、2017（平成29）年に、それらへの対応を目的として、約120年ぶりに民法の債権関係（契約に関する規定）の改正がなされ、2020（令和２）年から施行されています。今後、2017（平成29）年改正の対象となった現行民法典の条文の解釈が問題となった場合には、その改正にかかわる法制審議会民法（債権関係）部会の審議内容が立法者意思解釈を行う際の資料として重要となってきます。

第8章
法的文章の作成方法
ロジカルプレゼンテーション

Introduction

本章においては、第1章（論理的思考方法と説明方法）と第2章（論理的思考と図表作成の方法）において説明をしたロジカルシンキングの内容を前提として、自分の考えた内容を相手に適切に説明するための方法である**ロジカルプレゼンテーション**を説明します。

論理的な文章を作成する必要性・重要性には、法学部や法科大学院で法律科目の試験を受けている多くの学生が気づいているはずです。特に法科大学院生や司法試験予備試験受験生・合格者は、司法試験の答案をどのように書くかということを意識して普段の法律の学習をしていることから、**論理的な文章を作成する必要性・重要性**を認識しているはずです。小説家などの文筆家を目指しているわけではない上記の皆さんにとっては、いかに論理的な文章を作成できるかが課題なのです。

ただ、残念なことに、多くの法学部生、法科大学院生、そして司法試験予備試験受験生・合格者が論理的な文章作成の基礎となるロジカルプレゼンテーションの体系的方法論を学習する機会がないために、答案作成練習の積み重ねで経験的に時間をかけてロジカルプレゼンテーションの技法を身に付けているように思えます。確かに何回も答案作成練習をすれば経験的に答案作成の技術を身に付けることができるのですが、その答案作成のための基礎理論であるロジカルプレゼンテーションの体系的方法論をきちんと理解しておけば、その応用として、**効率的に具体的な答案の作成の訓練をすることができる**のです。書かれた答案が不明瞭なのは、多くの場合、書き手による項目・内容の並べ方が、読み手の頭の中の理解プロセスとうまく噛み合っていないことが原因となっています。そこで、**読み手の頭の中の理解プロセスに合致するような文章を作成することであるロジカルプレゼンテーションの体系的方法論が大切**になるのです。

そこで、本章では、法律科目の試験問題に対する答案やレポートを作成するにあたって重要な論理的な法的文章作成の技術を説明します。

1 ロジカルプレゼンテーション総論

第1章（論理的思考方法と説明方法）の冒頭に述べたように、広義のロジカルシンキングは、狭義のロジカルシンキングとロジカルプレゼンテーションに分けることができ、狭義のロジカルシンキングに基づき適切に考え、図表を作成するところまでできたら、次は、ロジカルプレゼンテーションが課題となる[*1]。

そもそも、**ロジカルプレゼンテーション**とは、相手に**物事を適切に伝えること**である。その前提として、狭義のロジカルシンキングに基づいて物事を適切に考えておかなければならないが、それがうまくできていたとしても、相手にそれをうまく伝えることができなければ、外部的な評価としてはゼロに等しい。すなわち、ロジカルプレゼンテーションができていないと評価されるだけでなく、狭義のロジカルシンキングすらできていないと評価されることになる（**図1**を参照）。

まず、相手に物事を的確に伝えるために、ロジカルプレゼンテーションとして具備すべき内容の必要条件を説明する。次に、ロジカルプレゼンテーションといえるための方法に関する必要条件につき、検討する。

ここで注意すべき点は、**相手を説得するための論理と自らの思考のプロセスとは異なる**ということである。プレゼンテーションの目的は、結論を相手に納得させ、相手に期待どおりの反応をとってもらうことにある。たとえば、課題の解答を作成するときには、ある民法の条項に関する論点の検討作業の中で導いた結果（ロジカルシンキングにより導き出した結論）を、根拠**→**結論という論理構成、すなわち、本章で詳細を説明する演繹型論理と帰納型論理の論理パターンに当てはめ、相手にとってわかりやすいように整理しなければならないのである。課題の検討過程では重要だと思われた要素も、結論が導かれた後では重要ではなかった、ということが度々発生する。相手を説得する

＊1　ロジカルプレゼンテーションについて、照屋華子＝岡田恵子『ロジカル・シンキング』（東洋経済新報社、初版、2001）（以下、照屋＝岡田）13～39頁。

図１　答案の評価

	表現が不適切	表現が適切
学習・知識が不十分	全然話にならないよ！	書き方は正しいけど、足りないね。
学習・知識が十分	勉強しているのにもったいないね。	素晴らしい！合格！

ための解答には、本当に必要な情報だけに絞り込んでいくことが必要となる。

2　ロジカルプレゼンテーションの内容に関する必要条件

説明する内容を相手に適切に理解してもらうためには、その説明内容が相手にとって、期待されている説明内容になっているかどうかが重要である。そこでまず、ロジカルプレゼンテーションとして、**説明に含まれるべき必要条件**を確認しておく。必要条件としては、以下の三つが挙げられる。

① 相手に対して答えるべき課題（テーマ）が明らかになっていること
② 課題に対する答えを説明する相手に期待する反応（説明内容の理解、説明内容に基づく意思決定、説明内容に対する行動など）が明らかになっていること
③ 課題（テーマ）に対して必要な要素を満たした答えとなっていること

プレゼンテーションの最終目的は、**ある課題（テーマ）について、伝える側が相手に期待する反応をしてもらう**ことである。ある課題について、相手方に期待する反応を正確に意識しておくことが、無駄なプレゼンテーションをしなくて済むことにつながる。いいかえれば、相手方に期待する反応を正確に意識しておくことで、答えとして伝えるべき内容につき、どの程度の深さや広がりを考えればよいかを決めることができる。①から③の必要条件の論理的関係は、ロジカルシンキングの基本的な考え方として説明した、目的・手段の関係にある。②がロジカルプレゼンテーションの目的であり、そのための手段が③である。したがって、①の課題を確認したら、次は、②の相手に期待する反応を意識しなければならない。その後、その目的の達成のために③の内容を具体的に考えることになるのである。

⑴ 課題（テーマ）を確認する

説明をする場合、常に課題を明確に意識していないと、相手が答えを求めている課題から外れてしまうことがある。課題から外れてしまっている説明は、相手にとっては、その説明が説得的かどうかを問題にする余地がなくなるので、まず、**自分が相手に答えるべき課題は何なのかを常に確認・意識する必要**がある。

たとえば、法科大学院の入学試験や司法試験であれば、試験問題の出題意図が課題といえる。試験委員の出題意図に答える形で答案を作成しなければ、その答案の内容が説得的であるかどうかを試験委員に検討してもらえず、点数がもらえない。たとえば、第５章（時系列に基づく民法の体系）で民法の成立要件から対抗要件までを検討したが、試験問題の事例において背信的悪意者の論点が問題となる場合の出題意図は、「対抗要件」段階における「第三者」（民法177条）の解釈と、その解釈から導かれた規範への試験問題の事例に含まれている事実の当てはめということになる。それにもかかわらず、その前提にすぎない成立要件や有効要件などの問題をいくら詳細に議論し説明しても、それはあくまでも対抗要件を問題にする前段階についての議論であり出題意図に答えていることにはならない。試験は主に書面審査であるから、試験問題の出題意図について、相手の反応を直接うかがいながら確認し、それに対応するように説明することはできない。そこで、試験問題の答案を書く前には、出題意図について確認し、その後に答案を書き始めることが必要である。この出題意図を把握することの必要性・重要性はいろいろなところで強調されているが、いくら強調しても強調しすぎることがないくらい、重要なロジカルプレゼンテーションの前提である。

⑵ 説明をする相手に期待する反応が明らかになっていること

次に、説明をする相手に期待する反応が明らかになっているかを確認する必要がある。**ロジカルプレゼンテーションの目的は、相手の何らかの反応を引き出すこと**であって、**説明それ自体は手段**であることに注意が必要である。相手の反応には、複数のものが考えられる。たとえば、相手に理解してもらうことで足りるのか、さらに進んで相手に一定の行動をしてもらうことまで期待するのか。また、相手から意見を求めることを期待するのか、などである。

先に説明をしたように、ロジカルプレゼンテーションの目的である相手に期待する反応内容によって、手段である説明の要素として、どの程度の詳細な結論や根拠を用意すればよいかが異なってくることになる。たとえば、法科大学院の入学試験や司法試験であれば、試験問題を出題しているのは、各法科大学院の試験委員あるいは法務省司法試験委員会の試験委員である。答案を作成する受験生として試験委員に期待する反応は、与えられた試験問題の課題に的確に答えることにより、その法科大学院に入学する能力があると判断してもらうこと、あるいは、法曹資格を付与するに値する基礎的能力があると判断してもらうことである。すなわち、法律学の研究者・学者になる素養があるかどうかを判断してもらうことではなく、法科大学院で法曹実務家になる資格試験である司法試験のための勉強をする基礎学力があるか、また、法曹実務家としての資格付与の基礎的能力があるかを判断してもらうことである。これを理解しておかないと、③の「課題（テーマ）に対して必要な要素を満たした答えとなっていること」の「必要な要素」を満たすために、どのようなことをすればよいかが確定できないのである。

「必要な要素」につき、仮に、研究者・学者になるための試験であれば、論点についての様々な学説や外国法・比較法の知識までが要求されるであろうが、司法試験勉強のための前提となる基礎知識が問われるだけの法科大学院の入学試験や法曹実務家としての基礎知識の有無が問われるだけの司法試験では、判例、通説、そして、通説に対する反対説の正確な理解が示され（法解釈能力の正確な理解の発表）、それらに基づき、問題文の中の事実を拾い上げて当てはめがきちんとできればよいのである（法的三段論法の正確な理解の発表）。そのような内容の答案がきちんと書ければ、法科大学院の入学試験や司法試験では、合格と評価されるのである。

(3)　課題に対して必要な答えの要素を満たしていること

相手に対して答えるべき課題と相手に期待する反応が明確になったら、その課題に対して答えればよいのであるが、その「答え」には、①結論、②根拠、③方法という三つの満たすべき要素がある。常に必要であるのは、①結論と②根拠である。そして、結論において、説明の相手に対して何らかのアクションを起こすべきことが示される場合には、答えにその相手がアクションを起こすための③方法を含める必要が出てくる。これらが含まれていなければ答えとして意味をなさない。

(a)　結論

結論とは、課題に対する答えの核をなすものであって、プレゼンテーションをする者の評価や判断の結果を表すものと、さらに進んで、プレゼンテーションを受けた者によって何らかのアクションが起こされるべきことを提示するものの二つが考えられる。

前者の例として、司法試験や法科大学院の試験問題の解答がある。試験問題の課題に対しては、結論と根拠が示されれば、答えとして十分である。特に試験の出題者には、合格か不合格かの判定というアクションを求めているだけであるから、結論と根拠が示されればよく、アクションの方法までを示す必要はない。

しかしながら、後者の例として、法曹実務家として法律相談を受ける場合、賃貸物件において賃借人に立ち退きを求めようとしている依頼者から「賃貸している物件に関して賃貸借契約を解除できるか」という相談・課題が示された場合などはどうか。「今回のケースでは、賃貸借契約の賃借人の債務不履行があり、信頼関係について、従前の裁判例からすれば、破壊されていると判断できる事情があるので、賃貸借契約の解除は可能と考えられます」という結論は、相談を受けた者の評価や判断を表すものということができ、そして、解除が可能であるとすれば、賃貸人である相談者に、賃借人に対して賃貸借契約の解除通知を送付することをアクションとして提示することが必要になる。

(b)　根拠

次に、**根拠**とは、形式的には、その結論にどうして至ったのかという理由であり、実質的には結論の必然性について相手を納得させることができるものであって、**事実**と**判断**の二つの要素がある。プレゼンテーションの類型としては、以下に説明する演繹型論理と帰納型論理がある。演繹型論理では、ある事実に判断基準を当てはめて結論を出すことから、事実と判断基準の区別が極めて重要である。他方、帰納型論理では、複数の事実から一定の推論に基づき結論を出すものであることから、事実が真実であるかがまず重要で、事実に基づき一定の推論を行うことから、次に、その推論のための判断基準が重要になってくる。プレゼンテーションでは、相手が結論を支える根拠の妥当性や信憑性を判断・評価することができるように、**根拠の要素として示された事実と判断（判断基準）に分けて考えておく必要**がある。事実と判断の区別ができていないプレゼンテーションでは、相手はその結論の妥当性について判断することが難しいため、相手が理解して、納得することも難しくなるのである。

そこで、根拠として事実と判断を用いる場合には、両者が区別されていることが必要となる（**対立概念型**のMECEのフレームワーク）。

事実と判断を区別したうえで、根拠として示された事実について、「それは事実（社会一般で認められている客観的な事実、あるいは、個別のケースにおいて証拠により認定されうる事実）ですか？」と聞かれ、それに対して、明確な根拠・証拠を示せないと、提示した結論の信憑性は激減することになる。たとえば、「大学のキャンパスの近くのレストランが流行っていない」という話を友人にした場合、その「流行っていない」という結論について、友人から「流行っていないという根拠は？」と聞かれ、「自分が、昼間、そのレストランの前を通るとき、お客がいない。」という説明をしたとする。友人から「でも、夜の時間には、混んでるのを何回も見てるよ。」と言われてしまえば、その「流行っていない」という結論の信憑性は激減する。

また、判断（判断基準）についても、「それは客観的な判断（判断基準）ですか？それとも、あなたの主観的な判断（判断基準）ですか？」と聞かれ、それに対しても明確な根拠を示せないと、提示した結論の信憑性は激減する。たとえば、「大学のキャンパスの近くのレストランが流行っていないのは、値段が高いからだよね。」という話を友人にしたとする。学生である自分の小遣いの月額を基準に値段が高いと判断しているかもしれないが、社会人の平均的月額給与から考えれば、特に値段が高いとはいえない、ということもある。値段が高いか否かという単純な判断基準についてみても、主観的な判断基準であるか、また、客観的な判断基準であるかが問題になるのである。事実は、根拠・証拠により認定しうるもので客観的な判断ができるが、判断には、様々な判断基準があり、また、様々な価値観を持つ人がいることから、根拠・証拠のある事実に基づき、与えられた課題に答えを出すうえでは、その事実をどのような基準で評価したのか、という判断基準を示すことが重要なものとなる。

以上のように、結論を提示するには、事実と判断の二つが基本要素であることを説明したが、法律の論理では、法的三段論法が基本であり、その論理に基づいてプレゼンテーションを行うべきである。そこでは大前提（法規範＝判断基準）に小前提である事実（証拠によって認定された事実）を当てはめて結論を出す。したがって、**法律分野における文章作成については、ロジカルプレゼンテーションにおける演繹型論理を用いた事実と判断という2要素による論証が基本**であることになる。

(c)　方法

方法とは、結論において相手がアクションを起こすべきことが含まれている場合、相手がそのアクションをとれるように具体的なやり方を提示することである。

(a)で、賃貸物件において賃借人に立ち退きを求めようとしている依頼者からの相談の事例を挙げたが、結論として、「今回の事例では、賃貸借契約の解除は可能と考えられます」ということで、解除が可能であるとすれば、賃貸人である相談者に、賃借人に対して賃貸借契約の解除通知を送付することをアクションとして提示することが必要になる。

具体的なアクションとして、いつの時点で、どのような内容の解除通知を、どのような方式（電子メール送信か、ファックス送信か、普通郵便か、書留郵便か、内容証明郵便か、など）で行うかということまでを提示しなければ、答えとして十分ではないのである。

課題に対する答えとして、①結論と②根拠に加えて、③方法までを提示しなければならないか否かについては、課題の内容・性質によるもので、ロジカルプレゼンテーションの必要条件において検討した②相手に期待する反応を確認した結果として、どこまでを提示すべきかを個別に判断することになる。司法試験や法科大学院の入学試験の課題においては、①結論と②根拠で十分であるが、法曹実務家として依頼者から相談を受ける場合、①結論と②根拠だけを提示するので足りるか、③方法まで提示する必要があるのかは、相談の内容による。ただ、実務における一般論としては、単に「法的に問題がある」といわれても依頼者としては、「ではどのようにすればよいのか」と思うであろうから、結論と根拠に加えて方法を提示する必要がある場合が多いだろう。

以上、ロジカルプレゼンテーションの内容の必要条件を検討したが、必要条件を満たすだけでは適切に伝えたことにはならない。そこで、次に、説明のためのロジカルプレゼンテーションの方法の必要条件について検討する。

3 ロジカルプレゼンテーションの方法に関する必要条件

ロジカルプレゼンテーションの方法についての必要条件として、その説明が、演繹的な説明か、帰納的な説明のいずれか（もちろん二つをあわせて用いる場合もある）になっていることが必要である。問題・課題への答えを論理的に構築するには、**演繹型論理と帰納型論理の二つの論証法があるのみ**である。

(1) 共通する基本論理

最初に、演繹型論理と帰納型論理に共通する論理の基本について説明する。

論理とは、ある課題に対する答え（結論）と、それを支える複数の根拠を、縦の論理と横の論理の二つの原則で関係づけて、一つの構造として組み立てられたものである。この論理は、三つの要件から構成され、以下のような内容となる。

まず、要件①として、**結論が課題の答えとなっていること**が必要である。

次に、要件②として、**縦の論理が組み立てられていること**が必要である。すなわち、「誰からみても因果関係が理解できる状態」になっていることで、「こうだから、こうなります」（原因・結果）あるいは「こうすれば、こうなります」（手段・目的）と説明して、ほぼすべての人に理解してもらえる状態になっていることである。このような状態となっているかを確認するためには、結論（上位の要素）からみて、根拠（下位の要素）との間に、「Why So ？」（なぜ、そのようなことがいえるのか？）という問いに対して、直接答えられるようになっているかをみればよい。そして、根拠（下位の要素）から結論（上位の要素）をみたときは、「So What ？」（何がいえるのか？）という問いに対して、直接答えられるようになっているかをみる。**「Why So ?」と「So What ?」の関係にあることが確かめられれば、縦の論理が成立している**といえる。

最後に、要件③として、**横の論理が組み立てられていること**である。すなわち、複数の根拠や手段がMECEの関係にあることで、「これは、これとこれです」と説明して、ほぼすべての人に理解してもらえる状態で、「誰からみても全体が網羅されており、漏れも重なり合いもない状態」になっていることである。

(2)　演繹型論理と帰納型論理

以上が、論理の基本構造であるが、次に、二つの論理パターンである演繹型論理と帰納型論理を説明することとする。まず、身近な例で説明する。**演繹型論理**とは、一定の前提から論理規則に基づいて必然的に結論を導き出す説明である。

大前提（一般的原則）：C社製の家電製品は故障する
小前提（事実）　　　：このパソコンはC社製だ
結論　　　　　　　　：このパソコンは故障する

このような例をみると、身近に使用している論理であることがわかるだろう。このような大前提・小前提・結論とする三段論法が演繹型論理である。

図2　演繹型論理

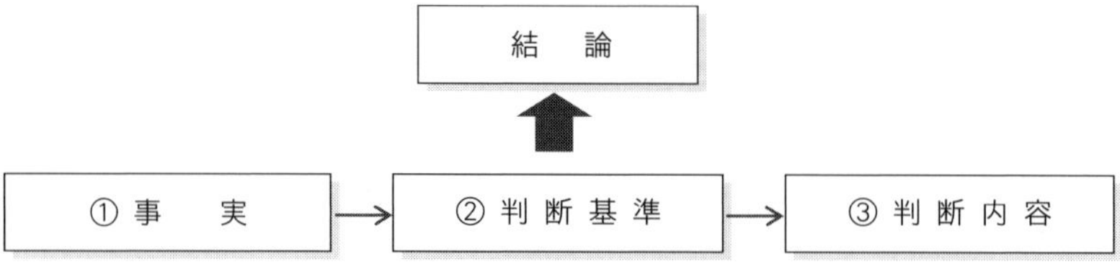

ただ、**大前提に誤りがあると結論が誤ったものになる**ことに注意すべきである。

これに対して、**帰納型論理**とは、個々の具体的事実から、具体的事実間の本質的な共通関係を推論し、結論を導き出す説明である。

個々の具体的事実　　：①C社製のパソコンが故障した
②C社製のプリンタが故障した
③C社製のDVDデッキが故障した
具体的事実の共通関係：C社製の家電製品である
結論　　　　　　　　：C社製の家電製品は故障する

帰納型論理は、このように、全体ではないある一部分の具体的事実に基づいてすべてについての結論を導くものである。このため、**必ずしも正しい結論にならないことがある**（上の例では、結論を導くにあたって、3製品以外のC社製の家電製品については、まったく考慮しておらず、故障しないC社製の家電製品もありうることから、結論が正しいとは限らない）[*2]。

以上のような演繹型論理と帰納型論理について、ロジカルプレゼンテーションの方法としてどのように使用されるかをみてみる。

(a)　演繹型論理

まず、演繹型論理（**解説型論理**ともいわれる）とは、一定の前提から論理規則に基づいて必然的に結論を導き出す説明のことである。いいかえれば、演繹型論理は、一本のライン（**図2**でいえば横の論理）で展開し、最後に結論に到達するものである。結論は、そのラインの要約であり、ラインの最終項目

＊2　論理について、高田貴久『ロジカル・プレゼンテーション』（英治出版、初版、2004）56〜77頁、照屋華子『ロジカル・ライティング』（東洋経済新報社、初版、2006）31〜43頁、照屋＝岡田89〜103頁。演繹法と帰納法について、バーバラ・ミント『考える技術・書く技術』（ダイヤモンド社、新版、1999）81〜97頁。演繹型論理・帰納型論理について、照屋＝岡田141〜152頁。

の内容（③の判断内容）から導かれる（演繹型論理では、各項目が互いに導き合う関係を持つ）。

図２から理解できるように、一般的には、演繹型論理とは、①事実、②判断基準、および③判断内容から結論を導き出せる関係にあることである。逆にいえば、結論の妥当性が、①事実、②判断基準、および③判断内容によって証明される関係にあることである。このように、この演繹型論理の構造は、**結論を頂点に、それを支える項目が、縦方向に結論を導き出せる関係、あるいは、結論を証明できる関係**にある。他方、結論を支える項目には、常に３種類の要素（①事実、②判断基準、および③判断内容）があり、それらが横方向に以下の順で並んでいる。

①　課題に対する結論を導き出すために、相手と共有しておくべき「事実」
②　「事実」から結論を導き出すための伝え手としての「判断基準」
③　「事実」を「判断基準」で判断した結果、どのように評価されるのかという「判断内容」

たとえば、第３章（法律学におけるロジカルシンキング）で検討した法的三段論法は、三段論法における大前提に法規範が置かれ、小前提には具体的事実が置かれて、それらにより結論が導き出されるものであり、演繹型論理の典型例の一つである。簡単な民法の例で説明してみよう。Ａが売買契約を締結した際に、「購入します」という意思表示に錯誤があったという事実がある。そして、民法第95条は錯誤による意思表示は取り消すことができるとしている。そこで、Ａの意思表示について民法第95条の判断基準を適用すると、Ａが締結した売買契約は取り消されることになる、という論理である。法的三段論法につき演繹型論理の図で示すと**図３**のようになる。

この中の②の「判断基準」である「法規範」の内容を確定することが法解釈である。そして、この法解釈も、

②-１　条文の文言（事実）
②-２　条文の趣旨（判断基準）（立法者意思解釈・狭義の目的論的解釈）
②-３　条文の解釈方法の選択（判断内容）
（縮小解釈や拡張解釈などからどの解釈方法を選択するか）

というように、「判断基準」の内部がさらに細分化されて演繹型論理になっている必要がある。

図３　法的三段論法（法解釈の演繹型論理）

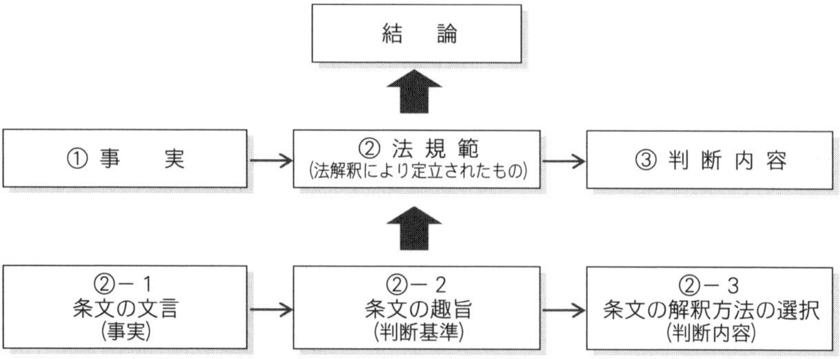

図４　三段論法による法の適用

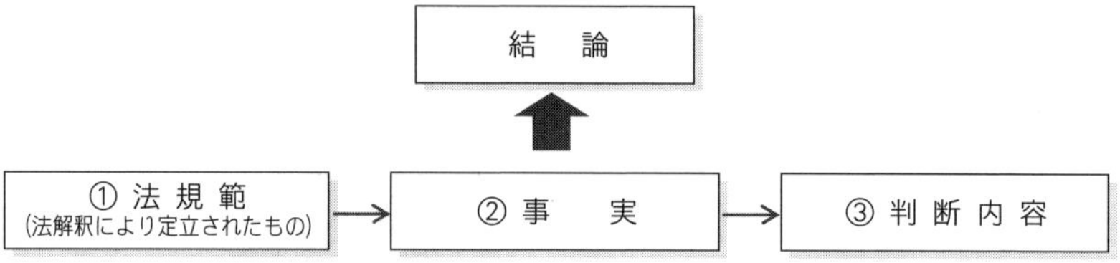

MECEという観点からみれば、①事実と②判断基準とに切り分けられ（③判断内容は、ほぼ結論と同内容である）、①事実が形式的な根拠（客観的な根拠）であり、②判断基準が実質的な根拠（解釈者により変わりうるという意味では「主観的な根拠」）になる。

法律学の基本論理は、この演繹型論理である。この論理の基本パターンを必ず理解する必要がある。そして、重要なポイントは、横の論理、すなわち、**客観的な事実・形式的な根拠と主観的な判断・実質的な根拠というMECEである２種類の要素が、事実→判断基準→判断内容という流れで構成される**ということである。

もっとも、三段論法による法の適用は、**図４**のように、論理的には、大前提（法規範）→小前提（事実）→結論（判断内容）と説明されている。

これは、一般的な演繹型論理の事実→判断基準→判断内容という順序と異なると思われるかもしれないが、内容は実質的には同一で、事実と判断基準の配置が異なるだけである。法律学の学習段階でのレポートや試験の答案を作成する際には、**大前提（法規範）→小前提（事実）→結論の順序で論述すればよい**。ただ、現実社会における法の適用は、論理の筋道としては、常に、事実の確定（小前提）、適用される法令の発見と法令の解釈（大前提）、そして、結論という順序によることになる。たとえば、刑事法分野の例を挙げると、Aという人が、殺人罪によって処罰されなければならないかを決めるためには、まず、Aが人を殺したかという事実を証拠により確定しなければならない。その後に、人を殺したという事実に関係する法令として何があるかを探し、刑法第199条があることを確認する。そして、証拠により確定された事実と解釈により確定されたこの条文で定められている要件を照らし合わせて、その条文の要件にその事実が該当することが確認できた場合、Aはそこで殺人罪として処罰されるという法的な効果が生じるのである。このように、法律学でも、実際には、一般的な演繹型論理であるところの、事実→判断基準→判断内容という順序で判断されている。

以上のように、法的三段論法や法解釈は、演繹型論理であることを常に頭に入れて法律の勉強を進めてほしい。

なお、この演繹型論理について、注意点を述べておく。

①　「事実」が正しいこと

法律の論理では、事実は証拠によってのみ認定されるもので（証拠による事実認定は、次に説明する帰納型論理によるものである）、事実の認定は裁判において極めて重要であること。

②　判断基準が明示され、かつ妥当な内容であること

判断基準が明確に示されており、その判断基準が、いま設定されている（あるいは自ら設定した）課題（テーマ）の答えを導き出すためのものとして、相手からみても妥当な内容になっていること。

③　事実→判断基準→判断内容（結論）の流れが一貫していること

事実から判断基準、そして判断内容（結論）への流れについて、その説明が、相手からみて一貫した内容になっていること。

(b)　帰納型論理

次に、帰納型論理（**並列型論理**ともいわれる）とは、個々の具体的事実から結論を導き出す説明のことである。いいかえれば、帰納型論理は、同じ種類の事実や考えを整理してまとめて、グループとして括り（帰納型論理において各項目は互いに導き合う関係を持たない）、そのグループとして整理された事実や考えについてのまとめの意見（または推測・推論に基づく結果）を述べるものである。そして、帰納型論理の構造は、**結論（上位の要素）を頂点に、それを支える並列的な複数の根拠（下位の要素）という関係で階層化**されている。

図5　帰納型論理

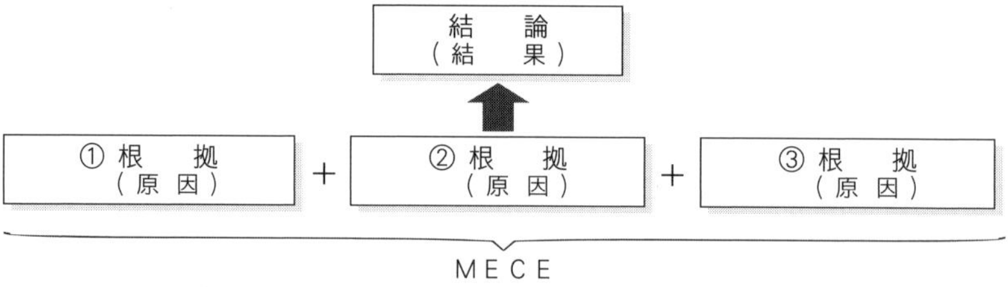

他方、横方向には、同一階層内にある根拠が相互にMECEな関係で構造化されている（**図5**）。

帰納型論理の典型的なものは、原因・根拠を並べ、結果・結論を導き出す論理である（**根拠並列型**〔原因結果型〕）。日常的な例を挙げると、[2](3)(b)で挙げた例のように、大学のキャンパスの近くのレストランについて、「流行っていないよね」という話を友人としているときに、その結論の理由として、①学生のお小遣いの額から考えると値段が高い、②料理の味が良くない、③学生の客に対する店員の接客態度が良くない、といった理由を挙げる場合が、根拠並列型の帰納型論理の典型例である。また、民法の例では、第７章（条文解釈の方法）において民法第96条第３項の「善意でかつ過失がない第三者」の解釈のオプション・マトリックスを作成して説明しているが、二つの学説についての理由として、①論理的整合性・論理性と②結果の妥当性（利益衡量）の二つの理由で根拠づける場合は、根拠並列型の帰納型論理で説明していることになる。

そして、帰納型論理の派生型として、**方法並列型**（目的手段型）がある。根拠並列型（原因結果型）により結論が出され、その内容に基づき相手方が何らかのアクションを起こすことが要請されるような場合、そのアクションのための方法を提示することが必要となる場合がある。この場合に使用されるのが、方法並列型（目的手段型）である。根拠並列型（原因結果型）は、基本的に過去のことや現在あることを問題とするのに対して、方法並列型（目的手段型）は基本的に将来のことを問題とする。法律の学習において、将来の事項を問題とする方法並列型（目的手段型）を利用する場合は少ないが、実社会においては極めて多く使用される論理パターンである。

次に、帰納型論理が法律の学習や裁判実務において用いられている例をみてみよう。

図６　民法第96条第３項「善意・無過失の第三者」の自説の根拠

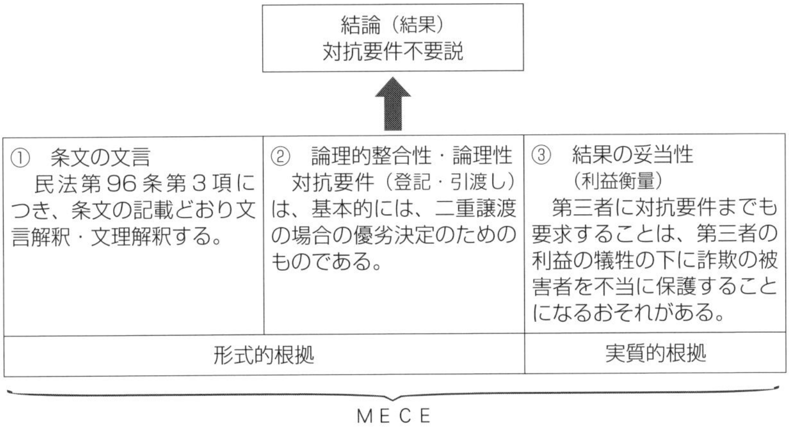

まず、法律学習における個別の論点において学説の対立がある場合に、どの学説を採用するかを説明する場合をみてみる。そこで利用される論理は帰納型論理（根拠並列型）である。第７章（条文解釈の方法）で説明をした民法第96条第３項の「善意でかつ過失がない第三者」に対抗要件が必要であるかの問題（第７章5(6)）につき、「善意・無過失」で対抗要件を必要としない学説（通説）を根拠づけるには、まず、根拠として、形式的根拠と実質的根拠に区別し（MECEにおける**対立概念型**）、根拠を並列することを考えればよい。そこで、形式的根拠として「条文の文言」と「論理的整合性・論理性」を挙げることができ、実質的根拠として「結果の妥当性（利益衡量）」を挙げることができるので、それぞれについての根拠を並列させることになる。図で示すと**図６**のようなものとなる。

また、演繹型論理である法的三段論法では、そこで用いられる事実は正しいことが重要であり、裁判における事実の正しさは証拠によってのみ認定される。裁判による事実認定には、**直接証拠**（主要事実〔要件事実〕を直接に証明する証拠）により事実を認定する場合と**間接証拠**（間接事実を証明する証拠）により事実を認定する場合がある。直接証拠としては、契約書、遺言書などが

＊３　間接証拠による事実認定について、田中豊『事実認定の考え方と実務』（民事法研究会、初版、2008）152〜155頁を参照。事実認定に関する理論を理解するために必要な枠組みがきめ細かく説明されている。法科大学院生や司法試験予備試験受験生・合格者には必ず読んでもらいたい文献である。

図7　推認の過程

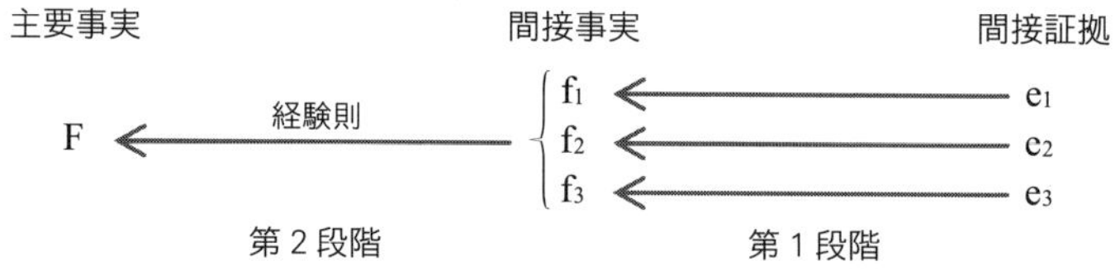

ある。裁判において直接証拠があれば、相対的に間接証拠から事実認定を行うよりも、事実認定を行うのが容易である。ただ、実際上、直接証拠がない場合も多く、間接証拠により事実認定がされるケースが多い＊3。この間接証拠について説明すると、主要事実（要件事実）Fの間接事実として、f_1、f_2、f_3を挙げることができるとした場合、それらの各間接事実を証明する証拠が間接証拠（e_1、e_2、e_3）である。間接証拠の有する証拠力（証明力）によって間接事実を認定し、そのようにして認定された間接事実を総合することによって主要事実（要件事実）を認定すること（間接事実により主要事実の認定をすることを**推認**という）になる。この推認の過程では経験則（経験から帰納的に得られた事物に関する知識や法則）が用いられる。この推認の過程は、帰納型論理（根拠並列型〔原因結果型〕）になるのである（**図7**）。事実認定に関するこの論理は、法科大学院における事実認定に関する学習、また、司法試験問題を解く際の法的三段論法におけるあてはめの対象となる事実を選択する基準としても、極めて重要な視点である。

最後に、帰納型論理について、注意点を述べておく。まず、**列挙される根拠・理由（手段）がMECEの関係であることが必要**である。そして、その根拠等に関する**MECEとなっている分類が相手を説得するのに適切・妥当なものでなければならない**。特に、法律の学習において重要であるのは、**根拠等に関して、常に形式的根拠と実質的根拠を示すこと**である。この二つの分類で根拠を示せば十分に説得的な論理となり、法学部や法科大学院での試験や司法試験における試験問題での論点についての答案に対して十分な評価が与えられることになる。

(3)　答案での論証構成＊4

(1)(2)で演繹型論理と帰納型論理を説明したが、(1)で説明したように、法解

＊4　木山泰嗣『もっと論理的な文章を書く』（実務教育出版、初版、2011）は、論理的な文章を書くために必要な枠組みと基本項目がきめ細かく説明している。法科大学院生や司法試験予備試験受験生・合格者には必ず読んでもらいたい。

釈の基本は演繹型論理の法的三段論法である。この論理を学説上の争いがある論点についての答案として構成するならば、①問題提起部分、②解釈部分（理由部分＋解釈の結論）＝大前提（法規範）、③事案への当てはめ部分＝小前提（事実）、そして④結論、という要素で構成されることになる。これらの要素を含む論理構成を行う答案を作成することが、ロジカルプレゼンテーションとなる。

具体的には、以下のような論証構成となる。

(a)　ＸはＹに対して……の請求をなしうるであろうか。
(b)　民法第……条の「………」の意義が問題となる。（反対説を紹介するとき：「この点につき、……と解する説もあるが、」）
(c)　そもそも第……条の趣旨は、………である（自説の理由となる条文の趣旨〔利益衡量・価値判断〕。折衷説の場合には、対立する学説のそれぞれが重視している利益のバランスをとることを目的としていることが多いため、「………と………の利益の調和を予定したもの」などの文章が入る）。
(d)　したがって、「………」は、………（制限解釈、拡張解釈などを行った内容）と解するべきである（自説の提示）。
(e)　これを本事案に当てはめると、Ｘは、………であり、………であることから、ＸはＹに対して……の請求をなしうる（結論）。

なお、類推適用・解釈をする場合には、必ず問題となる条文の解釈をしたうえで、その条文を適用することができないことを記載し、その後、その条文の趣旨として示していた利益衡量・価値判断の内容を考慮すると、問題となる事案においても、その条文が想定している利益衡量・価値判断の内容が適用されるべきことを記載する必要がある。

以上の論理構成に、民法第94条第２項「善意」の解釈の論点を当てはめて考えてみよう。論証構成としては、以下のような内容となる。

(a) X（通謀虚偽表示をした本人）は、Y（第三者）に対して自己の所有権を主張しうるであろうか。

(b) 民法第94条第２項の第三者に関する「善意」の意義が問題となる。この点につき、「善意」につき無過失までを必要と解する説もあるが、

(c) そもそも民法第94条第２項の趣旨は、自らが虚偽の外観を作出している者は帰責性が重いことから、そのような者の保護よりも取引の安全を確保するために規定されたというところにある。

(d) したがって、「善意」については、文言どおり解釈し、善意で足り、無過失までは要求されないものと解するべきである。

(e) これを本事案に当てはめると、Yには過失はあるが、善意であることから、XはYに対して所有権を主張することができない。

以上において、法律の学習などの際に必要となるロジカルプレゼンテーションの説明をしたが、**論理には演繹型論理と帰納型論理の２種類しかないということを明確に頭に入れておくことで、自分の主張を他人に適切に理解するためのツールを手にしている**ことになる。また、同時に、他人の議論を理解する際、また、他人の議論の欠点を指摘する際の強力なツールを手にしていることにもなる。法律を学習する者としては、ロジカルプレゼンテーションの方法論を常に意識しておいてほしい。

第9章 ロジカルシンキングに基づく答案作成

事例の図式化と答案構成・作成の手法

Introduction

法学部の期末試験では、事例についての論述が求められる形式の問題（事例問題）が出題されることがあります。また、法科大学院の入学試験・期末試験、司法試験予備試験および司法試験では、比較的長めの事例問題が出題されます。このように、法律の勉強をしていると、事例問題に対する論述を要求される機会が多くあります。

事例問題についての論述を行うには、まず、事例の内容を正しく把握する必要があります。そして、事例を正しく把握するためには、事例を図式化することが有用ですが、事例を図式化する方法について、法学部生や法科大学院生が学ぶ機会はほとんどないのが実情です。

また、答案を作成するには、答案に記載する項目をしっかりと並べて構成を作ることが必要で、その構成に文章で肉付けしていくことになります。この前半の構成作りを答案構成といいますが、答案構成は、答案作成のために不可欠であるにもかかわらず、事例の図式化方法と同様、法学部生や法科大学院生がその方法を学習する機会がほとんどありません。

そこで、本章では、第７章（条文解釈の方法）で説明をした法律学におけるロジカルシンキングに基づく条文解釈の方法と第８章（法的文章の作成方法）で説明をした法的文章の作成方法であるロジカルプレゼンテーションの体系的方法論をふまえて、平成６年度旧司法試験民法第２問を題材とし、事例を図式化する方法、答案構成の方法および答案構成に肉付けをしていく方法を説明します。実際にどのように答案を作成すればよいかを、順を追って具体的に説明していきます。

なお、ここで取り上げる旧司法試験の民法の問題は、試験時間60分で解く試験問題でした。当時の受験生は、この章で説明するような事例の図式化と答案構成を約20分、そして、答案作成を約40分で行うことを目標にしていました。しかし、皆さんは、この章で説明されている内容を60分間で実行できるようにすることを目標にする必要はありません。ここでは、事例問題に答える際の手順を学んでもらいたいと思います。

1 事例を図式化する方法

学生に、「事例問題に解答する際、どのように問題を解きますか？」と質問すると、「図を書かずにいきなり解答を作成します」と回答する学生が少なくない。また、「事例を図式化します」と回答する学生であっても、いざ図式化をさせてみると、図式化が不正確である場合がみられる。確かに、事例を図式化する過程を省けば、論述の時間を多くとることができる。しかし、事例を図式化しないと、簡単な事例であればまだしも、複雑な事例であると事実関係や当事者の関係の把握を間違える可能性が高まる。また、論述の時間を多くとることができ、長い答案を作成できるとしても、論述の内容が間違っていれば、論述時間を延ばせたことは無意味になる。したがって、**事例問題の論述を行う際には、必ず、事例を図式化しなければならない。**

そこで、以下では、平成６年度旧司法試験民法第２問を題材として、事例を図式化する方法を説明していくが、まずはそれに先立ち、基本的な図式化の方法について学ぶことにする。

(1) 基本的な図式化の方法

事例を図式化する方法については、特定の方法が決まっているわけではない。ただ、多くの大学教員や実務家が一般的に用いている方法があることから、ここではその方法を紹介する。ここで紹介する方法は一般的であると考えられるが、ここで記載されていない方法が間違っている、というわけではなく、個々人でアレンジをすることはまったく問題ない。

事例問題の中で示されている**事実関係**（事例として示されている事実）から、法的評価に値する事実とそこから導かれることになる人と人との間の法の規律を受ける関係である**法律関係**を抽出していくことになる。この作業が**事例の図式化**である。この際に、**民法の三大原則**（主体・客体・取引についての原則。POT の原則）**を意識すると整理をしやすくなる。**

(a) 当事者と法律関係の記載

当事者には、事例問題で記載されている呼称を用いる。また、**当事者の属**

性（売主・買主・賃貸人・賃借人等）を記載しておくと、当事者間の関係が把握しやすくなる。**法律関係については、横線や縦線で記載**する。その際に、その法律関係・契約の名称を記載しておくと後でわかりやすい。

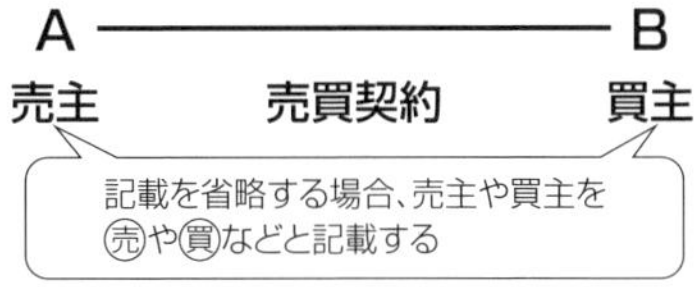

⒝　動産・不動産等の権利の移転などの記載

契約に基づき、一方当事者から他方当事者へ**動産・不動産等の権利や占有の移転**がある場合には、**移転の方向に合わせ矢印を記載**する。

債権者から請求（引渡請求など）が行われる場合、**債権者から債務者に**二重線の**矢印を記載**する。この場合、二重線の矢印ではなく、一本線の矢印で示す場合も多いが、法律関係と請求を異なる種類の矢印にしておく方がわかりやすい。

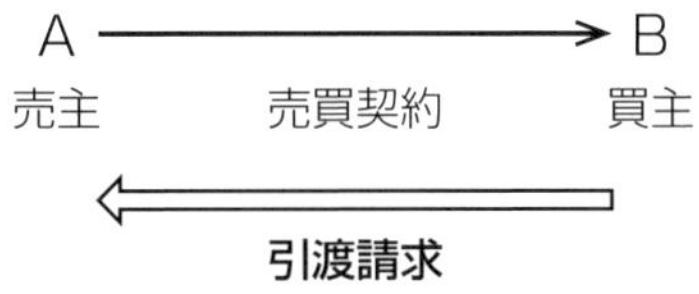

⒞　対抗要件の具備の記載

対抗要件の具備については、対抗要件を具備した当事者の近くに、**対抗要件の内容**（登記、引渡し等）**を記載**する。

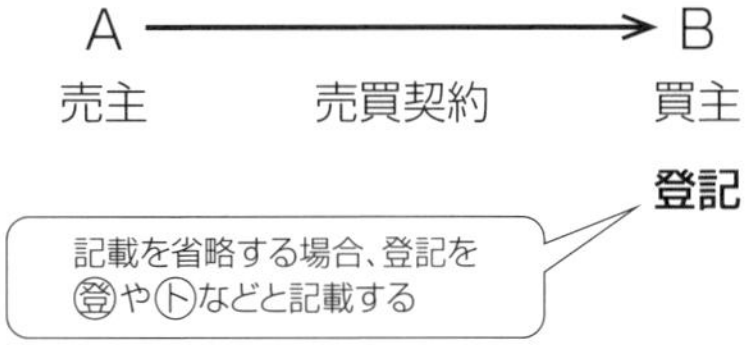

⒟　時間的関係の記載

事実関係を整理して法律関係を把握するには、ロジカルシンキングのプロセス手法を意識することが大切である。そこで、法律関係は、時系列によって把握する。そのため、法律関係を表す横線の近くに、**時系列で①、②、③……と番号を記載**する。時間的関係を示す①や②については、線の上に記載する、あるいは、賃貸借①、転貸借②のように、契約関係を示す用語の隣に記載する、という二つの方法があるが、どちらでも好みで決めてもらえればよい。また、事例において具体的な年月日の記載がある場合には、図の中にその年月日を入れておくとよい。

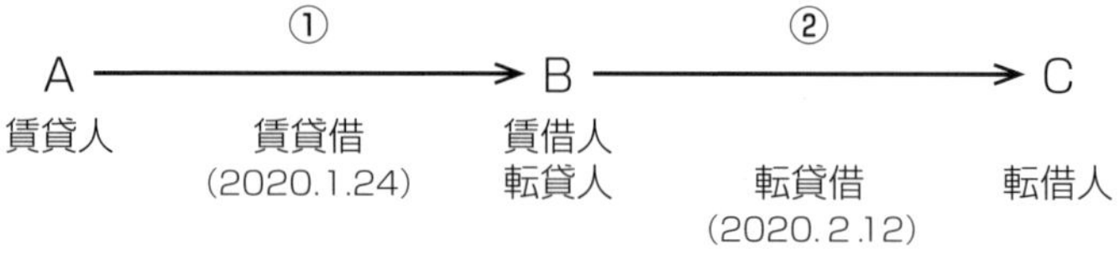

(e) 追加的な事実関係や法律関係の記載

追加的に重要な事実関係や法律関係についても、図に記載する。具体的には、建物や動産が滅失した事実、売買の目的物に欠陥があった事実、抵当権が設定された事実等である。たとえば、債務者の所有する不動産に抵当権が設定された場合には、債務者の近くに不動産の絵（⇧）を記載し、その不動産の絵の近くに「抵」と記載する。

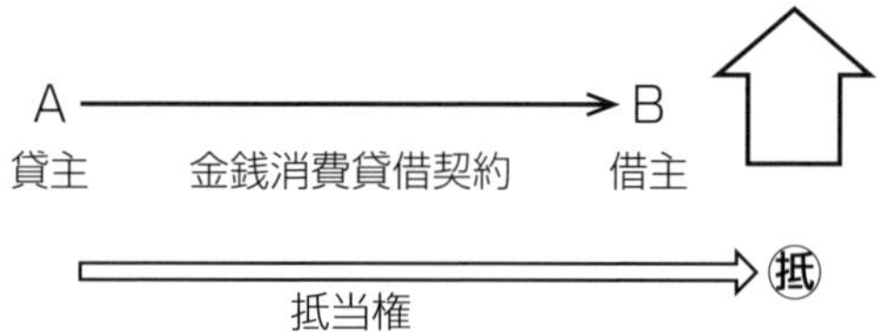

(2) 具体的な図式化の方法

(a) 事例

では、(1)の基本的な図式化の方法をふまえて、以下の平成６年度旧司法試験民法第２問の事例を順を追って、図式化してみよう。(b)以下の図式化の作業にあたっては、新たに加えられてゆく部分を太字で示していく。

【平成６年度民法第２問】

(i) Aは、債権者からの差押えを免れるため、Bと通謀の上、売買を仮装して、その所有する建物及びその敷地（以下、これらを総称するときは「本件不動産」という。）の登記名義をBに移転するとともに、本件不動産を引き渡した。

(ii)その後、Aは、右の事情を知っているCとの間で、本件不動産につき、売買契約を締結し、代金の支払を受けたが、その直前に、Bが、Dに本件不動産を売却し、引き渡していた。Dは、AB間の右事情を知らず、かつ、知らないことにつき過失がなかった。

(iii)ところが、右建物は、Cの買受け後に、第三者の放火により焼失してしまった。なお、その敷地についての登記名義は、いまだBにある。

(iv)以上の事案において、本件不動産をめぐるCD間の法律関係について論じた上、CがA及びBに対してどのような請求をすることができるか説明せよ。

※ なお、(i)から(iv)は説明の便宜上、筆者が挿入したものである。

(b)　(i)の法律関係

(i)Aは、債権者からの差押えを免れるため、Bと通謀の上、売買を仮装して、その所有する建物及びその敷地（以下、これらを総称するときは「本件不動産」という。）の登記名義をBに移転するとともに、本件不動産を引き渡した。

まず、当事者として登場するのは、AとBである。Aは本件不動産の所有者であり、仮装譲渡人であるからその旨を記載する。また、Bは、仮装譲受人であるから、その旨を記載する。

法律関係について、AとBは、本件不動産を目的物とする売買契約を締結しているため、AB間に法律関係を表す横線を引く。また、売買契約により、本件不動産の登記の移転および引渡しが行われていることから、横線はAからBへの矢印とする。当該売買契約は仮装のものであるから、仮装であることも記載する。

時系列については、売買契約が行われ、それに伴い、本件不動産の登記の移転および引渡しが行われていることから、売買契約を「①」、登記＋引渡しを「②」とする。

以上のとおり、(i)の法律関係の図は以下のようになる。

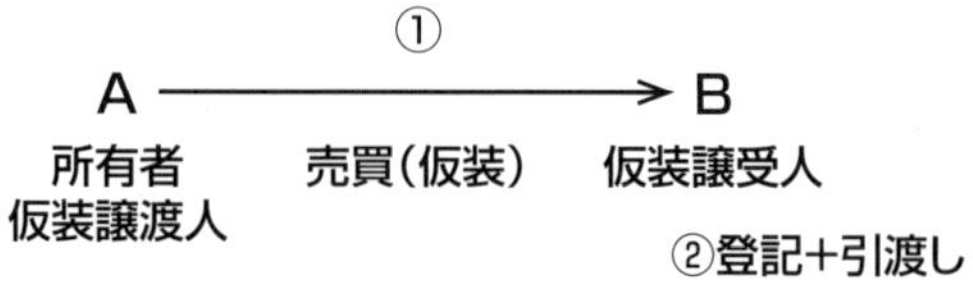

(c)　(ii)の法律関係

> (ii)その後、Aは、右の事情を知っているCとの間で、本件不動産につき、売買契約を締結し、代金の支払を受けたが、その直前に、Bが、Dに本件不動産を売却し、引き渡していた。Dは、AB間の右事情を知らず、かつ、知らないことにつき過失がなかった。

ここで新たにCとDが登場する。Cは、本件不動産の所有者Aと本件不動産についての売買契約を締結した買主で、代金の支払を済ませており、また、AB間の売買契約が仮装であることについて悪意であるからその旨記載する。

Dは、仮装譲受人Bと本件不動産についての売買契約を締結した買主であり、また、AB間の売買契約が仮装であることについて善意・無過失であるからその旨記載する。なお、Cを、Aの下ではなく、Aの左側に記載することも考えられるが、本件では、CからDへの請求を考える必要があるため、CとDの位置関係が離れてしまうと、図に表しにくくなってしまう。また、答案構成用紙等の関係上、スペースが限られているため、図をコンパクトにまとめる必要もある。そのため、Cは、Aの下に配置している。他方、DについてはBの右側に配置しているが、これはAとB、そしてBとDの間の売買契約の連鎖となっている時系列については、左から右に向かって表記するためである。

AとC、BとDの法律関係は、それぞれ、本件不動産を目的物とする売買契約を締結しているため、法律関係を表す線として、AC間には縦線を、BD間には横線をそれぞれ引く。また、売買契約により、本件不動産の所有権が移転しうる（図の作成段階では、無権利者BからDに対して本件不動産の所有権が移転するかどうか、明確に判断できるわけではないが、売買契約が締結されている以上、便宜的に矢印としておく）ことから、線はそれぞれ矢印とする。

時系列については、AC間の売買契約の直前にBD間の売買契約が行われていることから、BD間の売買契約を③（引渡しを④）、AC間の売買契約を

⑤とする。

以上のとおりⅱの法律関係をⅰの法律関係の図に加えると以下のようになる。

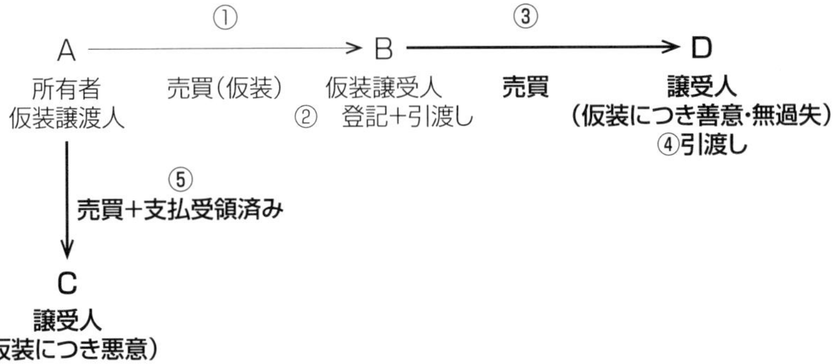

(d)　(iii)の法律関係

> (iii)右建物は、Cの買受け後に、第三者の放火により焼失してしまった。なお、その敷地についての登記名義は、いまだBにある。

本件不動産の建物部分については、Cの買受け後に第三者の放火により焼失していることから、当該不動産の引渡しを受けているDの近くに本件不動産のイラストを書き、建物が焼失した旨と、敷地の登記名義がいまだBにあることを記載する。

時系列については、Cの買受け後の焼失なので、⑥とする。

以上のとおり(iii)の法律関係を(ii)の法律関係の図に加えると以下のようになる。

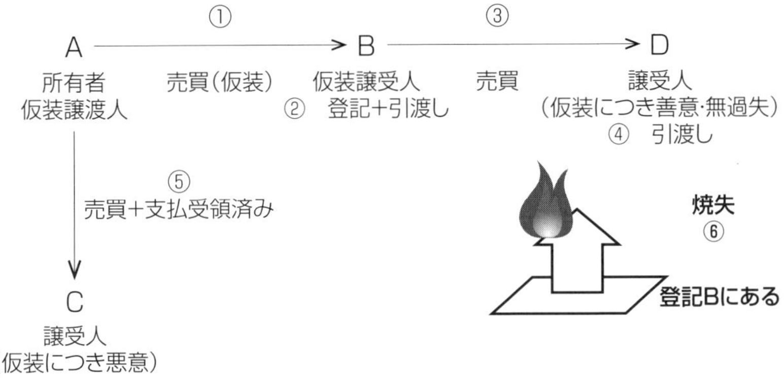

(e)　(iv)の法律関係

以上、(i)から(iii)に示された事実によって、本事例問題の法律関係は整理されたわけである。次に、これをふまえて、問題文において論じるべき論点を記載することになる。

> (iv)以上の事案において、本件不動産をめぐるCD間の法律関係について論じた上、CがA及びBに対してどのような請求をすることができるか説明せよ。

まず、CD間の法律関係が問われており、CD双方について債権債務の発生がありうることから、CD間に両端に矢印の付いた二重線の矢印を引く。次に、Cが、AおよびBに対して何らかの請求を行うことから、CからAおよびBに向けて、それぞれ二重線の矢印を引く。

以上のとおり(iv)で問われた法律関係を(iii)までの法律関係の図に加え、完成させた本事例問題の全体を示す図は以下のようになる。

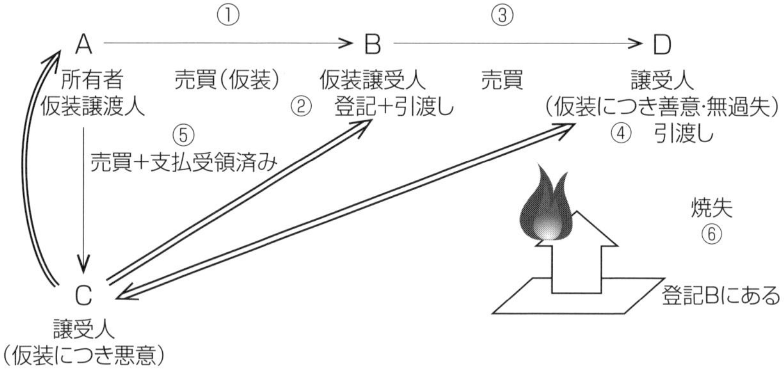

2　答案構成の方法

1 において、図式化が完成したわけである。これをふまえて、次に答案構成に入ることになる。なお、図式化の作業の際と同様に、以下の答案構成の作業にあたっても、新たに加えられてゆく要素を太字で示すことにする。

(1)　大枠の確定とナンバリング

問題文では、「以上の事案において、本件不動産をめぐるCD間の法律関係について論じた上、CがA及びBに対してどのような請求をすることができるか説明せよ。」との指示がある。この指示に従い、まず、CD間の法律関係を論じ、その後、CのAおよびBに対する請求を考えることとなる。

そうすると、大枠は以下のように確定することになる。一番大きな枠となるため、ナンバリングは、第1、第2および第3とする。

第1　CD間の法律関係
第2　CのAに対する請求
第3　CのBに対する請求

この大枠を基にして、答案に記載する内容を考えていくことになる。ここで、ナンバリングをして、まず、第1、第2…を付けているが、その中で論述する内容を考えたら、論述する内容を示す見出しを作り、それらについて、1、2…に分けてナンバリングをする。そして、それらの内容をさらに細分化した内容があるときには、同様に見出しを作り、1、2などの下に、(1)、(2)…、さらに、ア、イ…、また、その下に(ア)、(イ)…という順番（「第1、1、(1)、ア、(ア)」という流れ）で答案構成をしていくことになる。このナンバリングの手法は、裁判における判決書の手法に倣ったものである。そして、このナンバリングの作業は、答案構成において項目を細分化していくものであり、ロジカルシンキングのロジックツリー手法の適用である。

答案構成では、このようなナンバリングと見出しを作ることが大切である。ナンバリングと見出しが付けられていることによって、完成後の答案の読み手は、答案を読みながら、これからどのような内容の論述がされるかを把握することができる。読み手にとって予測した内容に沿って読み進むことができる答案は、読みやすいので高評価が期待できる。

(2)　CD間の法律関係

本問で、**CとDは、本件不動産の所有権の帰属を争う関係**にある。そこで、本問において、本件不動産の所有権が、CとDのいずれに帰属するかという視点から分析をする必要がある。以下、CとDそれぞれがどのような法律構成に基づいて、本件不動産の所有権が自己に帰属すると主張しうるかを整理する。

(a)　Cによる主張

まず、Cとしては、前記完成図のとおり、本件不動産の所有者Aと売買契約を締結していることから、その売買契約により、本件不動産の所有権を取得したと主張することが考えられる。
ナンバリングについては、Cの主張として、1とする。
これを答案構成に反映させると以下のようになる。

第1　CD間の法律関係
　1　Cによる主張
　　AC間の売買契約の締結
第2　CのAに対する請求
第3　CのBに対する請求

(b)　Dによる主張

Dは、前記完成図のとおり、本件不動産について、Bと売買契約を締結している。しかし、前記完成図のとおり、AB間の本件不動産についての売買契約は、仮装の契約であり無効となるのが原則である（民法94条1項）。したがって、AからBに本件不動産の所有権は移転しないから、本件不動産について、無権利者Bと③の売買契約を締結しても、Dは、原則として、本件不動産の所有権を取得できない。

そこで、前記完成図のとおり、Dとしては、仮装につき善意・無過失であることから、自己が民法第94条第2項にいう「善意の第三者」に該当し、本件不動産の所有権を取得したことを主張することが考えられる。

Dの主張を2として、Dの主張の前提となる法律関係を(1)とし、Dの主張を(2)とする。

これを答案構成に反映させると以下のようになる。

第1　CD間の法律関係
　1　Cによる主張
　　AC間の売買契約の締結
　2　Dによる主張
　　(1)　無権利者Bからの譲受け
　　(2)　民法94条2項による本件不動産の所有権の取得
第2　CのAに対する請求
第3　CのBに対する請求

(c)　CD 間の優劣

CとDのどちらの主張についても理由がある。そうすると、CD 間については、Aを起点として二重譲渡類似の関係にあると評価することができる。不動産の二重譲渡については、民法第177条により優劣を決することとなる。

これを答案構成に反映させると以下のようになる。

第1　CD 間の法律関係
　1　C による主張
　　AC 間の売買契約の締結
　2　D による主張
　　(1)　無権利者 B からの譲受け
　　(2)　民法94条2項による本件不動産の所有権の取得
　3　CD 間の優劣の判断
　　対抗問題としての処理（民法177条）
第2　C の A に対する請求
第3　C の B に対する請求

(3)　C の A に対する請求

(a)　大枠の確定

「第1　CD 間の法律関係」の答案構成が完成したので、次は、CのAに対する請求を検討する。本件不動産は、建物およびその敷地から構成されているが、前記完成図のとおり、建物は焼失している。そこで、本件不動産の建物およびその敷地を分けて考える必要がある。

建物およびその敷地の区別を明確にするため、建物については1、敷地については2として記載する。

これを答案構成に反映させると以下のようになる。

第1　CD 間の法律関係
　1　C による主張
　　AC 間の売買契約の締結
　2　D による主張
　　(1)　無権利者 B からの譲受け
　　(2)　民法94条2項による本件不動産の所有権の取得
　3　CD 間の優劣の判断

対抗問題としての処理（民法177条）

第２　ＣのＡに対する請求

１　建物に関する請求

２　敷地に関する請求

第３　ＣのＢに対する請求

(b)　建物に関する請求

本件不動産の建物は、第三者の放火により焼失しているから、Ｃは建物の引渡しを請求することはできず、またその建物の焼失について、当事者の帰責性は認められない。そこで、まずは、危険負担の問題となる。民法第536条第１項では、「当事者双方の責めに帰することができない事由によって債務〔＝建物引渡債務〕を履行することができなくなったときは、債権者〔＝譲受人・買主〕は、反対給付〔＝代金支払債務〕の履行を拒むことができる。」と規定されている。しかし、本件においてＣは、反対給付である本件不動産の建物についての代金をすでに支払っていることから、この民法第536条第１項の適用を主張することができない。Ｃが、既払いの代金について、不当利得を根拠に返還請求を行うためには、本件不動産のうちの建物については、売買契約を解除することが必要になる。これを答案構成に反映させると以下のようになる。

第１　CD間の法律関係

１　Ｃによる主張

AC間の売買契約の締結

２　Ｄによる主張

⑴　無権利者Ｂからの譲受け

⑵　民法94条２項による本件不動産の所有権の取得

３　CD間の優劣の判断

対抗問題としての処理（民法177条）

第２　ＣのＡに対する請求

１　建物に関する請求

⑴　危険負担（民法536条１項）

⑵　売買契約の債務不履行解除を前提とした不当利得返還請求

２　敷地に関する請求

第３　ＣのＢに対する請求

(c)　敷地に関する請求

本件不動産の建物は焼失したが、その敷地は残っている。そこで、Cとしては、Aに対し、B名義の登記をA名義に復帰させ、そのA名義の登記を自己に移転することを請求することができる。次に、Aが、Cに対して本件不動産の敷地の登記名義の移転を行うことができない場合、Cは、Aに対し、売買契約の債務不履行に基づく損害賠償請求を行うことができる。また、売買契約を解除して、本件不動産の敷地部分に関する既払いの代金について、建物に関するのと同様に、不当利得を根拠に返還請求を行うことができる。

それぞれの請求は、異なる請求であることから、それぞれ、(1)、(2)および(3)と項目分けをする。これを答案構成に反映させると以下のようになる。

第1　CD間の法律関係
　1　Cによる主張
　　AC間の売買契約の締結
　2　Dによる主張
　　(1)　無権利者Bからの譲受け
　　(2)　民法94条2項による本件不動産の所有権の取得
　3　CD間の優劣の判断
　　対抗問題としての処理（民法177条）
第2　CのAに対する請求
　1　建物に関する請求
　　(1)　危険負担（民法536条1項）
　　(2)　売買契約の債務不履行解除を前提とした不当利得返還請求
　2　敷地に関する請求
　　(1)　所有権移転登記手続請求
　　(2)　売買契約の債務不履行に基づく損害賠償請求
　　(3)　売買契約の債務不履行解除を前提とした不当利得返還請求
第3　CのBに対する請求

(4)　CのBに対する請求

前述のとおり、本件不動産の建物は焼失したが、その敷地は焼失せず残っており、また、登記はBに残っているままである。そこで、Cとしては、B名義の登記をC名義に移転することをBに対して、請求することが考えられる。Cが、B名義の登記をC名義に移転することをBに請求する方法としては、契約関係のあったAとは異なり、Bとはそのような関係にないから、物権的な請求として、直接Bに対して敷地の所有権に基づき請求する方法と、CがAに対して有する所有権移転登記手続請求権を被保全債権として、AがBに対して有する所有権移転登記抹消登記手続請求権を代位行使する方法（民法423条の7）の二つが考えられる。それぞれの請求は、異なる方法であることから、それぞれ、1および2とナンバリングする。

これを答案構成に反映させると以下のようになり、本問の答案構成が完成することとなる。なお、答案構成においては、答案内容で使う条文の番号につき、備忘録的に記載しておくとよいが、答案の作成においては、条文の番号を見出しに記載する必要はない。

第1　CD間の法律関係
　1　Cによる主張
　　AC間の売買契約の締結
　2　Dによる主張
　　(1)　無権利者Bからの譲受け
　　(2)　民法94条2項による本件不動産の所有権の取得
　3　CD間の優劣の判断
　　対抗問題としての処理（民法177条）
第2　CのAに対する請求
　1　建物に関する請求
　　(1)　危険負担（民法536条1項）
　　(2)　売買契約の債務不履行解除を前提とした不当利得返還請求
　2　敷地に関する請求
　　(1)　所有権移転登記手続請求
　　(2)　債務不履行に基づく損害賠償請求
　　(3)　売買契約の債務不履行解除を前提とした不当利得返還請求
第3　CのBに対する請求
　1　CのBに対する直接の登記請求
　本件不動産の敷地の所有権に基づく所有権移転登記手続請求
　2　AがBに対して有する請求権の代位行使
　民法423条の7に基づく請求

ここまでの答案構成ができれば完璧であり、模範解答のような答案を書くことができるだろう。ただ、実際の当時の司法試験では、この問題でいえば、答案構成までを想定制限時間の約20分間で完成させなければならなかった。そのため、試験でこのような問題が出題された場合には、すべての項目を書くのではなく、大項目（第１、第２……）と中項目（１、２……）までを書き、それよりも細かい項目については、注意すべき点をメモ程度に済ませて、答案を書き始めるということになろう。

素早くこのような答案構成を考えられるようになるためには、**普段からの練習が必要**である。普段の勉強では、このような答案構成をすることができるよう、司法試験予備試験や司法試験の過去問を解くなどして、練習を積んでほしい。

3　答案構成に従った答案の作成

答案構成がしっかりできていれば、答案が６割方完成したといっても過言ではない。後は、答案構成に従い、順番に答案の文章を作成していく作業となる。実際に完成された答案構成をもとにすると、次のような答案を作成することができる。この本の性格上、模範解答になっているが、このような答案を旧司法試験の想定解答時間の約40分で実際に書き上げることは極めて難しい。としても、日頃の勉強により答案作成の際に必要な論点などに関する知識を蓄積し、解答時間内に書き上げることができるよう、日々の勉強を続けてもらいたい。

事例問題の図式化、そして答案構成については、『Web 日本評論』（日本評論社のウェブマガジン）でコラムを執筆しています。令和２年司法試験予備試験問題を題材に、本章と同じような形で解説していますので、参考にしてみてください。

☞“Web 日評”“きになる本から”“金井高志”で検索。

・「（第１回）図式化をしてみよう！──令和２年司法試験予備試験問題を題材に（金井高志）／『民法でみる法律学習法　第２版』から」（https://www.web-nippyo.jp/23498/）

・「（第２回）答案構成を作ってみよう！－令和２年司法試験予備試験問題を題材に（金井高志）／『民法でみる法律学習法　第２版』から」（https://www.web-nippyo.jp/23825/）

⑴　CD間の法律関係

第１※1　CD間の法律関係※2

Cは、本件不動産の所有者であるAから本件不動産を買い受けており、また、Dは、Aからの仮装譲受人であるBから本件不動産を買い受けている。このように、本件不動産が、CおよびDの双方に譲渡されていることから、本件不動産の所有権が、CDのどちらに帰属するかが問題となる。※3

１　Cによる主張

Cとしては、所有権者であるAから本件不動産を買い受けたことから、自己に本件不動産の所有権が帰属することを主張することができる（民法※4 555条・176条）。

２　Dによる主張

Dとしては、Bから本件不動産を買い受けたことから、自己に本件不動産の所有権が帰属することを主張することが考えられる。

⑴　無権利者Bからの譲受け

Aは、債権者からの差押えを免れるため、Bと通謀のうえ、売買を仮装して、本件不動産の登記名義をBに移転するとともに、本件不動産を引き渡している。

「相手方と通じてした虚偽の意思表示は、無効」である（民法94条１項）ところ、本件で、Aは、債権者からの差押えを免れるために、Bと通じて、虚偽の意思表示を行っている。よって、AがBに対して行った意思表示は無効となり、BはAから所有権を取得することができないため、Bは無権利者である。※5

そうすると、Dは、無権利者であるBから、本件不動産を買い受けた者であり、原則として、無権利者からの譲受人として、本件不動産の所有権を取得できない。

⑵　民法94条２項による本件不動産の所有権の取得※6

ア※7　Dは、AB間の事情を知らず、かつ、知らないことについて過失がなかった。そこで、

※１
答案構成の際に用いたナンバリングを答案でも用いる。

※２
ナンバリングにあわせて、答案構成の際の項目を使用して見出しを付ける。ただし、項目の「第１、第２…」と「１、２…」のレベルまで見出しを付ければ問題ない。ただ、この模範答案では読者の読みやすさのために「⑴、⑵…」にも見出しを付けているところがある。

※３
CD間の法律関係において、どのような点が問題となるかについて、まずはしっかりと問題提起を行う。

※４
「民法」であれば２文字で済むが、たとえば、「動産及び債権の譲渡の対抗要件に関する民法の特例等に関する法律」など、法令名が長い場合には、毎回書いていては時間がかかってしまう。そのため、はじめから、省略した名称の「動産・債権譲渡特例法」と書き、以降は「同法」として、時間を節約する必要がある。なお、法令名については、初出のみ記載し、「以下、法令名省略」として、以降は条数だけを書くという方法もある。

Dとしては、「善意の第三者」（民法94条2項）として、本件不動産の所有権を取得した旨を主張することが考えられることから、「善意の第三者」の意義が問題となる。

まず、「第三者」とは、当事者およびその一般承継人以外の者であって、通謀虚偽表示の目的について新たに利害関係を有するに至った者をいう。

次に、「善意」について、条文上、過失の有無が問題とされていない※8。また、この善意の「第三者」は取引の安全・第三者保護の要請から、対抗要件を備える必要性もないと考える。

イ　本件で、Dは、AB間の通謀虚偽表示の仮装譲受人であるBから本件不動産を買い受けていることから、通謀虚偽表示の目的について新たに利害関係を有するに至った者といえ、「第三者」といえる。

また、Dは、AB間の事情を知らず、「善意」であるといえる。

そして、本件不動産の登記は、Bが有しているものの、Dが保護されるために対抗要件を備える必要がないことから、本件不動産の登記をBが有していることは結論に影響しない。

ウ　以上から、Dは、「善意の第三者」に該当する者として、Dとの関係ではAB間の通謀虚偽表示である売買契約は有効であると評価されることになる。したがって、AからBを経由してDに所有権が移転することになり、Dは、本件不動産の所有権を取得することができる。

3　CD間の優劣の判断

以上から考えると、Cは本件不動産の所有者Aと売買契約をしており、また、AB間の通謀虚偽表示である売買契約はDとの関係では有効であると評価されることになり、Dは、所有者Aから本件不動産の所有権を取得することから、本設問の法律関係は、Aを起点とした二重譲渡の関係が生じているものとなる。

不動産の二重譲渡に関する対抗関係は、本件不動産の登記の具備により決せられる（民法177

※5
論点に飛びつかずに、しっかりと原則論を示すことが重要である。

※6
以下は、第8章で紹介をした法的文章の作成方法であるロジカルプレゼンテーションの実践であり、典型的な法的三段論法に従った記述となる。第3章で紹介をした法的三段論法に従っていないと、事例問題の答案としては、形式的な要件が満たされていないことになり、評価が低くなる。

※7
ここからのア、イ、ウの部分は、第3章で説明をした法的三段論法の「大前提＝法規範」、「小前提＝具体的事実」そして「結論」に相当する記述である。

※8
「善意」について、無過失であることが要求されるか否かについて争いがあるが、この問題ではDについて無過失であったことが問題文に記載されていることから、この論点には触れる必要はない。問題文からDの善意について過失の有無が明確ではない場合には、論点として触れるべきである。その場合の答案の書き方については、第8章3(3)を参照。

条）ため、CDのうち、先に登記を具備した者が、もう一方の当事者に対し、所有権を主張・対抗できることとなる。

(2) CのAに対する請求

第2　CのAに対する請求

本件不動産は、建物およびその敷地から構成されるところ、建物については第三者の放火により焼失してしまっている。そこで、建物および敷地について、別個に検討する。

1　建物に関する請求

(1)　危険負担

ア　建物については、第三者の放火により焼失してしまっていることから、AはCに対して、建物の登記を移転する債務および建物を引き渡す債務の履行ができなくなっており、「当事者双方の責めに帰することができない事由によって債務を履行することができなくなったとき」の問題として、危険負担の問題となる。この場合、「債権者は、反対給付の履行を拒むことができる」（民法536条1項）と規定されている。

イ　しかし、債権者であるCは、Aに対し、反対給付である代金の支払を済ませていることから、本条項の適用を主張することはできない。

(2)　売買契約の債務不履行解除を前提とした不当利益返還請求

AはCに対して本件不動産の建物の引渡しをすることができない状況である。Cは、本件不動産の建物についてのAの債務不履行に基づき、本件不動産の建物に関する売買契約を解除することができる（民法542条1項1号）。この解除に基づき、Cは、不当利益返還請求として、Aに対して、当該建物に関する既払いの代金相当額について、返還請求・利息請求を行うことができる（民法545条1項・2項）。

2　敷地に関する請求

(1)　所有権移転登記手続請求

敷地については、建物と異なり、残存している。そこで、ＣはＡに対して、ＣＡ間で締結された売買契約に基づき、敷地について所有権移転登記手続請求を行うことができる。

(2)　債務不履行に基づく損害賠償請求

また、Ａは、Ｂに対して、本件不動産を仮装譲渡しており、仮装譲受人であるＢが、Ｄに対して本件不動産を売却している。このことから、Ａが、Ｃに対して、敷地の登記を移転する債務および敷地を引き渡す債務の履行を行わない場合、Ｃは、Ａに対して、債務不履行に基づく損害賠償請求を行うことができる（民法415条・416条）。

(3)　売買契約の債務不履行解除を前提とした不当利益返還請求

さらに、Ｃとしては、Ａの債務不履行によりＣＡ間で締結された本件不動産の敷地についての売買契約を解除し（民法541条）、発生する不当利得返還請求の問題として、既払いの代金相当額について、返還請求・利息請求を行うことができる（民法545条１項・２項）。

(3)　ＣのＢに対する請求

第３　ＣのＢに対する請求

Ｃとしては、Ｂが本件不動産の敷地の登記を有していることから、Ｂに対し、当該敷地の所有権移転登記手続請求を行うことが考えられる。また、Ｃは、ＣがＡに対して有する敷地の所有権登記の移転を求める請求権を被保全債権とし、ＡがＢに対して有する所有権移転登記抹消登記手続請求権を代位行使することが考えられる。※９

１　ＣのＢに対する直接の登記請求

(1)※10　ＣのＢに対する直接の請求については、ＣとＢとの間に契約関係が存在しないことから、敷地の所有権に基づく妨害排除請求権としての所有権移転登記手続請求となる。かかる請求が認められるためには、①請求する者が敷地の所有権を有していること、および、②相手方が敷

※９
この段落は導入部分であるので、作成時間とのかねあいで、記載しなくてもよい。

※10
ここから(1)、(2)、(3)の部分は、第３章で説明をした法的三段論法の「大前提＝法規範」、「小前提＝具体的事実」そして「結論」に相当する記述である。

地の登記を有していることが必要である。

(2)　本件では、Ｃは本件不動産の所有者であるＡと本件不動産についての売買契約を締結し、本件不動産を買い受けている。よって、売買契約に基づき、Ｃは敷地の所有権を有しているといえる(①充足)。また、Ｂは、現在、敷地の登記を有している(②充足)。

(3)　以上から、ＣのＢに対する直接の登記請求が認められる。

2　ＡがＢに対して有する請求権の代位行使

(1)※11　登記請求権を被保全債権とする債権者代位権については、「登記又は登録をしなければ権利の得喪及び変更を第三者に対抗することができない財産を譲り受けた者は、その譲渡人が第三者に対して有する登記手続又は登録手続をすべきことを請求する権利を行使しないときは、その権利を行使することができる」(民法423条の7前段)と規定されている。※12

(2)「第1　CD間の法律関係」で検討をしたとおり、CD間の優劣は、本件不動産の登記の具備により決せられるため(民法177条)、Ｃは、「登記……をしなければ権利の得喪及び変更を第三者に対抗することができない財産を譲り受けた者」といえる。

そして、敷地の譲渡人であるＡが、Ｃからみた第三者であるＢに対して、敷地の所有権移転登記抹消登記手続請求権を行使しない場合には、「その譲渡人が第三者に対して有する登記手続又は登録手続をすべきことを請求する権利を行使しないとき」といえる。

(3)　以上から、Ｃは、ＡがＢに対して有する債権の代位行使の要件を充足する事実が認められる場合、ＣがＡに対して有する敷地の登記の移転を求める請求権を被保全債権とし、ＡがＢに対して有する所有権移転登記抹消登記手続請求権を代位行使することができる。

以上

※11
ここから(1)、(2)、(3)の部分は、第3章で説明をした法的三段論法の「大前提＝法規範」、「小前提＝具体的事実」そして「結論」に相当する記述である。

※12
ここでは理解のしやすさのために民法の条文を引用しているが、「登記請求権を被保全債権とする債権者代位権については、民法423条の7が規定している。」と記載することでも足りる。

COLUMN ③

答案作成に関するポイント

第９章では、事例を分析するために図式化する方法と答案構成の方法について説明をしましたが、事案の分析や答案構成がしっかりできていても、答案作成におけるポイントやコツをふまえて、それらに従い答案を作成することができなければ、高い評価を受けることはできません。そこで、本章の本文では書いていない答案作成に関するポイントやコツを説明します。

■ 時間配分

答案に対する評価は、最終的に**採点者に対して提出された答案だけに基づきます**。答案構成用紙に正しい答えが記載されていても、答案に記載されていなければ点数になりません。そこで、限られた時間内にできるだけ完成度の高い答案を作成する必要があります。事案分析・図式化の時間、答案構成の時間、そして、答案を作成する時間について、的確な時間配分を意識しておかないと、答案の冒頭の論述についてはしっかり書けているのに、終盤の論述は内容が薄い答案（頭でっかちの答案）になってしまう可能性があります。また、答案を書き切ることができず、いわゆる途中答案（尻切れトンボの答案）になってしまう可能性もあります。これでは、低い評価しか得られず、きちんと事案分析・図式化や答案構成ができていたとしても、その意味がなくなってしまいます。

時間配分をしっかり考えることができていれば、評価の高い答案を作成できるようになります。

時間配分を考える際には、試験問題における**個別の設問における配点を念頭に置く**ことが最も効率のよい答案作成対策になります。配点が低い設問に時間を割いて多くの文章を書いても点数の上限が低いため、答案全体での高得点をとることができません。たとえば、問題が３問に分かれており、設問１の配点が20点、設問２の配点が50点、設問３の配点が30点であれば、設問１だけに力を入れ、いわゆる途中答案となってしまっては、意味がないのです。

文章を作成する配分時間を考えるとき、自分がどれくらの分量の論述ができるか、すなわち、**何文字書けるか、何行書けるか、答案用紙で何枚書けるかなどを事前に把握**しておき、点数配分に応じて振り分けるという方法が有用です。ただ、何行、何枚という基準は１行に書くことができる字数が人によって異なり、基準として曖昧なので、他の人のアドバイスを聞く時には注意が必要です。

具体的な試験の際の時間配分を考えてみます。大学の期末試験では、択一式問題、用語穴埋め問題などと記述問題があわせて出題されることが多くあると思います。この場合には、いくつかの種類の問題の点数配分を確認し、記述問題以外の問題にかける時間と記述問題にかける時間の配分を考えなければなりません。全体の時間から記述問題以外の問題の解答をする時間を引き、残りの時間を事案分析・図式化、答案構成、そして、答案作成の時間に時間配分をすることになります。

ここでは、記述問題の典型例として、司法試験を例にとって時間配分を考えてみましょう。まず、2時間（120分）の試験で答案用紙6枚（1枚につき約700字）の答案を書くことを目標とする受験生がいるとします。事例の分析・図式化と答案構成に40分かけ、また、文章の作成に80分かけることにします。そして、設問が3問あり、設問1の配点が20点、設問2の配点が50点、設問3の配点が30点であれば、各設問の配点の比は、設問1：設問2：設問3＝2：5：3となります。そうすると、答案作成の大まかな時間の配分ですが、80分×2／10、80分×5／10、そして、80分×3／10ということで、設問1については、16分（約15分）、設問2については、40分、設問3については、24分（約25分）という時間配分が大まか目安になります。そして、80分で6枚の答案を作成することになると、設問1については、6枚×2／10で1.2枚（1枚強）、設問2については、6枚×5／10で3枚、そして、設問3については、6枚×3／10で1.8枚（2枚弱）を書くことが妥当となるでしょう。

前述のとおり、文字を書くスピードについては、個人差があります。そこで、自分の文字を書くスピードを測定し、どのくらいの時間で、どのくらいの分量を書くことができるかを事前に把握しておくことが重要となります。

また、筆記用具の選定も記述量に影響を与えます。自分の筆圧や利き腕などとの関係から、油性のボールペンがいいのか、水性のボールペンがいいのか、万年筆がいいのかなど、いろいろな筆記用具を試し、**自分が一番書きやすい筆記用具を選ぶ**ことが必要です。

現時点では以上のことが注意事項ですが、令和8年度（2026年）から試験場でコンピューターを利用して解答する方式（CBT〔Computer Based Testing〕）の導入が始まります。その年からは、文字を書くスピードの問題、そして筆記用具の問題はなくなり、タイピングのスピードの問題に替わることになります。タイピングのスピードが速い人ほど事例の分析・図式化と答案構成に時間をかけることができ、また時間内に書く答案の分量も多くなります。CBT方式の導入に向けて、司法試験予備試験や司法試験の受験生は対策を考えておく必要が出てきます。

■ 事例問題を読むときの書込み

皆さんは事例問題を読む際、問題文にどのような書込みをするでしょうか。まず、事例問題を解く際には、**再度問題文を細かく読み直さなくても済むように、最低限の書込みをする**ことが大切です。そこで、事例の分析に必要な重要な事実について下線を引くこと、出てくる日付にマーカーを引くこと、事実が発生した順序・番号を付けることなどが大切です。また、問題となる論点に関して、合法違法・合憲違憲などの判断や事実認定が必要となる場合もあります。そのような場合、合法・合憲、または事実の認定の可否に関して、積極的な意味を持つ事実については、○印や＋印を付ける、もしくは、青でマークすることとし、また、違法・違憲、または事実の認定の可否に関して、消極的な意味を持つ事実については、×印や－印を付ける、もしくは、赤でマークすることなどが必要です。また、問題文を読みながら気づいたことを書き込むことなども必要になります。

以上のような事項について、どの程度書き込むかは、事例分析・図式化や答案構成にかける時間との関係から考える必要があります。

CBT方式の導入の後、試験問題をコンピューター上で検討することになれば、試験問題の事例を読むときの書込みの方法、また図式化・答案構成の方法は、相当程度変化することになると思います。CBT方式の導入に向けて司法試験予備試験や司法試験の受験生は、どの程度までコンピューター上になるのか、すなわち、試験問題は紙で配付されるか、答案構成用紙は配布され、解答のみコンピューター上になるのかなどの情報収集に留意しなければならないと思います。

■ ナンバリングと見出し

答案構成において、ナンバリングと見出しを付けることが大切ですが、読み手に答案の内容を理解してもらいやすくするためには、答案を作成する段階でも、第1、第2……、1、2……、⑴、⑵……などの**ナンバリングに合わせて、見出しを付けることが好ましい**ものです。ただ、ナンバリングがきちんとされていれば、すべてのナンバリングに見出しがなくても、読み手は答案の中の構成をきちんと理解することができます。また、答案作成には時間制限があります。そこで、すべてのナンバリングの項目に見出しを付けている必要性や時間はなく、「第1、第2……」あるいは、「1、2……」のレベルまでの見出しを付けることで十分でしょう。

■ 正しい日本語による記載

正しい日本語で文章を作成することは、簡単なようにみえて非常に難しいものです。法律学は精緻な言葉による学問ですので、**不正確な日本語を用いてしまうと、わかりにくいもの**となってしまいます。そこで、**正確な日本語で論述する**ことが非常に重要になるのです。そして、読みやすい文章による答案ではなく、所々で読み手（採点者）が止まってしまうような文章の答案の場合、読み手は文章を正確に理解しようとするために細かく文章を検討することになります。その結果、答案内容の欠点が見えやすくなりかねません。ですから、答案では、**読み手が引っかかるところがないような文章を作成する**ことが大切になります。

よく目にする残念な論述は、主語と述語が対応していない論述です。主語と述語が対応していないと、読み手は、論述の内容を正確に把握することが困難となってしまいます。主語と述語が対応していない状況が生じる要因としては、一文が長く、複数の主語・述語が登場するため、書き手による間違いが生じやすいということが挙げられます。そこで、論述を行う際には、**一文があまり長くならないように注意**し、主語や述語が複数登場する場合には、**文を適度な長さで区切る**、そして、**適切な接続詞を使う**ということを常に留意しておくことが大切です。

■ 判読可能な文字による記載

答案は限られた時間の中で作成するものですから、時々、殴り書きのような文字で記載された答案、また、漢字を正しく書かず、省略した文字で書いている答案を見かけます。文字の判読が困難であると、読み手がその内容を理解できないわけですから、高得点が付けられることはありません。そのため、答案においては、**最低限判読可能な文字で記載をする必要**がありますので、留意しておいてください。ほかに読みやすさのためには、**字間を空ける**、また、**漢字よりも平仮名の大きさを小さくする**ことなどが考えられます。

CBT 方式の導入の後には、判読可能な文字を書けているか、字が上手か下手かという問題がタイピングミス・変換ミスの問題になります。文字を書くスピードの問題はタイピングのスピードの問題に取って代わられます。今後は、タイピング能力を上げる訓練が必要になってくると思います。

あとがき――法律学習のポイント

1　早くロジカルシンキングの思考方法を身に付ける

本書では、民法を素材として、ロジカルシンキングの思考方法を基に、知識の整理や、図表の作成方法を説明し、その関係において、法律学全体の思考方法・学習方法を説明してきました。また、本書では、法律学習に活用できる様々なツールをたくさん紹介しました。本書で学んだロジカルシンキングの思考方法を活かすことで、様々な法律を整理しつつ理解することができます。ただ、ロジカルシンキングは、一度、本を読んだだけで身に付くものではありません。**受動的に理解できることと、それを能動的に使いこなせることはまったく異なります**。そこで、法律を学習する際に、常にロジカルシンキングを思い出し、論点の整理や理解に行き詰まったら、本書を読み、そして、本書を繰り返し読むことで**ロジカルシンキングの思考方法を早く身に付けてもらいたい**と思います。そして、身に付けたロジカルシンキングの思考方法を周りの人にも教えてあげてください。一緒にゼミや勉強会をしているメンバー全員がロジカルシンキングの思考方法を共有していれば、法律学習の効率が格段に上がることになるからです。

2　法律学の学び方

ここで、法律の学習一般についての基礎事項を再度確認しましょう。法律学の学び方を一言でいえば、「条文の解釈方法を前提に、基礎概念を用いて論理（ロジック）を理解する」ということになります。

教科書では、法律の条文の説明がされ、議論されている論点についての学説・判例が説明されています。まず、条文があり、そこには立法者・起草者によって与えられた意味内容（条文の趣旨・制度趣旨）があり、次に、それについて検討・議論する学説に基づいて、その意味内容を公権的に確定する判例が形成されていることが説明されます。そこで、法律学の学習においては、本書で繰り返し説明してきたように、まず、**条文に与えられている意味内容（条文の趣旨・制度趣旨）の理解**とそれを前提とする**条文の解釈方法**が重要になります。

また、条文の解釈方法に関連して法律学習法として重要なことは、**法律専門用語（テクニカルターム）の理解と記憶**です。法律専門用語には、法律学として意味内容が確定されているものと、その意味内容自体に学説上争いがあるものがあります。まず、法律学上、法律専門用語として意味内容が確定しているものについては、**外国語と同様に理解し記憶する必要**があります。そして、それを前提として、条文における文言で解釈上意味内容に争いがあるものについては、論理で考えていくことが必要になります。法律学を学ぶにあたり、「暗記をしないで理解しなければならない」というアドバイスを受けることが多いと思いますが、そこでいう「理解」とは、法律専門用語を用いて論理（ロジック）で条文を解釈するということであることを忘れないでください。

そして、**法律ごとの特性を理解しつつ学習することも重要**です。たとえば、商法における商行為法については、民法の債権法の規定の特則であること、借地借家法については、民法の地上権や賃貸借契約の規定に関する特別法であることなどです。そして、会社法については、取引法と組織法の部分に分けることができ、取引法の部分に関しては、民法の特則であること、また、組織法の部分については、会社の組織に関する手続法としての性質を有するため、時系列で理解する必要があることです。また、特許法や意匠法などの産業財産権法や著作権法については、民法の物権法の特別法であり、さらに、産業財産権法は、権利の発生に関して一定の手続が要求される方式主義が採られており、時系列で理解する必要があります。このように、様々な法律を理解する際には、各法律の基本的な性質を理解して学習を始めるべきであり、教科書を読む際には、総論を決して軽視してはならないのです。

以上のような事項をふまえて、法学部の学生としては、また、法律科目のある国家試験の受験生としては、法律学の原理原則である法律の解釈方法を身に付け、法律の基本事項を身に付けることを心がけてほしいと思います。そして、法科大学院の学生、また司法試験予備試験の受験生・合格者としては、プロの法律家となるために、法律学の原理原則をふまえた法律の基礎知識を前提として、非定型的な事例・先例のない事項に関する法解釈能力・判断能力を身に付けることを心がけてほしいと思います。

本書が読者の皆さんの法律学習のために役立つツールを提供することができたのであれば、著者として望外の喜びです。

事項索引

[さ]

[た]

【や】

【ら】

金井高志（かない・たかし）

1981年　東京都立両国高等学校卒業
1985年　慶應義塾大学法学部法律学科卒業
1987年　慶應義塾大学大学院法学研究科修士課程修了（民事法学専攻 LLM）
1989年　弁護士登録（第二東京弁護士会）
1992年　アメリカ・コーネル大学ロースクール修士課程修了（LLM）
1993年　イギリス・ロンドン大学（クイーン・メアリー・カレッジ）大学院
　　　　修士課程修了（商事・企業法専攻 LLM）
1999年　慶應義塾大学法学部講師（2015 年まで）
2004年　慶應義塾大学大学院法務研究科講師（2021 年まで）
2015年　武蔵野大学法学部・大学院法学研究科教授（2023 年まで）
2023年　武蔵野大学法学研究所客員研究員
現　在　フランテック法律事務所代表　弁護士　　東京都江戸川区議会議員

主要著書

・民法でみる知的財産法〔日本評論社、第 2 版、2012 年〕
・民法でみる商法・会社法〔日本評論社、2016 年〕
・フランチャイズ契約裁判例の理論分析〔判例タイムズ社、2005〕
・事例中心 弁護実務シリーズ 3　民事篇（契約・会社関係）〔編集・分担執筆〕〔東京法令出版、2002〕
・ネットショップ開業法律ガイド〔編集代表・分担執筆〕〔日経 BP 社、2002〕等

民法《みんぽう》でみる法律学習法《ほうりつがくしゅうほう》〔第 3 版〕
——知識《ちしき》を整理《せいり》するためのロジカルシンキング

2011 年 8 月 5 日　第 1 版第 1 刷発行
2021 年 1 月25日　第 2 版第 1 刷発行
2024 年 9 月25日　第 3 版第 1 刷発行

著　者——金井高志
発行所——株式会社 日本評論社
〒170-8474　東京都豊島区南大塚 3-12-4
電話 03-3987-8621（販売：FAX-8590）
03-3987-8631（編集）
https://www.nippyo.co.jp/　振替　00100-3-16
印刷所——精文堂印刷
製本所——井上製本所
装　丁——末吉　亮（図工ファイブ）

ISBN 978-4-535-52816-1　Printed in Japan